Dan Millman
Die Rückkehr des friedvollen Kriegers

Dan Millman

Die Rückkehr des
friedvollen Kriegers

Sechste Auflage

Ansata-Verlag

Aus dem Amerikanischen von Annemarie Döring

Die Originalausgabe erschien unter dem Titel
«The Sacred Journey of the Peaceful Warrior,
Teachings from the Lost Years» bei H.J. Kramer Inc.,
P. O. Box 1082, Tiburon, California 94920, USA.

Copyright © 1991 by Dan Millman.
Alle deutschsprachigen Rechte beim Scherz Verlag,
Bern, München, Wien, für den Ansata Verlag.
Alle Rechte der Verbreitung, auch durch Funk, Fernsehen,
fotomechanische Wiedergabe, Tonträger jeder Art und
auszugsweisen Nachdruck, sind vorbehalten.
Einbandgestaltung: Robert Wicki

Inhalt

Vorwort 9
Dank 11
Prolog: Ein Vorschlag von Socrates 12

Erstes Buch:
Wohin der Geist uns führt

  1. Im Sumpf des Alltags 16
  2. Die geheimnisvolle Unbekannte 24
  3. Eine rätselhafte Botschaft 34
  4. Verbrannt auf dem Ozean 44
  5. Ein unerwartetes Wiedersehen 52
  6. Neue Wege öffnen sich 67

Zweites Buch:
Erleuchtungen

  7. Die drei Selbste 76
  8. Das Auge der Schamanin 86
  9. Der Schmied und sein Eisen 104
10. Auf dem Pfad der Einweihung 117
11. Der siebenstöckige Turm des Lebens 124
12. In den Klauen der Angst 131
13. Im Reich der Sinne 144

14. Ein Anlauf zum großen Sprung 156
15. Dienen im Geist der Liebe 169
16. Dunkle Wolken am strahlenden Himmel 180
17. Der Mut der Geächteten 193
18. Die gefangenen Seelen 205
19. Freunde 213

DRITTES BUCH:
Der große Sprung

20. Der mysteriöse Schatz 226
21. Ein Sonnenstrahl in der Meerestiefe 243
22. Die Fackel des Lebens 253
23. Die Reise durch die Seele 264

Epilog: Es gibt kein Lebewohl 276

Leseempfehlung 279

An unsere Leser

Unsere Bücher sind ein Beitrag zu einer neu entstehenden Welt, in der es nicht mehr um Konkurrenzdenken, sondern um Zusammenarbeit geht, nicht mehr um Selbstzweifel, sondern um die Bejahung des menschlichen Geistes und um die Gewißheit, daß alle Menschen miteinander verbunden sind. Unser Ziel besteht darin, möglichst vielen Menschen eine Botschaft zu überbringen, die sie auf eine bessere Welt hoffen läßt.

Die Verleger dieses Buches

Widmung

Meiner Frau Joy für ihre beständige Führung und Unterstützung und meinen Töchtern Holly, Sierra und China, die mich an die wichtigen Dinge erinnern.

Vorwort

Was wäre, wenn du schliefest und in deinem Schlaf träumtest du und im Traum kämst du in den Himmel und pflücktest eine seltsame, schöne Blume? Und wenn du dann aufwachtest und die Blume immer noch in der Hand hieltest – was dann?

Samuel Taylor Coleridge

In meinem ersten Buch, *Der Pfad des friedvollen Kriegers**, erzählte ich von Erlebnissen, die mir Herz und Augen geöffnet und den Horizont meiner Weltsicht erweitert haben. Wer es gelesen hat, weiß sicher noch, daß Socrates – der alte «Tankstellenkrieger», der mein Meister wurde – mich nach einer Zeit der Einweihung und Ausbildung bei ihm im Jahr 1968 für acht Jahre fortschickte, um seine Lehren zu verarbeiten und mich auf die letzte große Offenbarung vorzubereiten.

Ich habe nicht viel über diese acht Jahre in meinem ersten Buch geschrieben. Das wollte ich erst tun, wenn ich wirklich alles begriffen hatte, was in dieser Zeit passiert war. Sie begann mit inneren Kämpfen und zerbrochenen Träumen, die mich rastlos rund um die Welt reisen ließen. Ich wollte zu mir selbst zurückfinden und die Zuversicht, die Zukunftsvision, den Sinn meines Lebens wiederentdecken, den ich bei Socrates gefunden hatte und der mir dann irgendwie abhanden gekommen war.

Dieses Buch erzählt von meinen ersten Schritten auf dieser Reise. Sie begann 1973. Damals war ich sechsundzwanzig.

Ich bin tatsächlich um die ganze Welt gereist, habe viele au-

---

* Dan Millman: Der Pfad des friedvollen Kriegers, Ansata-Verlag, Interlaken 1987.

ßergewöhnliche Dinge erlebt und viele bemerkenswerte Menschen kennengelernt. Doch in meiner Geschichte möchte ich Tatsachen und Phantasie ineinanderfließen lassen. Ich möchte die Fäden meines Lebens zu einer farbigen Decke verweben, die verschiedene Realitätsebenen umschließt.

Dadurch, daß ich mystische Lehren in eine Geschichte kleide, gelingt es mir hoffentlich, uralten Weisheiten neues Leben einzuhauchen und meine Leser daran zu erinnern, daß *alle* unsere Reisen etwas Heiliges und die Leben *aller* Menschen ein Abenteuer sind.

Dan Millman
San Rafael, Kalifornien
Im Winter 1991

Dank

Großen Dank schulde ich folgenden Freunden, die direkt oder indirekt zur Entstehung dieses Manuskripts beigetragen haben: Michael Bookbinder für seinen Sinn fürs Praktische, seinen Scharfblick und seine innere Kraft; Sandra Knell, die mir bei meinen Recherchen geholfen hat; Richard Marks, einem Experten auf dem Gebiet der hawaiianischen Geschichte; Carl Farrell, David Berman, M. D. und Tom McBroom für ihre Sachkenntnis; Wayne Guthrie und Bella Karish, die meinen Weg erleuchteten; und Serge Kahili King, dem Großstadtschamanen.

Ganz besonderer Dank gebührt auch meiner Lektorin Nancy Grimley Carleton, die mir viele wertvolle Ratschläge gegeben hat. Außerdem danke ich Linda Kramer, Joy Millman, John Kiefer, Edward Kellogg III., Jan Shelley und Michael Guenley für ihre Mithilfe bei den Korrekturarbeiten. Den tiefsten Dank schulde ich jedoch meinen Verlegern und Freunden Hal und Linda Kramer für ihre Begeisterung und dafür, daß sie mir immer wieder Mut machten.

Prolog

Ein Vorschlag von Socrates

Willensfreiheit bedeutet nicht, daß du deinen Lehrplan selber bestimmen darfst. Es heißt nur, daß du entscheiden kannst, wann du welchen Stoff durchnehmen möchtest.
A Course in Miracles

Während meines nächtlichen Unterrichts in der alten Texaco-Tankstelle, der Meditation und Toilettenputzen, Tiefenselbstmassage und Zündkerzenwechsel umfaßte, erwähnte Socrates hin und wieder Leute oder Orte, die ich vielleicht eines Tages besuchen müßte, um «meine Ausbildung fortzusetzen».

Einmal sprach er von einer Schamanin* auf Hawaii, ein andermal erwähnte er eine besondere Schule für Krieger irgendwo an einem abgelegenen Ort in Japan. Er erzählte mir auch von einem heiligen Buch in der Wüste, das den Sinn des menschlichen Lebens erläuterte.

Das machte mich natürlich alles sehr neugierig; aber jedesmal, wenn ich ihn nach näheren Einzelheiten befragte, wechselte er das Thema, so daß ich nie sicher war, ob die Frau, die Schule oder das Buch, von denen er gesprochen hatte, auch wirklich existierten.

Im Jahr 1968, kurz bevor er mich fortschickte, sprach Socrates wieder von dieser Schamanin. «Ich habe ihr vor ungefähr einem

---

* Ein Schamane kann mit Hilfe magischer Kräfte kranke Menschen heilen, verborgene Dinge erkennen und für das Wohl seines Volkes sorgen. Schamanen kommunizieren im Trancezustand mit Naturgeistern und andern unsichtbaren Mächten und Verbündeten. Der hawaiianische Schamane heißt *Kahuna*.

Jahr geschrieben und von dir erzählt», sagte er. «Und sie hat mir geantwortet, daß sie unter Umständen bereit wäre, dich zu unterweisen. Eine ziemlich große Ehre für dich.» Er schlug mir vor, bei ihr vorbeizuschauen, wenn ich das Gefühl hätte, daß der richtige Zeitpunkt dafür gekommen sei.

«Schön, aber wie soll ich sie denn finden?» fragte ich.

«Sie hat mir auf dem Briefpapier einer Bank geschrieben.»

«Von welcher Bank?»

«Weiß ich nicht mehr. Irgendwo aus Honolulu, glaube ich.»

«Kann ich den Brief mal sehen?»

«Hab' ihn nicht mehr.»

Allmählich geriet ich in Wut. «Hat diese Dame auch einen Namen?»

«Sie hat schon verschiedene Namen gehabt. Keine Ahnung, welchen sie jetzt gerade trägt.»

«Und wie sieht sie aus?»

«Schwer zu sagen, ich habe sie schon seit Jahren nicht mehr gesehen.»

«Verdammt noch mal, *Socrates*, jetzt gib mir doch endlich einen Tip!»

«Ich habe dir schon mal gesagt, Danny – ich bin da, um dir zu helfen, aber nicht, um dir alle Erkenntnisse in den Schoß zu legen», erwiderte er mit einer ungeduldigen Handbewegung. «Wenn du sie nicht findest, dann bist du sowieso noch nicht bereit dafür.»

Ich holte tief Luft und zählte langsam bis zehn. «Und was ist mit den *anderen* Orten und Leuten, die ich besuchen soll? Wo finde ich die?»

Socrates warf mir einen wütenden Blick zu. «Bin ich etwa dein Reisebüro? Geh nur immer deiner Nase nach. Vertraue auf deine Instinkte. Erst einmal mußt du *sie* finden, dann ergibt sich alles andere von selbst.»

Als ich in der frühmorgendlichen Stille nach Hause ging, dachte ich darüber nach, was Socrates mir erzählt hatte – und vor allem darüber, was er mir verschwiegen hatte. Falls ich «*zufällig mal* in der Gegend sein sollte», hatte er gesagt, könnte ich *vielleicht* eine Frau besuchen, die keinen Namen und keine

Adresse hatte und *vielleicht* immer noch bei einer Bank irgendwo in Honolulu arbeitete. Vielleicht arbeitete sie aber auch nicht mehr da. Und *falls* ich sie finden sollte, konnte sie mir *vielleicht* etwas beibringen und würde mir *vielleicht* den Weg zu den anderen Menschen und Orten zeigen, von denen Socrates gesprochen hatte.

Als ich im Bett lag und weiter nachgrübelte, wäre ich am liebsten sofort zum Flughafen gefahren und hätte das nächste Flugzeug nach Honolulu genommen. Aber es gab zur Zeit wichtigere Dinge, die meine ganze Aufmerksamkeit beanspruchten: Ich sollte zum letzten Mal an den Turnmeisterschaften der National Colleges teilnehmen, mein Abschlußexamen machen und heiraten – also wohl kaum der ideale Zeitpunkt, um nach Hawaii zu fliegen und einem Phantom nachzujagen.

Über diesem Gedanken schlief ich schließlich ein – und man könnte sagen, daß ich von nun an fünf Jahre lang schlief. Bevor ich dann wieder aufwachen konnte, mußte ich feststellen, daß ich trotz meiner spirituellen Unterweisung und Erfahrung, auf die ich mir so viel einbildete, nicht auf das Leben vorbereitet war. Ich gelangte buchstäblich vom Regen in die Traufe: aus Socrates' Bratpfanne ins Kreuzfeuer des Alltags.

Erstes Buch
Wohin der Geist uns führt

Das Wichtigste ist: Wir müssen jederzeit bereit sein, das, was wir sind, aufzugeben für das, was wir vielleicht werden könnten.
Charles Dubois

1
Im Sumpf des Alltags

Erleuchtung heißt nicht nur, daß man leuchtende Gestalten und Visionen sieht; es bedeutet, daß man Licht in die Dunkelheit bringen muß. Letzteres ist schwieriger und daher nicht so beliebt.

C. G. Jung

In meiner Hochzeitsnacht weinte ich. Ich erinnere mich noch genau daran. Linda und ich hatten in meinem vierten Studienjahr an der Universität in Berkeley geheiratet. Ich erwachte kurz vor Morgengrauen, unerklärlich deprimiert, schälte mich leise aus den zerknüllten Bettlaken und trat hinaus in die kühle Morgenluft. Die Welt war noch in Dunkel gehüllt. Ich schob die Glastür hinter mir wieder zu, um meine Frau nicht zu wecken. Dann stieg plötzlich ein Schluchzen in mir auf. Ich weinte lange, hatte aber keine Ahnung, warum.

Weshalb war mir so elend zumute, obwohl ich doch eigentlich allen Grund haben sollte, glücklich zu sein? fragte ich mich. Die einzige Antwort, die mir einfiel, war eine vage Ahnung, die mich zutiefst beunruhigte: daß ich irgend etwas Wichtiges vergessen hatte, daß ich irgendwie vom richtigen Kurs abgekommen war. Dieses Gefühl sollte unsere ganze Ehe überschatten.

Nach meiner Abschlußprüfung ließ ich den Erfolg und die Ovationen hinter mir, mit denen ein Starathlet verwöhnt wird, und mußte mich an ein relativ anonymes Leben gewöhnen. Linda und ich zogen nach Los Angeles, und ich mußte mich zum erstenmal im Leben den Verantwortungen des täglichen Lebens stellen. Ich besaß eine bewegte Vergangenheit, einen Universitätsabschluß und eine schwangere Frau. Es war höchste Zeit, mich nach einer Stellung umzusehen. Nachdem ich ohne großen Erfolg versucht hatte, Lebensversicherungen zu verkaufen, ein Engagement als Stuntman in Hollywood zu bekommen oder über Nacht Schriftsteller zu werden, bekam ich schließlich eine Stellung als Sporttrainer an der Stanford University.

Trotz dieser glücklichen Fügung und der Geburt unserer süßen Tochter Holly quälte mich immer wieder das Gefühl, etwas Wichtiges zu versäumen. Linda gegenüber konnte ich dieses Gefühl unmöglich rechtfertigen; ich brachte es nicht einmal fertig, ihr davon zu erzählen. Und da mir auch Socrates' leitende Hand fehlte, schob ich meine Zweifel einfach beiseite und versuchte die Rolle eines «Ehemanns» und «Vaters» zu spielen, obwohl ich mir dabei vorkam wie in einen zu engen Anzug gezwängt.

Vier Jahre vergingen. Vor dem Hintergrund des Vietnamkriegs, der ersten Mondlandung und der Watergateaffäre lief mein unbedeutendes kleines Leben ab - Universitätspolitik, berufliche Pläne, familiäre Verpflichtungen.

Während des Studiums war mir mein Leben viel einfacher vorgekommen. Aber jetzt hatten die Regeln sich geändert; meine Prüfungen mußte ich im täglichen Leben bestehen, und diesen Lehrer konnte ich nicht zum Narren halten, auch wenn ich es noch so geschickt anstellte. Zum Narren halten konnte ich nur mich selbst, und das tat ich mit entschlossener Beharrlichkeit.

So gut es ging, fixierte ich mich also auf die Ideale eines weißgestrichenen Gartenzauns und zweier Autos in der Garage, gestand mir meine vagen Sehnsüchte nicht ein und beschloß, es zu etwas zu bringen. Schließlich war Linda in jeder Hinsicht eine vorbildliche Ehefrau, etwas ganz Besonderes. Und ich mußte ja auch an meine kleine Tochter denken.

So verbarrikadierte ich mich in der «Realität», die um mich her allmählich hart und starr wurde wie Beton. Meine Erlebnisse mit Socrates und die Lektionen, die ich bei ihm gelernt hatte, begannen zu verblassen wie Bilder in einem alten Fotoalbum. Sie wurden zu nebelhaften Eindrücken aus einer anderen Zeit und einem anderen Reich. Von Jahr zu Jahr kamen mir Socrates' Worte von der Frau auf Hawaii, der Schule in Japan und dem Buch in der Wüste unwirklicher vor – bis ich sie schließlich ganz vergaß.

Ich bekam eine Stellung am Oberlin College in Ohio und verließ die Stanford University in der Hoffnung, daß diese Ortsveränderung meine Beziehung zu Linda verbessern würde. Aber in der neuen Umgebung wurde uns nur noch klarer, daß wir völlig verschiedene Vorstellungen vom Leben hatten. Linda kochte z. B. gern und liebte Fleisch; ich bevorzugte rohe vegetarische Kost. Sie wollte unsere Wohnung mit möglichst vielen Möbeln vollstellen; ich war mehr für zen-buddhistische Schlichtheit und hätte mich am liebsten mit einer Matratze auf dem Fußboden begnügt. Sie liebte Partys und wollte immer Menschen um sich haben; ich arbeitete lieber. Sie war eine typische amerikanische Ehefrau. Ihre Freunde hielten mich für einen esoterischen komischen Kauz, und ich zog mich immer mehr in mein Schneckenhaus zurück. Sie fühlte sich wohl in ihrer konventionellen Welt, die mich abstieß; und trotzdem beneidete ich sie um ihre Zufriedenheit.

Linda spürte, wie unwohl ich mich fühlte, und wurde immer frustrierter. Schon nach einem Jahr lag mein Privatleben in Scherben, meine Ehe wurde von Tag zu Tag schlechter. Ich konnte nicht mehr die Augen davor verschließen.

Und ich hatte gedacht, meine Ausbildung bei Socrates würde mir das Leben leichter machen! Aber es schien alles nur immer schlimmer zu werden. Die Wogen von Arbeit, Familienleben, Fakultätssitzungen und privaten Sorgen hatten fast alles davongespült, was ich bei Socrates gelernt hatte.

Trotz seiner Mahnung: «Ein Krieger muß für alles offen sein, wie ein Kind», lebte ich nur in meiner eigenen Welt und hatte mich in einen schützenden Kokon zurückgezogen. Ich hatte das Gefühl, daß niemand mich wirklich kannte oder verstand – auch Linda nicht. Ich fühlte mich isoliert und war keine angenehme Gesellschaft mehr, nicht einmal für mich selbst.

Und obwohl Socrates mir beigebracht hatte, «alle Gedanken loszulassen und nur im Jetzt zu leben», dröhnte und brodelte es immer noch in mir: Zorn, Schuldgefühle, Reue und Sorgen ließen mich nicht zur Ruhe kommen.

Socrates' befreiendes Lachen, das früher wie ein Kristallglokkenspiel in meinem Inneren nachgeklungen hatte, war jetzt nur noch ein dumpfes Echo, eine blasse Erinnerung.

Gestreßt und aus den Fugen geraten, hatte ich kaum mehr Zeit und Energie für meine kleine Tochter. Ich hatte zugenommen, und das beeinträchtigte nicht nur meine Sportlichkeit, sondern auch meine Selbstachtung. Und was am allerschlimmsten war: Ich hatte den Faden verloren, den tieferen Sinn meiner Existenz.

Auch meine Beziehungen zu anderen Menschen sah ich plötzlich in einem sehr fragwürdigen Licht. Ich hatte mich stets als Mittelpunkt der Welt gesehen und nie gelernt, anderen Menschen Aufmerksamkeit zu schenken. Ich war es immer nur gewohnt gewesen, selbst im Rampenlicht zu stehen. Wahrscheinlich wollte ich jetzt meine Ziele und Prioritäten nicht für Linda und Holly oder irgendeinen anderen Menschen opfern, oder ich konnte es einfach nicht.

Allmählich ging mir auf, daß ich vielleicht egozentrischer als alle Menschen war, die ich je kennengelernt hatte. Das beunruhigte mich, und ich klammerte mich noch hartnäckiger an mein einstiges Selbstbild. Aufgrund meiner Unterweisung bei Socrates und all meiner früheren Leistungen sah ich mich immer noch als eine Art Ritter in glänzender Rüstung. Ich wollte nicht wahrhaben, daß die Rüstung inzwischen gerostet war.

Socrates hatte einmal zu mir gesagt: «Verkörpere stets das, was du lehrst, und lehre nur das, was du auch verkörperst.» Aber ich tat immer noch so, als sei ich der kluge, ja sogar weise Lehrer, und fühlte mich innerlich wie ein Scharlatan und Narr. Das wurde mir immer schmerzlicher bewußt.

Trotzdem konzentrierte ich mich ganz auf meine Arbeit als Trainer und Lehrer, die mir wenigstens noch so etwas wie Erfolgserlebnisse gab. Um die frustrierende Arena der zwischenmenschlichen Beziehungen, der ich mich am dringendsten hätte widmen müssen, machte ich einen großen Bogen.

Linda und ich entfernten uns innerlich immer mehr voneinander. Sie suchte sich Liebhaber, und ich suchte mir Freundinnen, bis das immer dünner werdende Band, das uns noch zusammenhielt, schließlich riß und wir beschlossen, uns zu trennen.

An einem kalten Tag im März zog ich aus. Der Schnee war gerade zu Schneematsch geworden. Ich verfrachtete meine wenigen Habseligkeiten in einen Lieferwagen, den ich mir von einem Freund geliehen hatte, und suchte mir ein Zimmer in der Stadt. Mein Verstand redete mir ein, das sei das beste für mich, aber mein Körper sprach eine ganz andere Sprache: Magenbeschwerden plagten mich, und ich bekam Muskelkrämpfe, die ich früher nie gekannt hatte. Selbst kleine Wunden – z. B. wenn ich mir die Haut an einer scharfen Papierkante oder einem vorstehenden Nagel aufriß – entzündeten sich.

In den nächsten Wochen funktionierte ich allein deshalb, weil ich noch den vergangenen Alltagstrott in mir hatte. Mechanisch ging ich meiner täglichen beruflichen Routine nach. Aber meine Identität, das Leben, das ich für mich geplant hatte – all das war in sich zusammengestürzt wie ein Kartenhaus. Ich fühlte mich elend und verloren und wußte nicht, wohin.

Doch eines Tages, als ich in meinem Postfach im Institut für Sport und Körpererziehung nachsah, ob etwas für mich gekommen war, rutschte mir ein Rundschreiben meiner Fakultät aus den Händen und fiel geöffnet auf den Boden. Während ich mich bückte, um es aufzuheben, überflog ich die Mitteilung: «Alle Mitglieder unserer Fakultät sind herzlich eingeladen, sich um ein Powers-Auslandsstipendium zu bewerben, das Ihnen die Möglichkeit bieten soll, auch in anderen Ländern und Kulturen Erfahrungen auf Ihrem Fachgebiet zu sammeln.»

Da durchfuhr mich plötzlich ein schicksalhaftes Gefühl: Ich wußte, daß ich mich um dieses Stipendium bewerben und daß ich es auch irgendwie bekommen würde. Es war ein Wissen, das ich mir nicht erklären konnte, ein Wissen, das aus dem Bauch heraus kam.

Zwei Wochen später fand ich den Antwortbrief in meinem Briefkasten, riß ihn auf und las: «Der Vorstand des Treuhänderausschusses freut sich, Ihnen mitteilen zu können, daß Sie ein Powers-Auslandsstipendium in Höhe von zweitausend Dollar für Reisen und Forschungen auf Ihrem Studiengebiet erhalten.

Die Reise muß im Sommer des Jahres 1973 stattfinden. Wenn Sie möchten, können Sie sie auch noch während Ihres kommenden sechsmonatigen Forschungsurlaubs fortsetzen...»

Ein Fenster hatte sich geöffnet. Es gab wieder eine Richtung, in die ich gehen konnte.

Aber wo sollte ich hinreisen? Die Antwort fiel mir während eines Yogakurses ein, den ich mitmachte, um meinen Körper wieder ins Gleichgewicht zu bringen. Einige der Atem- und Meditationsübungen erinnerten mich nämlich an die Techniken, die ich bei Joseph gelernt hatte, einem früheren Schüler von Socrates, der in Berkeley ein kleines Café gehabt hatte. Wie ich seinen buschigen Bart und sein sanftes Lächeln vermißte!

Joseph war in Indien gewesen und hatte sich sehr positiv über die Erfahrungen geäußert, die er dort gemacht hatte. Ich hatte schon etliche Bücher über indische Heilige, Weise und Gurus und auch über Yogaphilosophie und -metaphysik gelesen. In Indien würde ich vielleicht die geheimen Lehren und Praktiken lernen, durch die man zur Befreiung gelangt – und wenn nicht, würde ich dort zumindest meinen Weg wiederfinden.

Ja, ich würde nach Indien reisen; das war das naheliegendste. Und ich würde nicht viel Gepäck mitnehmen, nur einen kleinen Rucksack und ein Flugticket mit offenem Rückflugdatum, um möglichst flexibel zu sein. Ich vertiefte mich in Landkarten und Reiseführer über Indien und besorgte mir einen Reisepaß und die nötigen Impfungen.

Als mein Plan feststand, erzählte ich Linda davon und erklärte ihr, daß ich versuchen würde, Holly hin und wieder eine Postkarte zu schicken; aber ansonsten würden sie vielleicht längere Zeit nichts von mir hören.

Sie sagte, das sei nichts Neues.

An einem warmen Frühlingsmorgen kurz vor Semesterende saß ich mit meiner vierjährigen Tochter auf dem Rasen und bemühte mich, ihr meine Entscheidung zu erklären. «Schatz, ich muß für eine Weile wegfahren.»

«Wo fährst du denn hin, Vati?»

«Nach Indien.»

«Da, wo es Elefanten gibt?»
«Ja.»
«Können Mami und ich auch mitkommen?»
«Diesmal nicht. Aber irgendwann machen wir zwei eine Reise zusammen – nur du und ich. Okay?»
«Okay.» Sie überlegte. «Wo liegt denn Indien?» fragte sie dann.
«Dort», zeigte ich.
«Bleibst du lange weg?»
«Ja, Holly», antwortete ich ehrlich. «Aber egal, wo ich bin – ich werde dich immer liebhaben und an dich denken. Denkst du auch an mich?»
«Ja. Mußt du denn wirklich weggehen, Vati?» Genau diese Frage hatte ich mir auch schon oft gestellt.
«Ja.»
«Warum?»
Ich suchte nach den richtigen Worten. «Es gibt Dinge, die du erst verstehen wirst, wenn du älter bist. Ich *muß* einfach – obwohl ich dich sehr vermissen werde.»

Als Linda und ich beschlossen hatten, uns zu trennen, und ich auszog, hatte Holly sich an mein Bein geklammert und mich nicht loslassen wollen. «Geh nicht weg, Vati! *Bitte!* Geh nicht weg!» hatte sie geweint. Ich hatte mich sanft, aber bestimmt losgemacht, sie umarmt und dann von mir weggeschoben. Das war so ziemlich das Schwerste gewesen, was ich bisher in meinem Leben hatte tun müssen.

Als ich Holly diesmal sagte, daß ich fortgehen würde, weinte sie nicht mehr; und sie bat mich auch nicht dazubleiben. Sie senkte nur die Augen und blickte aufs Gras. Das tat mir am meisten weh, denn ich spürte, was in ihr vorging: Sie hatte einfach die Hoffnung aufgegeben.

Eine Woche später war das Semester zu Ende. Nach einem bittersüßen Abschied von Linda nahm ich meine kleine Tochter noch einmal in die Arme und ging dann. Die Taxitür knallte hinter mir zu. Während das Taxi losfuhr, schaute ich durch das Rückfenster und sah mein Zuhause und die Welt, die mir vertraut war, allmählich immer kleiner werden, bis mich nur noch mein Spiegelbild in der Fensterscheibe anstarrte. Mit gemischten Gefühlen wandte ich mich dem Taxifahrer zu: «Hopkins-Flughafen.»

Ich hatte den ganzen Sommer und anschließend noch einen sechsmonatigen Forschungsurlaub vor mir, insgesamt also neun Monate, um auf die Suche zu gehen und mich überraschen zu lassen, was für ein neues Leben auf mich wartete.

2
Die geheimnisvolle Unbekannte

Sicher ist ein Schiff nur im Hafen – aber dafür sind Schiffe nicht gebaut.

John A. Shedd

Ich hing zwischen Himmel und Erde, schaute aus dem Fenster meiner 747 auf die Wolkendecke hinunter, die den Indischen Ozean überspannte, und fragte mich, ob die Antworten, nach denen ich suchte, wohl da unten irgendwo lagen.

Während mir diese und andere Fragen durch den Kopf gingen, fielen mir allmählich die Augen zu. Ich wachte erst wieder auf, als die Maschine zur Landung ansetzte.

In Indien herrschte die feuchte Monsunzeit. Ständig von Regen oder Schweiß durchnäßt, fuhr ich mit uralten Taxis, Rikschas, Bussen und Zügen durch das Land. Ich wanderte über schlammige Landstraßen und durch lärmende Basare, wo Hindufakire ihre Fähigkeiten demonstrierten und mich mit ihrer strengen Selbstdisziplin und Askese beeindruckten.

Von Kalkutta nach Madras und dann nach Bombay. Überall sah ich Menschenscharen, die hin und her liefen wie Ameisen und sich durch die Straßen drängten. Heiliges, überbevölkertes Indien, wo auf jedem Quadratkilometer, jedem Quadratmeter, jedem Quadratzentimeter unzählige Menschenseelen zusammengepfercht sind...

Mit unermüdlichem Eifer machte ich etliche Yogaschulen ausfindig, wo ich eine Menge Positionen, Atem- und Meditationstechniken lernte, so ähnlich wie die, die Socrates und Joseph mir beigebracht hatten.

In Kalkutta sah ich die Ärmsten der Armen, die in Schmutz und Elend dahinvegetierten. Wo ich auch hinschaute, sah ich Bettler – Männer, Frauen und verkrüppelte Kinder in zerlumpten Kleidern. Kaum hatte ich einem ein Geldstück gegeben, waren auch schon zehn andere da. Das bildete einen krassen Gegensatz zur prunkvollen Erhabenheit des Taj Mahal und anderer heiliger Stätten voll Schönheit und spirituellem Gleichgewicht.

Ich pilgerte zu den Ashrams, begegnete Weisen, die von der monistischen Weisheit des Advaita-Vedanta erfüllt waren und lehrten, daß Samsara und Nirvana, Fleisch und Geist in Wirklichkeit eins sind. Ich erfuhr von der Göttlichkeit und heiligen Dreiheit von Brahma, dem Schöpfer, Vishnu, dem Erhalter, und Shiva, dem Zerstörer.

Ich saß Gurus zu Füßen, die mich einfache Weisheiten lehrten und von denen eine große Liebe und Überzeugungskraft ausging. Ich erlebte die inbrünstige Religiosität heiliger Männer und Frauen. Ich wanderte sogar mit Sherpaführern in Tibet, Nepal und im Pamir-Gebiet, wo ich Einsiedlern und Asketen begegnete. Ich atmete die dünne Gebirgsluft, saß in den Höhlen und meditierte.

Und doch wurde ich von Tag zu Tag mutloser, denn nirgends fand ich einen Lehrer wie Socrates, und ich lernte nichts, was ich nicht auch in einer Buchhandlung an der amerikanischen Ostküste hätte entdecken können. Ich hatte das Gefühl, in die geheimnisvolle Welt des Ostens gereist zu sein, nur um festzustellen, daß die weisen Lehrer und Meister gerade nicht da waren. Wahrscheinlich hatten sie Urlaub und besuchten ihre Verwandten in Kalifornien!

Ich hatte die größte Hochachtung vor den spirituellen Traditionen Indiens. Ich bewunderte seine alte Kultur und seine geistigen Schätze. Doch wohin ich auch ging – überall hatte ich das Gefühl, nur ein Außenstehender zu sein. Nichts und niemand berührte mich wirklich. Aber daran war nicht Indien schuld, sondern ich! Nachdem mir das klargeworden war, zog ich entmutigt, aber entschlossen die Konsequenzen: Ich beschloß, nach Hause zurückzufahren. Ich wollte versuchen, mein Familienleben wieder in Ordnung zu bringen. Das war das einzig Richtige, das einzig Verantwortungsvolle.

Ich hatte vor, die östliche Route über Hawaii zu nehmen, dort ein paar Tage Pause zu machen und dann nach Ohio zurückzukehren – zu Holly und Linda. Sie fehlten mir alle beide. Irgendwie ließ sich die Sache vielleicht doch noch reparieren...

Vielleicht war es ein Wink mit dem Zaunpfahl, daß Indien mir nichts gegeben hatte, sagte ich mir. Vielleicht war meine Zeit bei Socrates schon die ganze spirituelle Unterweisung, die mir bestimmt war. Aber andererseits, wenn das stimmte, woher kam dann diese Unruhe in mir, die immer stärker wurde?

Mein Jet flog durch die Nacht; die Lichter an seinen Tragflächen funkelten wie winzig kleine Sterne, während wir über einer schlafenden Welt dahinglitten. Ich versuchte zu lesen, aber ich konnte mich nicht konzentrieren. Ich versuchte zu schlafen, aber unruhige Träume verfolgten mich. Immer wieder tauchte Socrates' Gesicht vor mir auf, und ich hörte Fetzen von Gesprächen, die ich vor vielen Jahren mit ihm geführt hatte. Als wir auf Hawaii landeten, wurde dieses Gefühl, etwas Wichtiges verpassen zu können, allmählich immer unerträglicher, wie ein Feuer in meinem Bauch. Ich brannte innerlich. Mir war, als müßte ich laut schreien: Was soll ich denn bloß *tun?*

Ich stieg aus dem Flugzeug und streckte im strahlenden Sonnenschein meine Glieder. Der feuchte hawaiianische Wind beruhigte ein wenig meine Nerven.

Legenden behaupten, daß von diesen Inseln seit alter Zeit eine starke heilende Energie ausgeht. Ich hoffte, daß davon unter dem falschen Glanz der Zivilisation noch etwas übrig war und diesen bellenden Hund in meinem Inneren zum Schweigen bringen würde.

Nach einem kleinen Imbiß am Flughafen, einer unbequemen Busfahrt durch die Straßen von Waikiki, in denen reges Leben herrschte, und einem einstündigen Fußmarsch fand ich ein kleines Zimmer abseits der ausgetretenen Wege des Tourismus. Ich probierte die Toilette aus, stellte fest, daß sie ein Leck hatte, und packte dann rasch die wenigen Habseligkeiten aus meinem alten

Rucksack aus. In der halboffenen Schublade des Nachttischs sah ich ein Telefonbuch mit Eselsohren und eine kaum benutzte Bibel. Dieses Zimmer würde meinen Ansprüchen für ein paar Tage genügen.

Ich war auf einmal sehr müde. Ich legte mich auf das viel zu weiche Bett, dessen Federn quietschten, und fiel sofort in den Schlaf. Aber nur wenig später riß ich die Augen auf und schnellte kerzengerade hoch. «Die Schamanin!» rief ich laut und mir war kaum bewußt, was ich sagte. «Wie konnte ich das nur vergessen?» Ich schlug mir an die Stirn. Was hatte Socrates über sie erzählt? Nacheinander stiegen die Erinnerungen wieder in mir auf. Er hatte mich eindringlich ermahnt, irgendeine Frau auf Hawaii zu suchen, und er hatte eine Schule erwähnt – wo war sie doch gleich? – in Japan. Und dann hatte er noch irgend etwas von einem heiligen Buch in der Wüste gesagt – einem Buch über den Sinn des Lebens!

Ich wollte dieses Buch und diese Schule suchen; aber zuerst einmal mußte ich die Frau ausfindig machen. *Deshalb* also war ich hier; *das* war der Grund für das schicksalhafte Gefühl, das mich damals beschlichen hatte; *deswegen* hatte ich diese Reise unternommen!

Bei dieser Erkenntnis lockerte meine Bauchmuskulatur sich wieder, und der Schmerz in meinem Inneren verwandelte sich in gespannte Aufregung. Ich konnte kaum noch ruhig sitzen. Tausend Gedanken schossen mir durch den Kopf: Was hat er mir über sie erzählt? Sie hat ihm auf Briefpapier geschrieben – Briefpapier von einer *Bank!* Ja, das war es!

Hastig griff ich nach dem Branchenbuch und schlug die Rubrik «Banken» auf. Schon allein in Honolulu gab es zweiundzwanzig! «Es hat keinen Zweck», murmelte ich vor mich hin. Er hatte mir weder ihren Namen noch ihre Adresse gesagt, und ich wußte auch nicht, wie sie aussah. Ich hatte so gut wie gar keinen Anhaltspunkt. Es schien unmöglich zu sein.

Da stieg wieder dieses Gefühl in mir auf, daß das alles Schicksal war. Nein, es konnte nicht alles vergeblich gewesen sein. Immerhin war ich hier. Irgendwie würde ich sie schon finden. Ich warf einen Blick auf meine Uhr. Wenn ich mich beeilte, konnte ich mir noch ein paar Banken ansehen, ehe die Geschäfte schlossen.

Aber ich war auf Hawaii und nicht in New York; hier hatten die Menschen es nirgends eilig. Und was sollte ich denn tun, wenn ich bei der ersten Bank angelangt war – hineingehen und ein Schild vor mir hertragen mit der Aufschrift: «Ich suche eine ganz besondere Frau»? Oder sollte ich jeder Bankangestellten geheimnisvoll zuraunen: «Socrates hat mich geschickt»? Vielleicht nannte diese Frau ihn gar nicht Socrates – *falls* sie immer noch bei einer Bank arbeitete, *falls* es sie überhaupt gab.

Ich starrte aus dem Fenster auf eine Ziegelsteinmauer an der gegenüberliegenden Straßenseite. Der Strand war nur zehn Straßen entfernt. Ich würde irgendwo zu Abend essen, einen Spaziergang am Meer entlang machen und mir darüber klarwerden, was ich tun sollte.

Ich kam gerade noch rechtzeitig zum Sonnenuntergang an den Strand, stellte aber dann fest, daß die Sonne auf der anderen Seite der Insel unterging. «Das ist ja phantastisch», murmelte ich leise vor mich hin. «Wie soll ich diese geheimnisvolle Frau ausfindig machen, wenn ich nicht einmal einen Sonnenuntergang finde?»

Ich legte mich in der milden Abendluft in den weichen, noch warmen Sand und blickte zu einem Palmwipfel empor. Während die grünen Palmwedel in der leichten Meeresbrise hin und her schaukelten, zerbrach ich mir den Kopf nach einem Plan.

Als ich am nächsten Tag an einer Zeitungsredaktion vorbeiging, kam mir der rettende Gedanke. Ich ging hinein und verfaßte rasch eine Annonce, die unter der Rubrik «Private Kleinanzeigen» erscheinen sollte. Sie lautete: «Friedvoller junger Krieger, Freund von Socrates, sucht gleichgesinnte Bankangestellte. Laß uns gemeinsam etwas bewirken.» Dazu gab ich meine Telefonnummer in meinem Motel an. Wahrscheinlich war das eine blöde Idee, und ich hatte nicht viel mehr Aussicht auf Erfolg als jemand, der eine Flaschenpost ins Meer wirft. Mein Plan war sicherlich weit hergeholt – aber immerhin besser als gar nichts!

Mehrere Tage vergingen. Ich besuchte Kunstgalerien, tauchte im Meer, lag am Strand – und wartete und wartete. Auf meine Anzeige meldete sich jedoch niemand, und einfach nur durch die Straßen zu wandern in der Hoffnung, sie zufällig irgendwo zu treffen, kam mir ziemlich sinnlos vor. Entmutigt rief ich beim Flughafen an und buchte einen Flug nach Hause. Ich war im Begriff, die Hoffnung aufzugeben.

Im Bus zum Flughafen war ich wie betäubt und nahm nichts von meiner Umgebung wahr. Erst als ich am Flughafenschalter stand, kam ich wieder zu mir. Und als ich dann in der Abflughalle saß und mein Flug aufgerufen wurde, sagte eine innere Stimme: Nein. Und da wußte ich, daß ich nicht aufgeben konnte. Weder jetzt noch später. Egal, was passierte. Ich mußte sie finden.

Ich stornierte meinen Flug, kaufte mir einen Stadtplan und fuhr mit dem nächsten Bus zurück nach Honolulu. Alle Banken, die ich unterwegs sah, trug ich auf meinem Stadtplan ein.

Erleichtert betrat ich die erste Bank – die übliche Einrichtung und um diese Tageszeit noch fast leer. Prüfend ließ ich meine Blicke umherwandern und entdeckte sofort eine Frau, die vielleicht die richtige war – eine schlanke, sportlich aussehende Dame ungefähr Mitte Vierzig. Sie drehte sich um und schenkte mir ein flüchtiges Lächeln. Als unsere Blicke sich trafen, hatte ich das intuitive Gefühl, daß sie diejenige war, die ich suchte – unglaublich! Warum hatte ich mich nicht von Anfang an auf meine Eingebungen verlassen?

Als sie ihr Gespräch mit einem Kollegen beendet hatte, kehrte sie an ihren Schreibtisch neben den Schließfächern und dem Tresor zurück. Geduldig wartete ich einen geeigneten Augenblick ab. Dann holte ich tief Luft und ging auf sie zu.

«Entschuldigen Sie», sagte ich und setzte mein strahlendstes, intelligentestes Lächeln auf, um wenigstens nicht völlig verrückt zu erscheinen. «Ich suche eine Frau – nein, warten Sie, ich muß es anders ausdrücken –, ich suche jemanden, der zufällig weiblichen Geschlechts ist; aber ich weiß ihren Namen nicht. Wissen Sie, ein älterer Herr – na ja, ein Herr ist er eigentlich nicht –, also jedenfalls ein alter Mann namens Socrates hat mir geraten, sie zu suchen. Sagt Ihnen dieser Name etwas?»

«Socrates?» wiederholte sie. «War das nicht irgend so ein alter Grieche oder Römer?»

«Ja, das ist er – war er...», antwortete ich. Meine Hoffnung schwand allmählich wieder dahin. «Aber vielleicht kennen Sie ihn unter einem anderen Namen. Er ist ein Lehrer von mir. Ich lernte ihn an einer *Tankstelle* kennen», flüsterte ich beschwörend und betonte das Wort Tankstelle, «an einer Tankstelle in *Kalifornien*.» Dann wartete ich mit angehaltenem Atem.

Allmählich weiteten sich ihre Augen, und dann schien ein Licht in ihnen aufzuleuchten. «Ja! Ich hatte mal einen Freund, der an einer Tankstelle in Kalifornien arbeitete. Aber der hieß Ralph. Könnte es sein, daß Sie Ralph meinen?»

«Hm... Nein», erwiderte ich enttäuscht. «Ich glaube nicht.»

«Tja... Ich muß jetzt wieder an die Arbeit. Hoffentlich finden Sie Ihren Archimedes...»

«*Socrates*», korrigierte ich sie. «Und außerdem suche ich nicht ihn, ich suche eine *Frau!*»

Ich merkte, wie ihr Blick frostig wurde. Ihr Tonfall veränderte sich. «Tut mir leid, ich muß jetzt gehen. Ich hoffe, daß Sie *bald* eine Frau finden!»

Ich spürte ihren Blick im Nacken, als ich auf die nächste Bankangestellte zuging, eine etwa fünfzigjährige Frau mit einer dicken Schicht Make-up und viel Rouge, um mein Sprüchlein in leicht veränderter Form wieder aufzusagen. Diese Dame war zwar keine sehr vielversprechende Kandidatin, aber ich durfte niemanden auslassen. Sie wechselte einen Blick mit der ersten Angestellten und sah mich dann wieder an. Ihre Augen waren voller Mißtrauen. «Was kann ich für Sie tun?» fragte sie.

Die müssen irgendeine Art von Telepathie können, dachte ich.

«Ich suche eine Frau, die bei einer Bank arbeitet», erklärte ich, «aber ich habe den Zettel mit ihrem Namen verlegt. Sie kennen nicht zufällig einen Mann namens Socrates...?»

«Sie sollten sich lieber an jemand anders wenden», sagte sie kühl. Zuerst dachte ich, sie wollte einen von den Sicherheitsmännern herbeiwinken; doch dann zeigte sie auf eine Angestellte in einem dunklen Kostüm, die hinter einem Schalter saß und gerade den Telefonhörer auflegte.

Ich nickte ihr dankend zu, ging zu der Frau hinüber und stellte mich vor: «Hallo! Ich bin ein friedvoller Krieger. Kennen Sie Socrates von der Tankstelle...?»

«*Wie bitte?*» antwortete sie und warf einen bedeutungsvollen Blick zum Wachtposten am Eingang hinüber.

«Ich habe gesagt, ich bin ein *potentieller Kunde. Ich suche eine Bankangestellte,* die sich in *Wertpapieren* auskennt...»

«*Ach so*», meinte sie lächelnd und strich sich ihre Jacke glatt. «Ich glaube, da kann ich Ihnen weiterhelfen.»

«O je, so spät ist es schon. Ich muß weg», sagte ich bedauernd mit einem Blick auf meine Uhr. «Ich komme ein andermal wieder. Dann können wir zusammen essen gehen. Auf Wiedersehen, ciao, aloha, tschüß.» Mit diesen Worten machte ich mich aus dem Staub.

Diesen Spruch vom friedvollen Krieger und potentiellen Kunden sagte ich den ganzen Nachmittag über immer wieder auf. Schließlich entdeckte ich eine Bar und trank zum erstenmal seit langem wieder ein Bier. Und dabei mag ich überhaupt kein Bier!

Nachdem ich acht weitere Banken absolviert hatte und schon wieder vor der nächsten stand, nahm ich mir vor, nie im Leben auch nur auf den *Gedanken* zu verfallen, Privatdetektiv zu werden! Der Rücken tat mir weh, und ich hatte das Gefühl, gleich ein Magengeschwür zu bekommen. Eigentlich war das Ganze eine verrückte Idee. Vielleicht arbeitete die Frau gar nicht bei einer Bank, und das Briefpapier hatte ihr nur jemand *gegeben*. Warum sollte eine Schamanin ausgerechnet bei einer Bank angestellt sein? Andererseits – warum arbeitete ein alter Krieger wie Socrates an einer Tankstelle?

Ich war verwirrter und mutloser denn je. Der Glaube an meine Intuition, den ich vorher noch gehabt hatte, war inzwischen genauso plattgedrückt wie die Coladose neben mir auf dem Bürgersteig. Ich hob sie auf und warf sie in einen Abfallkorb – eine gute Tat. Dann war dieser Tag wenigstens nicht völlig verschwendet.

In dieser Nacht schlief ich wie ein Toter – und das war nicht weit von der Wahrheit weg.

Am nächsten Tag machte ich bei weiteren zehn Banken die Runde und kehrte am Abend erschöpft und wie betäubt in mein Zimmer zurück. In zwei Spar- und Darlehnskassen hatte man mich aufgefordert, sofort zu verschwinden. Bei der letzten Bank war ich aggressiv geworden. Beinahe hätte die Polizei mich verhaftet. Ich war völlig mit den Nerven am Ende und beschloß, für heute Schluß zu machen.

In dieser Nacht träumte ich, ich liefe immer hinter der Frau her, die ich suchte, und verpaßte sie jedesmal nur um Haaresbreite. Es war wie in einem Film, wenn die beiden Hauptfiguren schon fast nebeneinander stehen, sich dann aber im letzten Augenblick noch den Rücken zukehren und sich verfehlen. Diese Szene wiederholte sich immer wieder von neuem und brachte mich zum Wahnsinn.

Müde und zerschlagen wachte ich auf. Heute war ich zu *allem* bereit – wirklich zu allem –, nur nach einer namenlosen Bankangestellten wollte ich nicht mehr suchen. Aber irgendwie zahlte sich mein Training bei Socrates jetzt tatsächlich aus, denn ich zwang mich, aufzustehen, mich anzuziehen und wieder auf die Suche zu gehen. Kleine Siege der Selbstdisziplin wie dieser können viel bewirken.

An diesem dritten Tag meiner Suche hatte ich wirklich die Grenzen meiner Willenskraft erreicht. Doch es gab wenigstens *einen* Lichtblick, eine heitere Oase in einem Meer finsterer Gesichter: In der vierten Bank traf ich eine außerordentlich hübsche Kassiererin, ungefähr in meinem Alter. Als ich ihr erklärte, ich suchte eine *ganz besondere* Frau, fragte sie mich mit einem Lächeln, das ihre Grübchen zur Geltung brachte: «Bin *ich* besonders genug?»

«Ich... ja... eigentlich sind Sie eine der besondersten Frauen, die mir seit langem über den Weg gelaufen sind», grinste ich. Ich hatte zwar meine Zweifel, ob sie wirklich die Schamanin war, nach der ich suchte. Aber in meinem Leben waren schon merkwürdigere Dinge passiert, und bei Socrates konnte man schließlich nie wissen...

Sie sah mir unverwandt in die Augen, als warte sie auf etwas. Aber vielleicht wollte sie auch nur flirten. Oder sie wollte, daß ich ein Konto bei ihrer Bank eröffnete. Aber sie konnte ja auch die Tochter der Schamanin sein! Ich durfte keine Chance ungenutzt lassen, sagte ich mir. Und ein bißchen Spaß konnte mir auch nicht schaden.

«Wissen Sie, wer ich bin?» fragte ich.

«Sie kommen mir irgendwie bekannt vor», antwortete sie.

Verflixt noch mal. Wußte sie, was ich meinte, oder nicht? «Ich will Ihnen was sagen, Fräulein... äh...», ich warf einen Blick auf das Namensschild an ihrem Schalter, «... Barbara. Ich heiße Dan. Ich bin Professor an einem College und mache ein paar Tage Urlaub hier in Honolulu, und – na ja, es ist ein bißchen einsam, wenn man seine Ferien so ganz allein verbringt. Ich weiß, wir haben uns gerade erst kennengelernt, aber ich möchte Sie trotzdem gern zum Essen einladen, wenn Sie Feierabend haben. Vielleicht können Sie mir zeigen, wo die Sonne untergeht, oder wir können uns über Tankstellen und alte Lehrer unterhalten...»

Wieder lächelte sie – eindeutig ein gutes Zeichen. «Wenn das aus einem Buch ist», sagte sie, «ist es zumindest originell. Ich mache um fünf Uhr Schluß; wir treffen uns dann draußen vor dem Eingang.»

«Wunderbar! Also bis nachher.»

Beschwingt verließ ich die Bank. Ich hatte eine Verabredung, vielleicht sogar einen Anhaltspunkt, wo ich meine Schamanin finden konnte. Aber warum sagte dann eine leise Stimme in meinem Inneren: Du *Idiot!* Was soll *das?* Socrates hat dich auf eine wichtige Suche geschickt, und du gabelst eine Bankangestellte auf!

«Ach, halt die Klappe!» rief ich laut. Ein Passant drehte sich nach mir um und warf mir einen seltsamen Blick zu.

Jetzt war es fünf Minuten nach halb drei. Vor fünf Uhr konnte ich noch zwei, vielleicht sogar drei Banken abklappern. Ich studierte meinen Stadtplan. Die First Bank of Hawaii lag genau um die Ecke.

3
Eine rätselhafte Botschaft

Wenn man sich mit allem Eifer und aller Kraft bemüht, helfen die Götter mit.

Aischylos

Kaum hatte ich die Bank betreten, warf die Wache auch schon einen Blick in meine Richtung und kam auf mich zu, ging dann aber direkt an mir vorbei. Erleichtert atmete ich auf und warf einen Blick nach oben zu den Kameras. Sie schienen alle auf mich gerichtet zu sein. In geschäftsmäßiger Haltung ging ich zu einem Schalter, tat, als füllte ich einen Einzahlungsbeleg aus, und sah mir den Laden erst einmal genauer an.

Etwa einen Meter von mir entfernt stand ein sehr nüchtern wirkender Schreibtisch, hinter dem eine ebenso nüchtern aussehende Bankangestellte saß – eine große, aristokratisch wirkende Dame in den Fünfzigern. Sie blickte zu mir auf, als ich auf sie zuging. Doch ehe ich sie etwas fragen konnte, war sie schon aufgestanden. «Tut mir leid – ich habe jetzt Mittagspause, aber ich glaube, Mrs. Walker kann Ihnen weiterhelfen», sagte sie und zeigte nach hinten auf den anderen Schalter. Dann drehte sie sich um und war verschwunden.

«Hm... danke», murmelte ich ihr nach.

Mrs. Walker ignorierte mich jedoch genauso wie die anderen Angestellten. Bei der nächsten Bank ging es mir ebenso. Dort wurde ich sogar vom Wachmann hinausbegleitet und aufgefordert, mich ja nie wieder blicken zu lassen.

Resigniert lehnte ich mich an eine Hauswand und ließ mich langsam hinabgleiten, bis ich auf dem Bürgersteig saß. Ich wußte nicht, ob ich lachen oder weinen sollte. «Ich habe es satt», sagte ich laut. «Das war's. Schluß damit. Keine Banken mehr.»

Ich begriff zwar, wie wichtig es ist, niemals aufzugeben; aber irgendwann erreicht man einen Punkt, wo man nicht mehr mit dem Kopf gegen die Wand rennen will. Es funktionierte einfach nicht. Ich würde zu meiner Verabredung gehen, mir den Sonnenuntergang ansehen und dann zurück nach Ohio fliegen.

Während ich so dasaß und mich selbst bemitleidete, hörte ich eine Stimme fragen: «Alles in Ordnung?» Ich blickte auf und sah eine kleine, mollige Asiatin mit silbernem Haar, die einen zu weiten Muumuu trug und einen Bambusstock in der Hand hielt. Sie war etwa sechzig Jahre alt und lächelte mit einem Ausdruck mütterlicher Besorgnis zu mir herunter.

«Ja, danke, es geht schon», antwortete ich und stand mühsam auf.

«Sieht aber nicht so aus», widersprach sie. «Sie machen einen müden Eindruck.»

Beinahe hätte ich sie gereizt angefahren: Was geht Sie das an? Statt dessen holte ich tief Luft. «Stimmt», gab ich zu. «Ich bin müde. Aber ich war schon öfter müde; es geht mir gleich wieder besser. Vielen Dank.» Ich erwartete, daß sie nicken und weitergehen würde. Aber sie blieb stehen und sah mich unverwandt an.

«Trotzdem», sagte sie, «ich wette, ein Glas Saft würde Ihnen guttun.»

«Sind Sie Ärztin? Oder Krankenschwester?» fragte ich halb im Scherz.

«Nein», lächelte sie. «Eigentlich nicht. Aber ich kenne das. Victor – mein Patensohn – verausgabt sich auch immer so.»

«Ach so», sagte ich und lächelte. Sie schien eine nette Frau zu sein. «Ein Saft würde mir tatsächlich nicht schaden. Darf ich Sie zu einem Glas einladen?»

«Das ist sehr nett von Ihnen», sagte sie. Wir gingen in ein Straßencafé neben der Bank. Mir fiel auf, daß sie stark hinkte.

«Ich heiße Ruth Johnson», stellte sie sich vor, lehnte ihren alten Bambusstock an die Theke und streckte mir die Hand entgegen. Johnson war kein typisch asiatischer Nachname; wahrscheinlich war sie mit einem Weißen verheiratet.

«Dan Millman», sagte ich, ergriff ihre Hand und bestellte einen Karottensaft.

«Für mich bitte auch einen», sagte Mrs. Johnson. Als sie sich der Kellnerin zuwandte, sah ich mir ihr Gesicht genauer an – sie hatte leicht hawaiianische Gesichtszüge, vielleicht mit einem japanischen Einschlag. Ihr Teint war zart gebräunt.

Die Kellnerin stellte unsere Gläser auf den Tisch. Ich ergriff das meine. Da fiel mir auf, daß Mrs. Johnson mich unverwandt anstarrte. Sie sah mir in die Augen, und ihr Blick ließ mich nicht mehr los. Sie hatte unergründliche Augen, wie Socrates. Ach was, dachte ich. Laß doch endlich diese Hirngespinste.

Aber sie starrte mich weiter an. «Kenne ich Sie irgendwoher?»

«Ich glaube nicht», antwortete ich. «Ich bin zum erstenmal hier.»

«In Honolulu?»

Nein, auf dem Planeten Erde, dachte ich. «Ja», sagte ich laut.

Sie musterte mich noch ein paar Sekunden lang intensiv und meinte dann: «Na ja, vielleicht bilde ich mir das auch nur ein. Sie machen also Urlaub hier?»

«Ja, ich arbeite am Oberlin College und bin auf einer Forschungsreise hier», antwortete ich.

«Oberlin? Tatsächlich? Dort studiert eine Nichte von mir!»

«Ach, wirklich?» sagte ich und warf einen Blick auf meine Armbanduhr.

«Ja. Und mein Patensohn Victor will nächstes Jahr auch dorthin. Er hat gerade seine Abschlußprüfung an der Punaho School gemacht. Kommen Sie mich doch heute abend besuchen! Dann könnten Sie sich mit Victor unterhalten. Er wäre *begeistert,* einen Professor vom Oberlin College kennenzulernen!»

«Vielen Dank für die Einladung! Aber ich habe schon etwas anderes vor.»

Keineswegs entmutigt, kritzelte sie mit ihren zitternden Händen eine Adresse auf ein Stück Papier und gab es mir. «Falls Sie es sich doch noch anders überlegen.»

«Vielen Dank», sagte ich und stand auf, um zu gehen.

«*Ich* habe zu danken», erwiderte sie, «für den Saft.»

«Keine Ursache», wehrte ich ab und warf einen Fünfdollarschein auf die Theke. Nach kurzem Zögern fragte ich sie: «Sie arbeiten nicht zufällig bei einer Bank?»

«Nein», antwortete sie. «Warum?»

«Ach, nichts.»

«Also dann, aloha», winkte sie mir zu. «Erschaffen Sie sich einen schönen Tag!»

Ich blieb stehen und drehte mich entgeistert nach ihr um. «Was haben Sie da gesagt – *erschaffen* Sie sich einen schönen Tag?»

«Ja.»

«Aber die meisten Leute sagen doch: Ich *wünsche* Ihnen einen schönen Tag.»

«Ja, vermutlich.»

«Ich hatte nämlich mal einen Lehrer – der hat das auch immer gesagt.»

«Ach, wirklich?» sagte sie und lächelte mich seltsam an. «Interessant.»

Der Realitätsmesser in meinem Inneren begann Alarm zu schlagen; ich hatte plötzlich ein pelziges Gefühl auf der Zunge. Ging hier alles mit rechten Dingen zu?

Wieder musterte sie mich – erst prüfend und dann mit einem so intensiven, durchbohrenden Blick, daß alles um mich her versank. «Ich kenne Sie», sagte sie.

Meine ganze Umgebung erstrahlte plötzlich in leuchtenden Farben. Ich spürte, wie ich errötete. In meinen Händen begann es zu kribbeln. Wann hatte ich das letzte Mal so ein Gefühl gehabt? Dann fiel es mir wieder ein. In einer sternklaren Nacht an einer alten Tankstelle!

«Was, Sie kennen mich?»

«Ja. Am Anfang war ich mir nicht sicher, aber jetzt habe ich Sie erkannt – als einen gutherzigen Menschen. Sie sind nur ein bißchen streng mit sich selber.»

«Ach so», sagte ich enttäuscht. «Das meinen Sie!»

«Und ich sehe Ihnen auch an, daß Sie einsam sind und ein bißchen mehr Entspannung bräuchten. Ein Spaziergang barfuß am

Meer entlang, in der Brandung, wäre genau das richtige für Sie.»
Ihr Blick hielt mich immer noch gefangen.

Benommen hörte ich mich fragen: «Einen Spaziergang am Meer, in der Brandung?»

«Genau.»

Wie durch einen Nebel steuerte ich auf den Ausgang zu. Da hörte ich ihre Stimme: «Also bis heute abend – gegen sieben Uhr.»

Ich erinnere mich gar nicht mehr daran, wie ich aus diesem Café herauskam. Ich weiß lediglich, daß ich im nächsten Augenblick mit den Schuhen in der Hand durch den sauberen, feuchten Strand von Waikiki schlenderte und die seichte Brandung meine Füße umspülte.

Als sei ich aus einem Traum erwacht, schaute ich auf meine Armbanduhr; es war Viertel nach sechs. Ich sagte die Uhrzeit vor mich hin, als habe sie etwas Besonderes zu bedeuten. Dann fiel es mir plötzlich ein: Ich hatte Barbara, die schöne Bankkassiererin, versetzt. Ich kam mir ganz schön dumm vor.

Und da ich jetzt nichts anderes zu tun hatte, fuhr ich mit dem Bus in einen hübschen Vorort von Honolulu und lief dort herum, bis ich die Adresse fand, die Ruth Johnson mir aufgeschrieben hatte. Zumindest glaubte ich, daß das die richtige Adresse war, denn ihre Handschrift war nicht sehr leserlich.

Um Viertel nach sieben schlenderte ich die Auffahrt des gepflegten Hauses hoch. Viele Autos standen hier, Tanzmusik dröhnte aus der offenen Tür, und auf einer Schaukel auf der Veranda saß im Mondlicht eine ältere Frau und schaukelte sich leicht hin und her. Ich ging die Treppe hinauf und sah, daß es nicht Ruth Johnson war. Drinnen hörte ich lautes Stimmengewirr. Jemand lachte. Ich hatte das ungute Gefühl, nicht am richtigen Ort zu sein.

Die Frau auf der Schaukel rief mir zu: «Aloha! Kommen Sie rein!»

Ich nickte ihr zu und ging ins Haus. Drinnen ließ ich meine Blicke durch das große Wohnzimmer schweifen. Es drängelten sich hier tanzende, redende, essende Teenager und auch ein paar ältere Männer und Frauen. Die jungen Mädchen trugen geblümte Kleider oder rückenfreie Oberteile, die jungen Männer Jeans, T-Shirts und Pullover.

Die Musik verstummte für ein paar Sekunden, und ich hörte ein lautes Platschen. Jemand war in den Swimmingpool gesprungen oder gefallen, der durch die Glasschiebetüren zu sehen war. Es folgte lautes Gelächter.

Während wieder ein Rock-'n'-Roll-Song aus den Boxen dröhnte, tippte ich einem jungen Mädchen auf die Schulter; ich mußte schreien, um mir bei der lauten Musik Gehör zu verschaffen: «Ich suche Ruth Johnson!»

«Wen?» schrie sie zurück.

«Ruth Johnson!» schrie ich noch lauter.

«Ich kenne nicht sehr viele Leute hier», sagte sie schulterzukkend. «He, Janet!» rief sie zu einer anderen Frau hinüber. «Kennst du eine Ruth Johnson?»

Janet schrie etwas herüber, was ich nicht hören konnte. «Macht nichts», rief ich und steuerte wieder auf die Tür zu.

Auf der Treppe draußen blieb ich stehen und versuchte es noch ein letztes Mal. Ich wandte mich an die Frau auf der Schaukel und fragte: «Wohnt Ruth Johnson hier?»

«Nein», erwiderte sie.

«Oh.» Entmutigt wandte ich mich zum Gehen. Konnte ich denn gar nichts *richtig* machen?

«Ruthie wohnt bei ihrer Schwester am anderen Ende der Straße», setzte die Frau hinzu. «Sie ist gerade weggegangen, um Mineralwasser zu kaufen.»

Gerade in diesem Augenblick fuhr ein Auto vor.

«Ah, da ist sie wieder», sagte die Frau und zeigte auf den Wagen.

Zuerst stieg überhaupt niemand aus. Dann sah ich Ruth Johnson langsam aus dem Auto klettern. Schnell lief ich die Treppe hinunter und ihr entgegen. Ich wollte dieser Sache endlich auf den Grund kommen – egal wie.

Sie streckte gerade die Hand nach einer Einkaufstüte aus. «Warten Sie, ich helfe Ihnen», erbot ich mich. Sie drehte sich um und wirkte erfreut – aber nicht erstaunt –, mich zu sehen.

«*Mahalo!* Danke!» sagte sie. «Sehen Sie, ich hatte doch recht. Sie sind ein guter Mensch.»

«Vielleicht nicht ganz so gut, wie Sie glauben», widersprach ich. Das Bild meiner kleinen Tochter und meiner Frau, die ich verlassen hatte, durchzuckte mich.

Wir stiegen die Treppe zum Haus hinauf, langsam, damit sie mit mir Schritt halten konnte. «Warum haben Sie mich hierher eingeladen?» fragte ich.

«Tut mir leid, daß ich nicht mehr die Schnellste bin», sagte sie und ging nicht auf meine Frage ein. «Ich hatte einen kleinen – na ja, man könnte sagen, einen kleinen Schlaganfall. Aber allmählich geht es mir wieder besser.»

«Mrs. Johnson, können wir nicht zum Thema kommen?»

«Freut mich, daß Sie das Haus gefunden haben», sagte sie.

«Ich bin von weit her gekommen...»

«Ja, die Leute kommen aus allen Himmelsrichtungen, um bei unseren Partys dabeizusein. Wir wissen eben, wie man sich amüsiert!»

«Aber Sie wissen nicht wirklich, wer ich bin.»

«Ich glaube, niemand weiß, wer der andere wirklich ist. Aber das macht doch nichts! Hauptsache, wir sind hier!» rief sie fröhlich. «Und da Sie nun schon einmal hier sind, kommen Sie herein, lernen Sie Victor kennen, und amüsieren Sie sich!»

Enttäuscht lehnte ich mich an die Wand und blickte zu Boden.

«Ist alles in Ordnung mit Ihnen?» fragte sie besorgt.

«Ja, ja.»

«He, Ruthie!» schrie jemand von drinnen. «Hast du das Wasser und die Chips mitgebracht?»

«Ja, hier sind sie, Bill!»

Sie wandte sich wieder zu mir. «Wie war doch gleich Ihr Name?»

Ich blickte zu ihr auf. «Dan.» Es klang wie «verdammt».

«Also, Dan, komm rein, tanz ein bißchen, und lern ein paar Leute kennen. Das wird dich aufheitern.»

«Danke für das Angebot – das ist wirklich nett von Ihnen, aber ich glaube, ich gehe jetzt lieber. Ich habe morgen eine Menge vor.» Plötzlich war ich hundemüde. Ich holte tief Luft und stand auf. «Viel Spaß bei der Party, und danke – äh, *mahalo* – für die nette Einladung.» Mit diesen Worten wandte ich mich zum Gehen.

«Warten Sie», rief sie und humpelte mir nach. «Schließlich ist es meine Schuld, daß Sie hierhergekommen sind. Ich gebe Ihnen etwas für den Rückweg mit.» Sie griff in ihren Geldbeutel.

«Nein, danke, das ist nicht nötig. Wirklich nicht...»

Doch sie ergriff meine Hand und sah mir in die Augen; und da fing die Welt plötzlich wieder an, sich zu drehen. «Nimm das», sagte sie und drückte mir etwas in die Hand, was nach ein paar zerknitterten Geldscheinen aussah. «Vielleicht sehen wir uns einmal wieder.»

Dann wandte sie sich abrupt um und ging ins Haus. Die Musik wurde lauter und verstummte dann ganz, als die Tür hinter ihr ins Schloß fiel.

Ich zerknüllte das Geld in der Faust, schob es in meine Hosentasche und ging in die warme Nacht hinaus.

Im Licht der Straßenlaterne an der Bushaltestelle schimmerten sanft Kokospalmen und Banyanbäume. Dort ließ ich mich auf eine Bank sinken und versuchte wieder einen klaren Kopf zu bekommen. Irgend etwas stimmte hier nicht; es ergab alles keinen Sinn. Sie *mußte* die Frau sein, die ich suchte, aber sie *war* es nicht. Ich war wieder am Nullpunkt angelangt.

Ich wußte nicht, ob ich mich dazu überwinden konnte, jemals wieder eine Bank zu betreten; allmählich hatte ich es satt, wie ein Verrückter behandelt zu werden. Vielleicht war es aussichtslos; vielleicht war ich ganz einfach ein komischer Kauz, wie meine Frau es immer gesagt hatte. Vielleicht hatte sie mit allem recht. Warum konnte ich nicht einfach ein ganz normaler Mann sein, ins Footballstadion und ins Kino gehen und sonntags mit Familie und Freunden Grillfeste veranstalten?

Ich erwog ernstlich, morgen nach Hause zu fliegen und mich zu einem guten Therapeuten in Behandlung zu begeben. In diesem Augenblick hielt der Bus mit quietschenden Bremsen vor mir. Die Tür ging auf; ich erhob mich und suchte in meiner Hosentasche nach dem Geld – da merkte ich, daß Ruth Johnson mir gar keines gegeben hatte.

«He, Kumpel», rief der Busfahrer. «Wollen Sie nun einsteigen oder nicht?»

Ich hörte seine Frage kaum und antwortete ihm nicht, so sehr war ich damit beschäftigt, das zerknüllte Papier auseinanderzufalten. Als ich es geschafft hatte, riß ich verblüfft die Augen auf und hielt den Atem an. Mir war nur nebelhaft bewußt, daß der Bus ohne mich abfuhr. Fassungslos starrte ich auf die beiden Fetzen Papier in meinen Händen. Der erste war eine ausgeschnittene Kleinanzeige. Sie begann mit den Worten: «Friedvoller junger Krieger, Freund von Socrates...» Ich hörte, wie mein Atem immer heftiger wurde; ich zitterte am ganzen Körper.

Auf dem zweiten Zettel stand eine Nachricht, die Mrs. Johnson in zitteriger, fast unleserlicher Handschrift hingekritzelt hatte. Sie lautete:

Ich bin von der alten Schule – der Schule, die hohe Anforderungen stellt. Man bekommt nichts umsonst – nichts ohne wirkliches Wollen, ohne Vorbereitung und Einweihung. Auf Glauben und Vertrauen kommt es an.

In drei Tagen – am Donnerstagabend – ist die Meeresströmung genau richtig. Wenn du deinen Weg fortsetzen willst, befolge alle meine Anweisungen genau. Gehe am frühen Abend zum Makapuu Beach.

Ich drehte den Zettel um und las weiter:

Auf dem Weg zur Makapuu-Spitze wirst du zu einem Felsplateau kommen. Gehe darauf zu, bis du einen kleinen Schuppen siehst, der an einer Seite eingefallen ist. Hinten am Schuppen lehnt ein großes Surfbrett. Wenn du keine Menschen mehr siehst – aber erst in der Abenddämmerung, nicht vorher –, paddle mit dem Brett über die Brandung hinaus. Eine starke Strömung wird dich aufs Meer hinaustreiben; vertraue dich ihr an. Aber gib acht...

Merkwürdig – das war alles. «*Gib acht...*» Hier endete die Botschaft. Was sollte das heißen? Ich steckte den Zettel wieder in meine Hosentasche.

Allmählich wich meine Fassungslosigkeit fieberhafter Spannung und einem Gefühl der Erleichterung. Meine Suche war zu Ende. Ich hatte sie gefunden! Eine Welle ungeahnter Energie stieg in mir auf. Meine Sinne waren plötzlich offen und empfänglich für alle Eindrücke um mich her: Ich spürte die warme Luft, hörte die Grillen in der Ferne zirpen und sog den Duft frischgemähter, regennasser Rasenflächen ein. Zu Fuß ging ich zu meinem Motel zurück. Als ich ankam, dämmerte schon fast der Morgen.

Ich sank aufs Bett, das quietschend unter mir federte, und starrte nachdenklich zur Decke empor. Es dauerte lange, bis ich einnickte.

In dieser Nacht träumte ich von Skeletten – Hunderten von Skeletten –, die das Meer an die Felsküste gespült hatte. Verstreut und von der Sonne gebleicht lagen sie auf den schwarzen Lavafelsen. Da krachte eine Welle gegen den Felsen und spülte die Skelette mit sich fort. Nur das Lavagestein blieb zurück, schwarz wie die Nacht. Die Schwärze verschlang mich.

Dann hörte ich ein Tosen, zuerst leise, dann immer lauter – und ich erwachte vom Heulen eines Müllautos. Ich schlug die Augen auf und starrte an die Decke. Das düstere Bild der Skelette ließ mich nicht los. Ehrfürchtige Scheu und eine seltsame Vorahnung beschlichen mich. Am Donnerstagabend würde mein Abenteuer beginnen...

Jetzt kam die Sache endlich in Gang. Eine neue Welle trug mich vorwärts. Ich fühlte mich so lebendig wie in alten Tagen. Dadurch kam mir zum Bewußtsein, wie bequem mein Leben in den letzten Jahren gewesen war: Ich war ein Krieger auf der Fernsehcouch geworden, der seine Schlachten von seinem Alter ego auf der Mattscheibe austragen ließ. Doch jetzt war ich wieder startbereit und wartete auf meinen Einsatz.

4
Verbrannt auf dem Ozean

Was Licht spenden will, muß sich verbrennen lassen.
Viktor Frankl

Ich hatte keine besonderen Vorbereitungen getroffen, denn offensichtlich waren keine nötig – ich brauchte nur nach einem großen Surfbrett zu suchen und aufs Meer hinauszupaddeln.

Am Donnerstagnachmittag verließ ich mein Motel. Ich war bereit, am Strand zu kampieren, bereit für etwas Neues – bereit zu allem. Jedenfalls glaubte ich das. Ich stopfte alle meine Sachen in meinen Rucksack, schnallte ihn um und wanderte zum Makapuu Beach. Ich sog die frische, salzige Luft in meine Lungen und wanderte weiter auf die Felsspitze zu. In der Ferne, auf einem Lavahügel, sah ich einen alten Leuchtturm, der sich dunkel vom karminroten Himmel abzeichnete.

Der Weg war weiter, als ich gedacht hatte. Als ich den Schuppen fand, war es schon fast dunkel. Das Surfbrett war da, genau an der Stelle, die sie mir beschrieben hatte. Es war aber kein stromlinienförmiges Glasfaserbrett, wie ich erwartet hatte, sondern ein massives, altmodisches Holzbrett, wie es die alten hawaiianischen Könige früher benutzten – ich hatte einmal ein Foto davon im *National Geographic* gesehen.

Ich ließ meine Blicke über den verlassenen Strand und das ruhige Meer wandern. Obwohl bereits die Sonne unterging, war es noch angenehm mild. Ich zog mich aus bis auf meine Nylonbadehose, steckte Kleider und Brieftasche in meinen Rucksack und versteckte ihn im Gebüsch. Dann trug ich das schwere Surfbrett in die Brandung hinaus. Als das Wasser mir bis zu den Oberschenkeln reichte, ließ ich das Brett mit einem lauten Knall auf die glasklare Wasseroberfläche fallen.

Mit einem letzten Blick zurück zum Strand stieß ich mich ab und glitt aufs Meer hinaus. Unbeholfen paddelte ich mit meinem Brett durch die Wellen.

Das Meer wurde vom abnehmenden Mond, der ab und zu zwischen den Wolken auftauchte und wieder verschwand, kaum erleuchtet. Als ich mich durch den letzten Brecher gekämpft hatte, war ich ganz außer Atem. Keuchend nahm ich mir vor, in Zukunft wieder mehr für meine Fitneß zu tun. Ich ließ mich auf den sanften Wellen des Ozeans dahintreiben und wunderte mich über diese merkwürdige Initiation. Das war ja ganz angenehm, aber wie lange sollte ich denn noch hier auf den Wellen dahingleiten, bis ich wieder zurückpaddeln durfte? Die ganze Nacht?

Das rhythmische Rauschen der Wellen ließ mich in einen wohligen Zustand der Mattigkeit hinüberdämmern. Ich lag auf dem Rücken und blickte zu den Sternbildern Orion, Skorpion und Schütze empor. Während ich meine Blicke von einem Stern zum anderen wandern ließ, trieben meine Gedanken in der Strömung dahin und warteten, ich weiß nicht, worauf – vielleicht auf Anweisungen von einem Raumschiff.

Irgendwann muß ich wohl eingeschlafen sein; denn plötzlich schreckte ich hoch und saß rittlings auf meinem Surfbrett, das auf den Wellen hin und her schaukelte. Ich hatte gar nicht gemerkt, daß ich eingenickt war. Ich fragte mich, ob einem wohl so zumute war, wenn man plötzlich eine Erleuchtung hatte.

Ich sah mich um und versuchte in der Dunkelheit die Küste zu erkennen. Da fiel es mir ein: die Strömung! Ruth Johnson hatte etwas davon geschrieben, daß die Strömung heute abend «genau richtig» sein würde. Genau richtig wofür? Ich suchte den Horizont in allen Himmelsrichtungen ab; doch die Wellen und die dichte Wolkendecke verdeckten mir die Sicht. Bis zum Morgengrauen war ich praktisch blind. Ich konnte weder Sterne noch Land erkennen.

Meine Uhr hatte ich am Strand gelassen. Ich hatte kein Zeitgefühl und völlig die Orientierung verloren. Wie lange war ich auf dem Meer dahingetrieben? Und wohin? Mir wurde klar, daß ich vielleicht direkt aufs offene Meer hinaustrieb! Bei diesem Gedanken lief es mir eiskalt den Rücken hinunter. Panische Angst traf mich wie ein Faustschlag.

Auf der Bühne meiner Phantasie jagten sich paranoide Vorstellungen: Wenn diese Frau nun eine exzentrische Alte oder vielleicht sogar verrückt war? Womöglich hatte sie eine Rechnung mit Socrates zu begleichen! Hatte sie mich etwa absichtlich in eine Falle gelockt...? Nein! Das kann doch nicht sein! dachte ich. Meine gewohnte Art, die Realität einzuschätzen, war jetzt nicht sehr hilfreich.

Kaum hatte ich die erste Welle der Angst erfolgreich abgewehrt, wälzte sich auch schon die nächste auf mich zu. In Gedanken versenkte ich mich unter die Meeresoberfläche. Ich stellte mir große, dunkle Gestalten vor, die unter mir schwammen, und es schauderte mich. Ich fühlte mich klein und allein, ein winziger Fleck, der auf dem Ozean dahintrieb, Tausende von Metern über dem Meeresgrund.

Stunden vergingen – zumindest kam es mir so vor. Regungslos lag ich auf meinem Surfbrett und lauschte, ob ich nicht das Brummen eines Motorboots von der Küstenwache hörte, und suchte den Himmel nach einem Rettungshubschrauber ab. Aber es wußte ja niemand, wo ich war – niemand außer Ruth Johnson.

Da schoben sich dicke Wolken vor den Mond und die Sterne. Es wurde so dunkel, daß ich nicht einmal mehr merkte, ob meine Augen offen oder geschlossen waren. Ich dämmerte am Rande des Schlafes dahin und bemühte mich immer wieder krampfhaft, mich wachzuhalten; ich hatte Angst einzuschlafen. Doch das sanfte Rauschen der Meereswogen besiegte meinen Widerstand und wiegte mich in den Schlaf. Allmählich tauchte ich in die Stille hinab wie ein Stein, der in die Tiefen des Meeres hinuntersinkt.

Beim ersten Schimmer des Morgengrauens erwachte ich, und mir fiel wieder ein, wo ich war. Hastig setzte ich mich auf – und fiel von meinem Surfbrett. Prustend und Salzwasser spuckend kletterte ich wieder aufs Brett zurück und sah mich um – zuerst hoffnungsvoll, dann mit wachsender Besorgnis. Ich sah nichts als Meer; die Wolken verdeckten immer noch jeden Blick aufs Land. Vielleicht war ich weit draußen auf dem Pazifik! Ich hatte schon von starken Strömungen gehört, die einen direkt aufs Meer hinaustreiben können. Natürlich konnte ich paddeln – aber in welche Richtung? Ich kämpfte gegen die panische Angst an, die in mir aufstieg, und zwang mich, tief durchzuatmen und mich zu beruhigen.

Dann dämmerte eine noch viel beängstigendere Erkenntnis in mir auf: Ich hatte kein Hemd bei mir, kein Sonnenschutzmittel, nichts zu essen und nichts zu trinken. Da kam mir zum erstenmal der Gedanke, daß ich hier draußen tatsächlich sterben könnte – daß das nicht nur ein ganz normales kleines Abenteuer war. Vielleicht hatte ich einen großen Fehler gemacht.

Ruth Johnson hatte geschrieben, es komme auf «Glauben und Vertrauen» an. «Ja», murmelte ich vor mich hin, «Glauben, Vertrauen und blinde Idiotie.» Mich mußte wirklich der Teufel geritten haben! Wer paddelt schon nachts mit einem Surfbrett aufs Meer hinaus und läßt sich von der Strömung davontreiben, nur weil eine alte Frau ihm eine Nachricht auf ein Stück Papier gekritzelt hat?

«Es darf einfach nicht sein», sagte ich und erschrak über den Klang meiner eigenen Stimme. Sie klang wie erstickt – gedämpft durch den unermeßlichen Raum über mir und unter mir. Schon spürte ich die Hitze der Morgensonne auf meinem Rücken.

Allmählich verschwanden die Wolken und wichen einem azurblauen Himmel und sengender Sonne. Ich hatte jede Menge Zeit, über meine Situation nachzudenken – aber sonst nichts. Abgesehen von dem gelegentlichen Ruf eines Albatros oder dem leisen Brummen eines Flugzeugs weit oben am Himmel war die Stille mein einziger Begleiter.

Ab und zu planschte ich mit einem Fuß im salzigen Wasser

herum oder summte eine Melodie vor mich hin, um meine Ohren zu beruhigen. Doch bald erstarben mir die Melodien auf den Lippen. Langsam kroch mir eisige Panik die Wirbelsäule hoch.

Der Tag schleppte sich dahin. Allmählich bekam ich Durst. Je unbarmherziger die Sonne auf mich niederbrannte, um so mehr bekam ich es mit der Angst zu tun. Es war nicht der plötzliche Schrecken, den man empfindet, wenn einem jemand einen Revolver zwischen die Rippen drückt oder einem plötzlich ein Auto entgegenkommt – nur das ruhige Wissen um die unausweichliche Tatsache, daß ich hier draußen auf dem kühlen grünen Meer verschmachten würde, wenn mich nicht bald jemand rettete.

Die Stunden vergingen mit quälender Langsamkeit. Allmählich färbte sich meine Haut rosa. Am Spätnachmittag war ich nur noch von einem Gedanken besessen: Ich hatte Durst!

Ich tat alles, was mir einfiel, um mich vor der Sonne zu schützen: Ich paddelte mit meinem Surfbrett auf dem Meer herum, um wenigstens nicht immer aus der gleichen Richtung der Sonne ausgesetzt zu sein; oft glitt ich auch ins kühlende Wasser und erfrischte mich im Schatten meines Surfbretts, hielt sein gesprungenes Holz aber immer fest umklammert. Das Wasser war mein einziger Schutz vor der Sonne. Schließlich trug es mich ins gesegnete Dunkel der Nacht hinein.

Die ganze Nacht hindurch brannte mein Körper im Fieber und erschauerte im Schüttelfrost. Schon die kleinste Bewegung tat mir weh. Fröstelnd umschlang ich die Schultern mit meinen Armen. Ich begann mir bittere Vorwürfe zu machen. Weshalb war ich nur so dumm gewesen? Wie konnte ich dieser alten Frau trauen, und warum hatte sie mir das angetan? War sie grausam, oder hatte sie sich einfach nur geirrt? Egal – das Ergebnis war dasselbe: Ich mußte sterben, ohne jemals zu erfahren, warum. *Warum?* fragte ich mich immer wieder.

Allmählich umnebelten sich meine Gedanken.

Als der Morgen kam, lag ich regungslos da, mit Hitzebläschen auf der Haut und aufgesprungenen Lippen. Ich glaube, an diesem Morgen wäre ich gestorben, wenn nicht ein Geschenk des

Himmels mich davor bewahrt hätte: Im Morgengrauen zogen dunkle Wolken auf, und ein heftiger Regensturm peitschte das Meer. So genoß ich ein paar Stunden Schatten und erwachte wieder zu neuem Leben. Die Regentropfen mischten sich mit den Tränen der Dankbarkeit, die auf meinem blasenübersäten Gesicht brannten.

Ich hatte nichts, womit ich das Wasser auffangen konnte – außer meinem offenen Mund. Mit weit geöffneten Lippen lehnte ich mich zurück und versuchte jeden Tropfen zu erwischen, bis ich einen Muskelkrampf bekam. Ich zog meine Badehose aus, damit sie möglichst viel von dem Regenwasser aufsaugen konnte.

Doch nur allzubald kam die sengende Sonne wieder zum Vorschein und stieg am klaren blauen Himmel empor, als hätte es nie einen Sturm gegeben. Meine Lippen sprangen noch mehr auf und bekamen tiefe Risse. Ich war von allen Seiten von Wasser umgeben – und trotzdem mußte ich verdursten!

Mahatma Gandhi hatte einmal gesagt: «Einem Verhungernden kann Gott nur in Form von Brot erscheinen.» Jetzt war das Wasser mein Gott, meine Göttin, mein einziger Gedanke und meine einzige Leidenschaft – nicht mehr die Erleuchtung, nicht mehr die Erkenntnis. Die hätte ich alle beide sofort und mit Freuden gegen ein Glas reines, kühles, durststillendes Wasser eingetauscht.

Den größten Teil des Vormittags blieb ich im Wasser und hielt mich an meinem Surfbrett fest. Aber das half auch nicht gegen meinen entsetzlichen Durst. Später, am Nachmittag, hatte ich das Gefühl, in meiner Nähe die Rückenflosse eines Hais kreisen zu sehen, und kletterte rasch wieder auf mein Brett. Doch als meine Haut allmählich immer mehr Blasen bekam und der Durst noch unerträglicher wurde, kam mir der Gedanke, daß ein Haifischrachen vielleicht die einzige Rettung vor einem langsamen, qualvollen Tod war. Wie ein Reh, das dem Löwen seine Kehle hinhält, hatte ein kleiner, aber immer mächtiger werdender Teil von mir den Wunsch, nachzugeben – einfach ins Meer hineinzugleiten und zu verschwinden.

Als es Nacht wurde, überwältigte mich wieder glühendes Fieber. In meinen Fieberphantasien träumte ich davon, in einem Bergbach zu schwimmen und mich sattzutrinken und in einem stillen Teich zu liegen und das Wasser in meine Poren dringen zu lassen. Dann aber erschien das lächelnde Gesicht von Ruth Johnson mit ihrem silbernen Haar. Ihre unergründlichen Augen spotteten über meine Dummheit.

So trieb ich auf den Wellen dahin und dämmerte immer wieder in einen Zustand der Bewußtlosigkeit hinüber. Mein rationaler Verstand schaltete sich gespenstisch abwechselnd ein und wieder aus. In einem klaren Augenblick wurde mir bewußt: Wenn ich morgen kein Land entdeckte, war es aus mit mir.

Blitzartig zogen Bilder an meinem inneren Auge vorbei: mein Zuhause in Ohio, mein Hinterhof, wo ich mich im Schatten einer Birke im Liegestuhl zurücklehnte, einen Roman las, mit meiner Tochter spielte und eine Kleinigkeit aß, nur weil ich ein bißchen Hunger hatte – die Bequemlichkeit und Geborgenheit des Zuhause. Jetzt kam mir das alles wie ein ferner Traum vor, und ich war in der alptraumhaften Realität. Ich weiß nicht, ob ich in dieser Nacht überhaupt geschlafen habe; wenn ja, dann erinnere ich mich nicht mehr daran.

Viel zu bald kam der nächste Morgen.

An diesem Tag erfuhr ich, was Hölle bedeutet: Angst und glühendes Feuer, Panik und ewiges Warten. Inzwischen war ich bereit, mich von meinem Surfbrett gleiten zu lassen und im kühlen Wasser davonzuschwimmen, bis der Tod mich einholte – ich hätte alles getan, um diesem Schmerz ein Ende zu machen. Ich verfluchte meinen Körper, diesen sterblichen, hinfälligen Körper. Er war jetzt eine Last für mich, eine Quelle des Leidens. Doch ein anderer Teil meiner selbst klammerte sich ans Leben, entschlossen, bis zum letzten Atemzug zu kämpfen.

Mit quälender Langsamkeit wanderte die Sonne über den Himmel. Ich lernte dieses klare Blau zu hassen und war dankbar für jede Wolke, die sich vor die Sonne schob, während ich mich an mein Surfbrett klammerte, bis zum Hals eingetaucht in Wasser, das ich nicht trinken konnte.

In der nächsten Nacht lag ich erschöpft da – weder wachend noch schlafend. Ich trieb im Fegefeuer dahin und hatte eine Vision: Durch meine geschwollenen Lider sah ich Klippen in der Ferne und hatte das Gefühl, das schwache Donnern der Brandung gegen Felsen zu hören. Dann war ich plötzlich hellwach und merkte, daß es keine Vision war. Es stimmte tatsächlich! Jetzt lagen wieder Hoffnung und Leben vor mir. Ich würde überleben. Ein erleichtertes Schluchzen stieg in mir auf – aber ich hatte keine Tränen mehr.

Eine Welle der Energie durchpulste mich; mein Verstand, jetzt wieder kristallklar, konzentrierte sich auf die neue Situation. Ich durfte jetzt einfach nicht sterben – das Land war zu nah! Also nahm ich meine ganze Kraft zusammen und paddelte auf die Küste zu. Ich wollte *leben*.

Jetzt türmten die Klippen sich vor mir auf wie riesige Wolkenkratzer, die zum Meer hin fast senkrecht abfielen. Immer schneller bewegte ich mich auf die Felsküste zu; die Wellen trugen mich. Doch plötzlich wurde die Brandung wild und zornig. Ich weiß noch, wie ich die Hände nach meinem Surfbrett ausstreckte; doch es überschlug sich und flog krachend gegen meinen Kopf. Dann muß ich wohl ohnmächtig geworden sein.

5
Ein unerwartetes Wiedersehen

Heilung ist eine Frage der Zeit. Manchmal ist es aber auch eine Frage der günstigen Gelegenheit.

Hippokrates

Auf der Insel Molokai im Pelekunu Valley, eingebettet zwischen moosbedeckten Felsen, lag eine kleine Hütte. Aus der Hütte drangen die angst- und schmerzerfüllten Schreie einer Frau. «Mama Chia! Mama Chia!» rief sie, von den Wehen einer schweren Geburt geschüttelt.

Molokai war die Insel, wo man Anfang des 18. Jahrhunderts aus Angst und Unwissenheit die Leprakranken hingeschickt hatte, damit sie dort, vom Rest der Welt isoliert, ihrem Tod entgegenvegetierten.

Molokai ist die Heimat von Hawaiianern, Japanern, Chinesen, Filipinos und wenigen Amerikanern und Europäern; ein Zufluchtsort für Alternative. Hier leben unerschrockene, selbstbewußte Menschen, die sich gegen die Erschließung ihrer Insel und den Tourismus wehren, die hart arbeiten und ein naturverbundenes Leben führen – und ihre Kinder einfache Wertvorstellungen und die Liebe zur Natur lehren.

Molokai ist die Insel der Naturgeister und Legenden, geheime Grabstätte der *kahuna kupuas,* der Schamanen, Magier und Heiler, der spirituellen Krieger, die sich auf die Energien der Erde eingestimmt haben.

Molokai schickte sich an, eine neue Seele auf der Erde willkommen zu heißen.

Mitsu Fujimoto, eine kleine Frau Anfang Vierzig, halb Japanerin, halb Amerikanerin, warf den Kopf von einer Seite auf die andere. Schweißgebadet betete und stöhnte sie und weinte aus Angst um ihr Kind. Und immer wieder rief sie mit schwacher Stimme: «Mama Chia!» Bei jeder Wehe pressend und keuchend, kämpfte sie um das Leben ihres Babys.

Ich weiß nicht mehr, wie lange ich das Bewußtsein verloren hatte. Nach Fieberphantasien, zwischen denen ich immer wieder ohnmächtig geworden war, erwachte ich, von verzweifeltem Durst geplagt. Wenn ich Durst hatte, dann war ich also zumindest am Leben! Die Logik dieser Erkenntnis brachte mich schlagartig zur Besinnung. Ein paar klare Augenblicke lang tastete ich meinen Körper ab und machte eine Bestandsaufnahme – innerlich und äußerlich. In meinem Kopf hämmerte es, und meine Haut brannte. Und ich konnte nichts sehen. Ich war blind! Ich bewegte den Arm, der jetzt unglaublich schwach war, und befühlte meine Augen. Ungeheuer erleichtert stellte ich fest, daß sie nur mit Gaze bedeckt waren.

Ich hatte keine Ahnung, wo ich mich befand. In einem Krankenhaus? In einem Zimmer in Ohio oder vielleicht wieder in Kalifornien? Vielleicht war ich krank gewesen oder hatte einen Unfall gehabt. Oder vielleicht war das alles auch nur ein Traum.

Mitsus langes schwarzes Haar lag zerzaust und verfilzt über ihrem Gesicht und dem Kopfkissen. Als vor fast zehn Jahren ihr erstes Kind gestorben war, hatte sie sich geschworen, nie wieder eins in die Welt zu setzen; noch einmal einen solchen schmerzlichen Verlust würde sie nicht verkraften.

Doch als sie über Vierzig war, wußte sie, daß das ihre letzte Chance war – jetzt oder nie. Also beschlossen Mitsu Fujimoto und ihr Mann Sei, es noch einmal zu versuchen.

Nach vielen Monaten begann Mitsus Gesicht zu strahlen, und in ihrem Körper reifte eine Frucht heran. Die Fujimotos sollten also doch noch einmal mit einem Kind gesegnet werden.

Sei war ins Tal gelaufen, um Hilfe zu holen. Mitsu lag jetzt vor Schmerzen gekrümmt auf ihrer Matratze und ruhte sich zwischen den Wehen immer wieder keuchend aus – erschöpft, allein, voller Angst, daß irgend etwas entsetzlich schiefging – daß es eine Steißgeburt werden würde. Bei jeder Wehe wurde ihre Gebärmutterwand hart wie Stein, und Mitsu schrie wieder nach Mama Chia.

Als ich wieder zu mir kam, war die Welt immer noch dunkel. Meine Augen waren nach wie vor mit Gaze bedeckt. Meine Haut brannte. Ich konnte nichts anderes tun, als es stöhnend zu ertragen.

Da hörte ich ein Geräusch – was war es? Es klang, als wringe jemand ein nasses Tuch über einer Wasserschüssel aus. Wie zur Antwort legte sich ein kühlendes Stück Stoff über meine Stirn; dann stieg mir ein wohltuender Duft in die Nase.

Ich konnte meine Gefühle kaum im Zaum halten. Ich spürte, wie mir eine Träne die Wange hinunterlief. «Danke», murmelte ich. Meine krächzende Stimme war kaum zu hören.

Langsam streckte ich den Arm aus und ergriff die kleine Hand, die das Tuch hielt und mir jetzt Brust und Schultern damit kühlte.

Zu meiner Überraschung antwortete mir die Stimme eines Mädchens – eines kleinen Mädchens, vielleicht neun oder zehn Jahre alt. «Ruhen Sie sich jetzt aus», war alles, was sie sagte.

«Danke», wiederholte ich und murmelte dann: «Wasser... bitte...»

Das Mädchen schob mir die Hand in den Nacken und hob sanft meinen Kopf an, damit ich trinken konnte. Ich nahm ihr die Tasse aus der Hand und trank immer hastiger, bis das Wasser mir über Lippen und Brust lief. Da zog sie die Tasse wieder weg. «Tut mir leid; ich darf Ihnen immer nur einen kleinen Schluck geben», entschuldigte sie sich und bettete meinen Kopf wieder auf das Kissen. Dann muß ich eingeschlafen sein.

Mitsu hatte immer noch Schmerzen; aber sie war inzwischen zu erschöpft, um noch zu pressen, und zu schwach, um zu schreien. Plötzlich ging die Haustür auf, und ihr Mann kam hereingelaufen. Er keuchte vor Anstrengung, denn der Feldweg, der zur Hütte hinaufführte, war steil. «Mitsu!» rief er. «Ich habe sie mitgebracht!»

«Fuji, ich brauche saubere Laken – und zwar sofort», sagte Mama Chia, ging zu der erschöpften werdenden Mutter hinüber und fühlte ihren Herzschlag und ihren Puls. Dann wusch sie sich rasch ihre Hände unter dem Wasserhahn. «Und drei saubere Handtücher – und vier Liter kochendes Wasser. Wenn du fertig bist, lauf hinaus zum Wagen und bring mir die Sauerstoffflasche.»

Mit raschen Handgriffen prüfte Mama Chia – Hebamme, Heilerin, *Kahuna* – wieder Mitsus Puls und Herzschlag und traf Vorkehrungen, um das Baby in die richtige Lage zu bringen. Das würde wohl eine schwere Geburt werden; aber wenn Gott es wollte und die Inselgeister mithalfen, würde es ihr gelingen, die Mutter zu retten, und gemeinsam würden sie ein neues Leben auf die Welt bringen.

Meine Haut brannte nicht mehr so sehr. Der unablässige Schmerz hatte sich in ein leichtes Pochen verwandelt. Vorsichtig versuchte ich meine Gesichtsmuskeln zu bewegen.

«Was habe ich mir nur angetan?» fragte ich mich verzweifelt. Ich hoffte immer noch, endlich aus diesem verrückten, dummen, unnötigen Alptraum zu erwachen. Aber es war kein Traum. In meinen Augen brannten Tränen. Ich war so schwach, daß ich mich kaum rühren konnte. Meine Lippen waren trocken und aufgesprungen. Kaum konnte ich mit dem Mund wieder die Worte formen: «Wasser... bitte.» Aber niemand hörte mich.

Ich erinnerte mich daran, was Socrates mir einmal über die Suche nach dem Sinn gesagt hatte: «Am besten, du fängst niemals damit an – aber wenn du einmal angefangen hast, dann solltest du auch bis zum Ende durchhalten.»

«Am besten niemals anfangen, am besten niemals anfangen», murmelte ich vor mich hin. Dann nickte ich wieder ein.

Durch die offenen Fenster der kleinen Hütte im Regenwald hallte das Geschrei eines neugeborenen Babys. Mitsu brachte ein schwaches Lächeln zustande, als sie ihren kleinen Sohn an die Brust drückte. Fuji saß daneben. Mit strahlendem Gesicht streckte er die Hand erst nach seiner Frau, dann nach seinem Baby aus. Freudentränen liefen über seine Wangen.

Mama Chia räumte auf, wie sie es schon so oft getan hatte. «Mitsu und deinem Sohn wird es gutgehen, Fuji. Ich überlasse sie jetzt deiner Obhut – da sind sie ja in sehr guten Händen.» Sie lächelte.

Er schämte sich seiner Tränen nicht. Dankbar ergriff er Mama Chias Hände und stammelte in einer Mischung aus Hawaiianisch, Japanisch und Englisch: «Mama Chia, danke! *Arigato gosaimas!* Wie können wir dir das je danken?» In seinen Augen schimmerten immer noch Tränen.

«Das hast du doch gerade getan», antwortete sie. Aber an Fujis Gesicht las sie ab, daß er weder seine Dankesworte noch seine Tränen für ausreichend hielt – sein Stolz und sein Ehrgefühl verlangten, daß er ihr mehr gab. Deshalb setzte sie hinzu: «Wenn du erntest, hätte ich gern etwas Gemüse von dir. Bei dir wachsen die besten Jamswurzeln der ganzen Insel!»

«Du wirst die allerbesten bekommen!» versprach er.

Mit einem letzten Blick auf das erschöpfte, aber strahlende Gesicht der Mutter, die ihr Baby stillte, nahm Mama Chia ihren Rucksack und machte sich langsam auf den Weg ins Tal hinunter. Es wartete noch ein anderer Patient auf sie.

Ich erwachte, als die kleinen, inzwischen schon vertrauten Hände wieder meinen Kopf anhoben und mir sanft etwas Flüssigkeit auf die Zunge träufelten. Gierig schluckte ich sie hinunter; sie schmeckte eigenartig, aber gut. Nach ein paar weiteren Schlucken strichen mir die Hände behutsam etwas Salbe auf Gesicht, Brust und Arme.

«Das ist eine Salbe aus der Frucht des Noni-Baums, vermischt mit Aloe», erklärte das Mädchen mit seiner sanften jungen Stimme. «Sie wird Ihre Haut zum Heilen bringen.»

Als ich das nächste Mal aufwachte, fühlte ich mich wohler. Meine Kopfschmerzen waren fast weg, und meine Haut spannte zwar noch, brannte aber nicht mehr. Ich schlug die Augen auf;

die Gazebinde war fort. Froh, wieder sehen zu können, bewegte ich langsam den Kopf und schaute mich um. Ich lag allein auf einem Feldbett in der Ecke einer kleinen, aber sauberen Holzhütte, die nur aus einem einzigen Zimmer bestand. Durch notdürftig zusammengebastelte Jalousien strömte Licht herein. Am Fuß meines Bettes stand eine Holztruhe, am anderen Ende des Zimmers eine Kommode.

Mir gingen viele Fragen durch den Kopf: Wo bin ich eigentlich? fragte ich mich. Wer hat mich gerettet? Und wer hat mich hierhergebracht?

«Hallo!» rief ich. «Hallo!» wiederholte ich noch einmal, diesmal lauter. Da hörte ich Schritte. Ein kleines Mädchen kam herein. Sie hatte pechschwarzes Haar und ein hübsches Lächeln.

«Hallo», begrüßte sie mich. «Geht es Ihnen jetzt besser?»

«Ja», antwortete ich. «Wer... Wer bist du? Und wo bin ich?»

«Sie sind *hier!*» antwortete sie belustigt. «Und ich bin Sachi, Mama Chias Helferin», erklärte sie stolz. «In Wirklichkeit heiße ich Sachiko, aber Mama Chia nennt mich immer Sachi, weil das kürzer ist...»

«Wer ist Mama Chia?» unterbrach ich sie.

«Meine Tante. Sie bringt mir die Geheimnisse der *Kahuna* bei.»

«*Kahuna?* Dann bin ich also immer noch auf Hawaii?»

«Natürlich!» sagte sie und lächelte über meine dumme Frage. «Wir sind auf Molokai.» Sie zeigte mir eine verblichene Landkarte der Hawaii-Inseln, die hinter mir an der Wand hing.

«Molokai? Ich bin bis nach *Molokai* getrieben?» fragte ich fassungslos.

Langsam wanderte Mama Chia den verschlungenen Waldweg hinab. Sie hatte eine anstrengende Woche hinter sich, und die letzten Tage hatten sie sehr ermüdet. Doch ihre Arbeit weckte eine Energie in ihr, die über die Kräfte ihres physischen Körpers hinausging.

Sie ging weiter durch den Wald. Jetzt war keine Zeit zum Ausruhen; sie wollte sehen, wie es ihrem neuen Patienten ging. Am Saum ihres geblümten Kleides, das vom letzten Regenschauer noch feucht war, hing verkrusteter Schlamm. Das Haar klebte ihr in feuchten Strähnen an der Stirn. Aber es war ihr egal, wie sie aussah. Sie beschleunigte ihren Schritt und lief so rasch, wie sie es auf dem matschigen Waldweg konnte, um so bald wie möglich bei ihrem Patienten zu sein.

Schließlich bog sie um die letzte Biegung – ihr Körper hatte diesen Weg so gut in Erinnerung, daß sie ihn auch in einer mondlosen Nacht gefunden hätte. Dann tauchte die kleine Lichtung mit der Hütte vor ihr auf, die sich an eine grüne Mauer aus Bäumen schmiegte und kaum zu erkennen war. «Sie ist immer noch an der gleichen Stelle wie vorher», murmelte Mama Chia im Scherz vor sich hin, ging an dem Schuppen und dem Gemüsegarten vorbei und trat ein.

Ich versuchte mich aufzusetzen und aus dem offenen Fenster zu sehen. Die Spätnachmittagssonne fiel herein und erhellte die gegenüberliegende Wand. Dann wurde mir schwindelig, und ich legte mich wieder hin. «Sachi», fragte ich mit schwacher Stimme, «wie bin ich eigentlich hierhergekommen? Und...»

Als nächstes saß ich kerzengerade im Bett und wäre beinahe in Ohnmacht gefallen. Eine Frau kam ins Zimmer gehumpelt und wandte sich mir zu.

«*Ruth Johnson?*» rief ich verblüfft. Wie war das möglich? «Träume ich?»

«Durchaus möglich», sagte sie. Aber es war kein Traum. Die Frau, die mich mit dem Surfbrett aufs Meer hinausgeschickt hatte, stand vor mir und blickte auf mich herab.

«Sie hätten mich beinahe umgebracht!» rief ich.

Die alte Frau lehnte ihren Bambusstock an die Wand, schüttelte mein Kopfkissen auf und drückte mich sanft aufs Bett zurück. Sie lächelte nicht; aber in ihrem Gesicht lag eine Zärtlichkeit, die mir vorher nicht aufgefallen war. «Du hast ihn gut versorgt, Sachi», sagte sie zu dem jungen Mädchen. «Deine Eltern werden zufrieden mit dir sein.» Sachi strahlte; ich hatte andere Sorgen.

«Wer *sind* Sie?» fragte ich die Frau. «Und warum haben Sie mir das angetan? *Was soll das Ganze eigentlich?*»

Sie zögerte ein wenig mit ihrer Antwort. Während sie frische Salbe in mein Gesicht einmassierte, sagte sie ruhig: «Ich verstehe das nicht. Sie scheinen doch nicht dumm zu sein. Wieso haben Sie meine Anweisungen nicht befolgt? Warum haben Sie nichts zu essen, nichts zu trinken und kein Sonnenschutzmittel mitgenommen?»

«*Welche* Anweisungen? Wozu hätte ich nachts ein Sonnenschutzmittel gebraucht? Und wer nimmt sich schon etwas zu essen und zu trinken mit auf ein Surfbrett? Warum haben Sie mir denn nicht gesagt, was ich für meine Reise brauchte?»

«Aber das *habe* ich doch», unterbrach sie mich. «Ich habe es auf den Zettel geschrieben: Aber gib acht, daß du ein Sonnenschutzmittel und Essens- und Wasservorräte für drei Tage mitnimmst, und...»

«Davon stand nichts in Ihrer Nachricht», unterbrach ich sie.

Sie hielt inne, verblüfft und nachdenklich. «Wie ist das möglich?» fragte sie und blickte ins Leere. «Auf dem zweiten Blatt hatte ich doch alles aufgeschrieben...»

«Was heißt hier zweites Blatt?» fragte ich. «Sie haben mir nur den Zeitungsausschnitt und einen Zettel gegeben, der auf beiden Seiten beschrieben war...»

«Aber es gab noch ein *zweites Blatt!*» sagte sie.

Da wurde mir plötzlich alles klar. «Die Nachricht», sagte ich, «endete mit den Worten: ‹Aber gib acht...› Und ich dachte, Sie wollten mich damit nur ermahnen, vorsichtig zu sein!»

Als Mama Chia klar wurde, was geschehen war, schloß sie die Augen; auf ihrem Gesicht spiegelte sich ein Wechselbad der Gefühle wider. Traurig schüttelte sie den Kopf und seufzte. «Auf dem nächsten Blatt stand alles, was Sie mitnehmen sollten; und dort hatte ich auch aufgeschrieben, wo die Strömung Sie hintreiben würde.»

«Ich... Ich muß die zweite Seite wohl verloren haben, als ich die Zettel in meine Tasche steckte.»

Müde ließ ich mich wieder in die Kissen zurücksinken. Ich wußte nicht, ob ich lachen oder weinen sollte. «Und als ich dort draußen auf dem Meer dahintrieb, dachte ich einfach, Sie seien eben von der ‹Schule, die hohe Anforderungen stellt›.»

«Nicht *so* hohe!» erwiderte sie. Wir mußten plötzlich beide lachen, weil das alles zu grotesk war.

Immer noch lachend setzte sie hinzu: «Wenn Sie sich wieder besser fühlen, könnten wir Sie zum krönenden Abschluß ja noch von einer Klippe herunterwerfen!»

Ich lachte noch lauter als sie. Durch die Erschütterung begann mein Kopf wieder zu schmerzen. Und ein paar Sekunden lang war ich mir nicht einmal sicher, ob sie das ernst meinte oder ob es nur ein Scherz sein sollte.

«Aber wer sind Sie? Ich meine...»

«Auf Oahu war ich Ruth Johnson. Hier nennen mich meine Freunde, Schüler, Patienten – und Leute, die ich beinahe umgebracht hätte – Mama Chia.» Sie lächelte.

«Und wie bin ich hierhergekommen, Mama Chia?»

Sie ging zu der Karte von den Hawaii-Inseln und zeigte es mir: «Die Strömung hat dich über den Kaiwi Channel getrieben, dann um Ilio Point herum und in Richtung Osten, an der Nordküste von Molokai entlang, vorbei an Kahiu Point, in Richtung Kamakou, und du landetest – unsanft, aber genau zu dem Zeitpunkt, den ich vorausberechnet hatte – im Pelekunu Valley. Es gibt dort einen Pfad, der steil bergauf führt und den nur wenige Leute kennen. Ein paar Freunde von mir haben geholfen, dich hierherzutragen.»

«Und wo sind wir jetzt?»

«An einem einsamen Ort im Wald.»

Ich schüttelte den Kopf und zuckte zusammen, als er wieder weh zu tun begann. «Das verstehe ich nicht. Wozu diese Geheimnistuerei?»

«Das gehört alles zu deiner Einweihung – das habe ich dir doch gesagt. Wenn du richtig darauf vorbereitet gewesen wärst...» Ihre Stimme wurde leiser und verstummte schließlich ganz. «Ich habe leichtsinnig gehandelt. Es tut mir leid, was du durchmachen mußtest, Dan. Ich wollte nur dein Vertrauen auf die Probe stellen. Fritieren wollte ich dich nicht. Aber anscheinend habe ich genau wie Socrates einen Hang zum Dramatischen.»

«Und», fragte ich, «bin ich jetzt wenigstens eingeweiht?»

Sie seufzte. «Hoffentlich.»

Nach einer kleinen Pause fragte ich: «Woher wußtest du eigentlich, daß ich nach Hawaii kommen wollte? Bis vor ein paar Tagen wußte ich es noch nicht einmal selbst. Als du mich vor der Bank trafst, war dir da gleich klar, wer ich bin? Und wie hast du mich überhaupt gefunden?»

Mama Chia blickte eine Weile aus dem Fenster, ehe sie antwortete. «Hier sind andere Kräfte am Werk – anders kann ich es dir auch nicht erklären. Ich lese nicht oft die Tageszeitung, und die ‹Privaten Kleinanzeigen› schaue ich mir so gut wie nie an. Aber diesmal war ich bei meiner Schwester auf Oahu zu Besuch, um bei Victors Party dabeizusein; und da sah ich die Zeitung auf ihrem Wohnzimmertisch liegen. Wir wollten ausgehen, und ich wartete auf sie, weil sie sich noch umzog. Da nahm ich die Zeitung in die Hand und überflog sie. Als mein Blick auf deine Anzeige fiel, war ich wie elektrisiert. Ich hatte das Gefühl, daß das *Schicksal* war.»

Ich lag ganz ruhig da; aber es lief mir kalt den Rücken hinunter. «Als ich diese Anzeige las», fuhr sie fort, «sah ich dein Gesicht vor mir, fast so deutlich, wie ich es jetzt sehe.» Sanft berührte sie meine blasenübersäten Wangen. «Ich freute mich so, daß du endlich da warst.»

«Aber warum? Was hattest du denn davon?»

«Als ich die Anzeige las, fiel mir alles wieder ein – was Socrates mir über dich geschrieben hatte.»

«Und was hat er geschrieben?»

«Das spielt jetzt keine Rolle. Es wird Zeit, daß du etwas ißt», sagte sie, griff in ihren Rucksack und holte eine Mango und eine Papaya heraus.

«Eigentlich habe ich gar keinen Hunger», wehrte ich ab. «Mein Magen ist geschrumpft. Ich möchte viel lieber hören, was Socrates über mich geschrieben hat.»

«Aber du hast seit sieben Tagen nichts gegessen», sagte sie mit sanftem Tadel in der Stimme.

«Das habe ich schon öfter gemacht», erklärte ich. «Außerdem wollte ich sowieso abnehmen.» Ich wies auf meine Taille, die jetzt viel schlanker geworden war.

«Vielleicht hast du recht – aber das hier ist eine gesegnete Frucht. Sie wird dir helfen, rascher zu genesen.»

«Glaubst du wirklich an so etwas?»

«Ich glaube es nicht nur, ich *weiß* es», antwortete sie, schnitt eine frische Papaya auf, holte mit dem Löffel die schwarzen Samen heraus und reichte mir eine Hälfte.

Ich blickte auf die frische Frucht. «Na ja, ein *bißchen* Hunger habe ich vielleicht doch», sagte ich und knabberte an einem kleinen Stück. Ich spürte, wie mir die Süße der Frucht auf der Zunge zerging, und sog ihren Duft ein. «Mhmmmmmm», machte ich und biß das nächste Stück an. «Ist das die heilsame Frucht?»

«Ja», antwortete sie und reichte mir eine Scheibe von einer reifen Mango. «Die auch.»

Gehorsam und mit wachsender Begeisterung begann ich zu essen. «Und wie hast du mich in Honolulu auf der Straße gefunden?» fragte ich zwischen zwei Bissen.

«Das war auch eine seltsame Wendung des Schicksals», antwortete sie. «Als ich deine Annonce las, beschloß ich, irgendwie Verbindung mit dir aufzunehmen – oder dich vielleicht eine Zeitlang zu beobachten, um zu sehen, ob du mich von selber finden würdest.»

«Ich hätte dich nie gefunden – du arbeitest ja gar nicht bei einer Bank.»

«Schon seit sechs Jahren nicht mehr.»

«Na ja – Hauptsache, wir haben uns gefunden», sagte ich und biß wieder in meine Mango.

Mama Chia lächelte. «Ja. Und jetzt muß ich gehen, und du mußt dich ausruhen.»

«Aber es geht mir schon viel besser, wirklich, und ich möchte immer noch wissen, warum du so froh warst, daß ich gekommen bin.»

Sie schwieg ein paar Sekunden. Dann antwortete sie: «Es gibt größere Zusammenhänge, die du jetzt noch nicht erkennst. Eines Tages wirst du mit deinem Wirken vielleicht viele Menschen erreichen. Vielleicht findest du die richtige Hebelwirkung und kannst tatsächlich etwas in Gang bringen. Und jetzt mach die Augen zu und schlaf.»

Die richtige Hebelwirkung, dachte ich, während mir die Augen zufielen. Das Wort ging mir nicht aus dem Kopf. Es erinnerte mich an ein Erlebnis, das schon Jahre zurücklag, ein Erlebnis mit Socrates. Nach einem Frühstück in Josephs Café waren wir zu Fuß zum Campus von Berkeley zurückgegangen. Als Soc und ich uns dem Campus näherten, drückte ein Student mir ein Flugblatt in die Hand. Ich warf einen flüchtigen Blick darauf. «Sieh dir das an, Soc», seufzte ich. «Es geht um die Rettung der Wale und Delphine. Letzte Woche bekam ich ein Flugblatt über unterdrückte Völker; vorletzte Woche waren es hungernde Kinder. Manchmal habe ich ein schlechtes Gewissen, weil ich mich so intensiv um mich selbst kümmere, wo doch auf der Welt so viele Menschen in Not sind.»

Socrates sah mich mit ausdruckslosem Gesicht an. Aber er ging weiter, als hätte ich gar nichts gesagt.

«Hast du mich nicht gehört, Socrates?»

Da blieb er stehen, hielt mir sein Gesicht hin und sagte: «Ich gebe dir fünf Dollar, wenn du mir eine runterhaust.»

«Was? Was hat denn das damit zu tun...?»

«Zehn Dollar», erhöhte er sein Angebot. Dann begann er im Spaß, mich zu ohrfeigen, um mich zu einer Reaktion zu provozieren; aber ich fiel nicht auf seinen Trick herein.

«Ich habe noch nie einen alten Mann geschlagen, und ich habe es auch jetzt nicht vor...»

«Glaub mir, mein Sohn, es besteht gar nicht die Gefahr, daß du diesen alten Mann triffst. Du hast die Reflexe einer Schnecke.»

Damit hatte er es geschafft. Ich machte probeweise ein paar Boxhiebe in die Luft, dann holte ich aus.

Im nächsten Augenblick fand ich mich auf dem Boden wieder, mit schmerzhaft verdrehtem Handgelenk. Soc hatte mich mit einem Polizeigriff aufs Kreuz gelegt. «Merkst du jetzt, wie effektvoll eine kleine Hebelwirkung sein kann?» fragte er und half mir, wieder aufzustehen.

«O ja, das habe ich gemerkt», antwortete ich und schüttelte mein schmerzendes Handgelenk.

«Um anderen Leuten wirklich helfen zu können, mußt du sie

erst einmal verstehen – aber du kannst jemand anders nicht verstehen, solange du selbst dich nicht begreifst. Erkenne dich selbst; bereite dich vor; entwickle die innere Klarheit, den Mut und die Sensibilität, um am richtigen Ort und zum richtigen Zeitpunkt die richtige Hebelwirkung zu entwickeln. Und *dann* handle.»

Das war das letzte, woran ich mich noch erinnerte. Dann sank ich in tiefen Schlaf.

Am nächsten Morgen kam Sachiko mit frischen Früchten und einem Krug Wasser. Dann winkte sie zum Abschied, rief: «Ich muß in die Schule» und rannte wieder hinaus.

Bald darauf kam Mama Chia. Sie rieb mir wieder Gesicht, Nacken und Brust mit der angenehm riechenden Salbe ein. «Deine Haut heilt gut – wie ich es erwartet hatte.»

«Ja. In ein paar Tagen dürfte ich wieder reisefertig sein.» Ich setzte mich auf und räkelte vorsichtig meine Glieder.

«Reisefertig?» fragte sie. «Du meinst, du möchtest schon wieder woanders hinfahren? Und was willst du dort finden – das gleiche wie in Indien?»

«*Woher weißt du denn das?*» fragte ich verblüfft.

«Wenn du begriffen hast, woher ich das weiß», sagte Mama Chia, «dann wirst du bereit sein, deine Reise fortzusetzen.» Sie musterte mich mit einem durchbohrenden Blick. «Abraham Lincoln hat einmal gesagt, wenn er sechs Stunden Zeit hätte, um einen Baum zu fällen, würde er die ersten fünf Stunden damit zubringen, seine Axt zu schärfen. Vor dir liegt eine große Aufgabe – und du bist noch nicht geschärft dafür. Es braucht Zeit und ungeheuer viel Energie.»

«Aber es geht mir von Tag zu Tag besser. Bald werde ich wieder genug Energie haben!»

«Ich rede nicht von deiner Energie, sondern von meiner.»

Ich ließ mich wieder aufs Bett zurücksinken. Plötzlich kam es mir vor, als sei ich eine Bürde für sie. «Ich sollte jetzt wirklich gehen», sagte ich. «Es gibt so viele andere Menschen, um die du dich kümmern mußt. Ich will dir nicht zur Last fallen.»

«Zur Last fallen?» wiederholte sie. «Fällt der Diamant etwa

dem Edelsteinschleifer zur Last? Oder das Eisen dem Schmied? Bitte, Dan, bleib noch eine Weile. Ich kann mir keine bessere Möglichkeit vorstellen, meine Energie einzusetzen.»

Ihre Worte gaben mir wieder Mut. «Also gut», sagte ich lächelnd. «Vielleicht wirst du es gar nicht so schwer mit mir haben, wie du glaubst. Ich bin ein guttrainierter Sportler. Ich kann mich einsetzen. Und ich habe auch viel Zeit bei Socrates verbracht.»

«Ja», sagte sie. «Socrates hat dich auf mich vorbereitet; und ich werde dich auf das vorbereiten, was danach kommt.» Sie schraubte den Salbentopf zu und stellte ihn auf die Kommode.

«Und was kommt danach? Hast du etwas Bestimmtes mit mir vor? Was machst du überhaupt hier auf Molokai?»

Sie lachte. «Ich spiele verschiedene Rollen. Für jeden Menschen trage ich einen anderen Hut. Nur für dich trage ich keinen.» Sie hielt inne. «Meistens helfe ich meinen Freunden. Manchmal sitze ich einfach nur da und tue gar nichts. Und manchmal übe ich, meine Form zu verändern.»

«Deine Form zu verändern?»

«Ja.»

«Wie geht denn das?»

«Oh, das bedeutet, daß ich zu etwas anderem werde, mit den Geistern von Tieren, Steinen oder dem Wasser verschmelze – so etwas in der Art. Daß ich das Leben aus einer anderen Perspektive betrachte, wenn du verstehst, was ich meine.»

«Aber du...»

«Ich muß jetzt gehen», fiel sie mir ins Wort. «Ich muß noch andere Besuche machen.» Sie hob den Rucksack auf, den sie neben dem Bücherregal abgelegt hatte, griff nach ihrem Bambusstock und war verschwunden, noch ehe ich ein Wort sagen konnte.

Mühsam richtete ich mich wieder auf. Aber ich konnte sie durch die offene Tür kaum noch erkennen. Ihren Bambusstock schwingend, humpelte sie den verschlungenen Waldweg hinauf.

Ich lehnte mich zurück, blinzelte in die dünnen Sonnenstrahlen, die durch Löcher in den zugezogenen Vorhängen ins Zimmer drangen und fragte mich, ob ich die Sonne wohl je wieder als angenehm empfinden würde.

Ich hatte einen Rückschlag erlitten – aber wenigstens hatte ich Mama Chia gefunden. Wachsende Aufregung durchprickelte meinen Körper. Der Weg, der vor mir lag, war sicherlich schwer zu gehen – vielleicht sogar gefährlich –, aber wenigstens war er nicht mehr durch Hindernisse verstellt.

6
Neue Wege öffnen sich

Der direkteste Weg ins Universum führt durch einen dichten Urwald.

John Muir

Am nächsten Morgen hatte ich einen Bärenhunger. Ich war froh über die Schale mit Früchten, die auf meinem Nachttisch stand. In der Schublade fand ich ein Messer und einen Löffel und schlang hintereinander zwei Bananen, eine Passionsfrucht und eine Papaya hinunter. Dann fiel mir wieder ein, daß ich ja eigentlich langsam essen und gründlich kauen sollte. Aber ich konnte nichts dagegen machen – die Früchte schienen einfach im Handumdrehen vor meinen Augen zu verschwinden.

Nach diesem Frühstück fühlte ich mich gleich viel wohler und beschloß, meine Umgebung zu erkunden. Als ich die Beine über die Bettkante schwang, wurde mir ein paar Sekunden lang schwindelig. Ich wartete, bis das Schwindelgefühl vorüber war, und stand auf. Schwach und wackelig auf den Beinen stand ich da und blickte an mir herab: Ich hatte so sehr abgenommen, daß die Badehose mir beinahe vom Körper fiel. «Ich sollte ein Diätbuch schreiben», murmelte ich vor mich hin. «Ich werde es ‹Die Surfbrettdiät› nennen. Bestimmt bringt es mir eine Million Dollar ein!»

Immer noch unsicher auf den Beinen, wankte ich auf einen Wasserkrug zu, der auf der Kommode stand, nahm langsam einen Schluck daraus und ging dann auf eine Art chemische Toilette, die durch einen Vorhang vom Zimmer abgeteilt war. Wenigstens funktionierten meine Nieren noch!

Ich starrte mein Gesicht in einem alten Spiegel an. Mit seinen nässenden Wunden und Schorfen kam es mir wie das Gesicht eines Fremden vor. An meinem Rücken klebten immer noch Verbände. Wie konnte die kleine Sachi meinen Anblick ertragen, mich sogar berühren?

Dann ging ich nach draußen. Ich blieb im Schatten der Hütte und der Bäume und ruhte mich zwischendurch immer wieder aus. Es tat gut, wieder festen Boden unter den Füßen zu fühlen; aber meine Füße waren immer noch empfindlich. Ohne Schuhe konnte ich nicht weit gehen. Ich fragte mich, ob mein Rucksack mit meinen Sachen am Strand von Oahu wohl inzwischen gefunden worden war. Wenn ja, glaubten die Leute vielleicht, ich sei ertrunken. Oder, dachte ich düster, vielleicht hatte ein Dieb meine Brieftasche, meine Flugtickets und meine Kreditkarte gefunden! Nein, dazu hatte ich den Rucksack zu gut versteckt. Er lag in einem dichten Gebüsch, mit trockenem Reisig zugedeckt. Wenn ich Mama Chia das nächste Mal sah, würde ich sie danach fragen. Doch ich sollte sie ein paar Tage lang nicht zu Gesicht bekommen.

Ich schleppte mich ein paar Meter den Waldweg hinauf, bis ich einen guten Aussichtspunkt entdeckte. Hoch über mir in der Ferne ragten die kahlen Lavafelsen im Zentrum der Insel in den Himmel hinein, weit über dem dichten Regenwald. Tief unter mir konnte ich durch die dichtbelaubten Bäume Fetzen blauen Meers erkennen. Meine Hütte lag, so schätzte ich, ungefähr auf halber Höhe zwischen den Felsen und dem Meer.

Müde und ein bißchen bedrückt, weil ich mich immer noch so matt fühlte, ging ich wieder den Waldweg hinunter zu meiner Hütte, legte mich hin und schlief sofort ein.

Im Lauf der Tage kehrte mein Hunger mit aller Macht zurück. Ich aß tropische Früchte, süße Jamswurzeln, Kartoffeln, Mais, Taro und – obwohl ich mich normalerweise vegetarisch ernähre – sogar etwas frischen Fisch und eine Art Algensuppe, die ich jeden Morgen auf meiner Kommode fand und die mir vermutlich Sachiko brachte. Mama Chia bestand darauf, daß ich die Suppe aß, «um die Heilung der Sonnenbrandwunden und Strahlenschäden zu unterstützen».

Am frühen Morgen und am Spätnachmittag verließ ich die Hütte, um einen kleinen Spaziergang zu machen, und wagte mich allmählich immer weiter fort. Ich wanderte ein paar hundert Meter in das üppig grüne Tal hinab oder den Berg hinauf, durch Regenwälder mit glattrindigen Kukui-Bäumen, Banyans mit anmutig gebogenen Ästen, hohen Palmen und Eukalyptusbäumen, deren Blätter im Meereswind schimmerten. Zwischen den zarten *amaumau*-Farnen wuchs überall der rotgelb blühende Ingwer, und die rote Erde war von einem dicken Teppich aus Moos, Gras und Blättern bedeckt.

Mit Ausnahme der flachen kleinen Lichtung, auf der meine Hütte stand, stieg der Berg steil an. Am Anfang wurde ich schnell müde, aber bald kam ich nicht mehr so rasch außer Atem. Ich kletterte den Berg hinauf und sog die feuchte, heilsame Luft des Regenwaldes in meine Lungen. Ein paar Kilometer unter mir fielen Klippen – die *pali* – steil zum Meer ab. Wie hatten diese Leute es nur geschafft, mich zu der Hütte hinaufzutragen?

An den nächsten Tagen hatte ich morgens beim Erwachen immer noch Traumfetzen im Gedächtnis – Bilder von Mama Chia und den Klang ihrer Stimme. Und jeden Morgen fühlte ich mich ungewöhnlich erfrischt. Erstaunt stellte ich fest, daß meine wunde Haut sich rasch abgeschält hatte. Darunter kam zarte neue Haut zum Vorschein. Inzwischen war fast alles verheilt – so gut wie neu. Meine Kraft kehrte wieder und mit ihr auch das alte, drängende Gefühl der Ruhelosigkeit. Ich hatte Mama Chia gefunden; ich war hier. Was jetzt? Was mußte ich lernen oder tun, ehe sie mich zur nächsten Station meiner Reise geleiten würde?

Als ich am nächsten Tag aufwachte, stand die Sonne schon beinahe im Zenit. Ich lag da und lauschte den schrillen Rufen eines Vogels; dann begab ich mich wieder auf eine meiner kleinen Wanderungen. Allmählich gewöhnten sich meine nackten Füße an die Erde.

Als ich zurückkam, sah ich Mama Chia gerade in meine Hütte gehen. Wahrscheinlich rechnete sie damit, mich im Bett zu finden. Mit raschen Schritten lief ich den Abhang hinunter und wäre auf den Blättern, die vom letzten Reguß noch naß und rutschig waren, beinahe ausgerutscht. Ich war stolz auf meine rasche Genesung und wollte ihr einen kleinen Streich spielen. Also versteckte ich mich hinter dem Schuppen und spähte verstohlen dahinter hervor. Ich beobachtete, wie sie wieder aus der Hütte kam und sich verdutzt umsah, duckte mich und preßte die Hand gegen den Mund, um ein Lachen zu unterdrücken. Dann holte ich tief Luft und schielte wieder um die Ecke. Sie war nicht mehr da.

Ich fürchtete, daß sie vielleicht fortgegangen war, um mich zu suchen. Also kam ich aus meinem Versteck hervor und war schon im Begriff, nach ihr zu rufen – da tippte mir von hinten eine Hand auf die Schulter. Ich drehte mich um. Lächelnd stand sie vor mir. «Woher wußtest du denn, wo ich bin?» fragte ich.

«Ich habe dich nach mir rufen hören.»

«Aber ich habe dich gar nicht gerufen!» widersprach ich.

«Doch.»

«Nein! Ich wollte es gerade tun, aber...»

«Und woher hätte ich dann wissen sollen, daß du hier bist?»

«Das frage ich *dich*!»

«Ich glaube, wir reden im Kreis herum», sagte sie. «Setz dich; ich habe dir dein Mittagessen gebracht.»

Bei dem Wort «Mittagessen» gehorchte ich sofort. Ich setzte mich auf den dicken feuchten Blätterteppich im Schatten eines Baumes. Mein Magen knurrte, als Mama Chia mir herrliche Jamswurzeln anbot – die besten, die ich je gegessen hatte –, köstlich zubereiteten Reis und verschiedene saftige Gemüse. Ich fragte mich, wie sie das alles in ihren Rucksack hineinbekommen hatte.

Wir konzentrierten uns aufs Essen, und unser Gespräch erstarb. «Danke», sagte ich schließlich zwischen zwei Bissen. «Du bist wirklich eine gute Köchin.»

«Ich habe das nicht gekocht», widersprach sie. «Sachi hat es zubereitet.»

«Sachiko? Wer hat ihr beigebracht, so zu kochen?» fragte ich.

«Ihr Vater.»

«Sie ist wirklich begabt. Ihre Eltern sind sicher sehr stolz auf sie.»

«Oh, ja – mehr als stolz.» Mama Chia stellte ihren Teller auf den Boden und blickte über die Lichtung hinweg zu dem dichten, smaragdgrünen Wald. «Ich will dir eine Geschichte erzählen, die sich wirklich zugetragen hat:

Vor neun Jahren half ich bei Sachis Geburt, und als sie vier Jahre alt war, hieß ich ihren kleinen Bruder auf der Welt willkommen.

Bald nach der Geburt ihres Bruders bat die kleine Sachi ihre Eltern immer wieder, sie mit dem neugeborenen Baby einmal allein zu lassen. Die Eltern machten sich Sorgen, daß ihre Tochter vielleicht eifersüchtig war wie die meisten Vierjährigen und ihn schlagen oder unsanft schütteln würde; deshalb sagten sie nein. Aber Sachi zeigte überhaupt keine Spur von Eifersucht. Sie behandelte das Baby sehr liebevoll – und bettelte immer flehentlicher, mit ihm allein gelassen zu werden. Da beschlossen die Eltern, es ihr zu erlauben.

Glücklich lief sie ins Zimmer des Babys und schloß die Tür hinter sich; aber die Tür ging wieder einen Spalt auf – so weit, daß die neugierigen Eltern hereinschauen und sie belauschen konnten. Sie sahen, wie ihre Tochter auf Zehenspitzen zu dem kleinen Bruder hinging, ihr Gesicht ganz nah an seines hielt und ihn leise fragte: ‹Baby, sag mir, wie Gott ist. Ich vergesse es allmählich.›»

«Das hat sie tatsächlich gesagt?» fragte ich mit ehrfürchtiger Stimme.

«Ja.»

«Jetzt verstehe ich, warum sie deine Schülerin ist!» sagte ich nach langem Schweigen.

Wir saßen eine Weile stumm im Schatten des Baumes. Dann verkündete Mama Chia: «Morgen gehen wir auf eine Wanderung.»

«Zusammen?» fragte ich.

«Nein», neckte sie mich. «Du gehst den Berg hinauf und ich ins Tal.»

Ich kannte Mama Chia immer noch nicht so gut, und manchmal war es schwer herauszufinden, ob sie scherzte oder es ernst meinte. Als sie mein verdutztes Gesicht sah, lachte sie und sagte: «Ja, wir gehen zusammen.»

Ich hatte das Gefühl, daß jetzt endlich etwas geschehen würde. Dann sah ich an mir herab, auf meine zerschlissene Badehose, meine nackte Brust und meine bloßen Füße, und meinte entschuldigend: «Ich weiß allerdings nicht, ob ich weit wandern kann, ohne...»

Lächelnd zeigte sie hinter sich. «Schau mal, was da hinter dem Baum liegt.»

«Mein Rucksack!» rief ich verblüfft. Als sie bestätigend schmunzelte, lief ich hinüber und schaute hinein. Meine Brieftasche mit ein paar Dollar Bargeld und der Kreditkarte, meine Uhr, saubere Shorts, meine Turnschuhe, Zahnbürste, Rasierapparat – es war alles noch da!

«Sachis Vater ist Schreiner und hatte auf Oahu zu tun», erklärte Mama Chia. «Ich habe ihn gebeten, zum Makapuu Point zu gehen und deine Sachen zu suchen. Du hast sie gut versteckt, sagt er.»

«Ich möchte ihn kennenlernen und mich bei ihm bedanken!» bat ich.

«Er freut sich auch darauf, dich kennenzulernen; aber er mußte nach Oahu zurückfahren, um seine Arbeit fertigzumachen. In ein paar Wochen kommt er wieder. – Ich freue mich, daß du jetzt neue Shorts hast», setzte sie hinzu, hielt sich mit der einen Hand die Nase zu und zeigte mit der anderen auf meine zerlumpte Badehose. «Dann kannst du die endlich waschen.»

Lächelnd ergriff ich ihre Hand. «Danke, Mama Chia. Ich bin dir wirklich dankbar für alles, was du für mich getan hast.»

«Ja, ich habe wirklich viel für dich getan», sagte sie und fegte meine Dankesworte mit einer wegwerfenden Handbewegung beiseite. «Hast du schon von der neuen Hunderasse gehört, einer Kreuzung aus Pitbullterrier und Collie? Erst beißt er einem den Arm ab, und dann holt er Hilfe.» Sie lächelte. «Ich habe schon genug Schaden angerichtet. Das ist jetzt meine Art, ‹Hilfe zu holen›.»

Sie packte die Reste unseres Mittagessens ein und erhob sich. Ich wollte auch aufstehen, war aber so erschöpft, daß ich es kaum schaffte. «Ich fühle mich wie ein Schwächling», klagte ich, als sie mich auf dem Weg zurück in die Hütte stützen mußte.

«Deine Muskeln sind so schwach, weil dein Körper deine ganze Energie braucht, um zu genesen. Du hast viel durchgemacht. Die meisten Menschen hätten aufgegeben und wären gestorben. Du hast ein sehr starkes Basis-Selbst.»

«Basis... – was?» fragte ich verblüfft und setzte mich aufs Bett.

«Ein sehr starkes Basis-Selbst», wiederholte Mama Chia. «Das Basis-Selbst ist ein Teil von dir – ein von deinem rationalen Verstand getrenntes Bewußtsein. Hat Socrates dir nie von den drei Selbsten erzählt?»

«Nein», antwortete ich neugierig. «Das mußt du mir erklären, scheint eine interessante Idee zu sein.»

Mama Chia stand auf, ging zum Fenster und blickte hinaus. «Die drei Selbste sind viel mehr als nur eine Idee, Dan. Für mich sind sie so real wie die Erde, die Bäume, der Himmel und das Meer.»

Sie lehnte sich ans Fensterbrett und erklärte: «Vor ein paar hundert Jahren, als das Mikroskop noch nicht erfunden war, glaubte kaum jemand an die Existenz von Bakterien und Viren; und deshalb war die Menschheit diesen unsichtbaren Eindringlingen machtlos ausgeliefert. Die wenigen, die doch daran glaubten, waren als ‹Spinner› verschrien.

Auch ich arbeite mit Elementen zusammen, die für die meisten Menschen unsichtbar sind – mit Naturgeistern und feinstofflichen Energien. Aber wenn etwas unsichtbar ist, bedeutet das noch lange nicht, daß es nur in unserer Phantasie existiert, Dan. Jede neue Generation vergißt das, und so wiederholt sich der Kreislauf immer wieder aufs neue – die Blinden führen die Blinden. Unwissenheit und Weisheit werden von Generation zu Generation weitergereicht wie wertvolle Erbstücke.

Die drei Selbste – Basis-Selbst, Bewußtes Selbst und Höheres Selbst – sind Bestandteile einer geheimen Lehre. In Wirklichkeit wurde diese Lehre zwar nie geheimgehalten; aber es interessieren sich nur wenige Menschen dafür, und noch weniger haben Augen, um diese Wahrheit zu erkennen.»

Hinkend ging sie zur Tür und wandte sich noch einmal zu mir zurück: «Wenn ich von ‹unsichtbaren Dingen› spreche, sind sie *für mich nicht unsichtbar*. Aber was für mich wahr ist, braucht es für dich noch lange nicht zu sein. Ich will dir nicht vorschreiben, was du glauben sollst – ich teile dir nur meine Erfahrungen mit.»

«Und wie kann *ich* diese drei Selbste erfahren? Und wann?» fragte ich.

Sie goß ein Glas Wasser ein und reichte es mir. «Wenn du stark genug bist – wenn Socrates dich gut vorbereitet hat –, kann ich dich bis zum Rand des Abgrunds führen und dir zeigen, wohin der Weg führt. Dann brauchst du nur noch die Augen aufzumachen und zu springen. Und jetzt ruh dich aus», sagte sie und wandte sich zum Gehen.

«Warte doch!» rief ich und setzte mich auf. «Kannst du mir nicht noch ein bißchen mehr über diese drei Selbste verraten, ehe du gehst? Ich wüßte gern mehr...»

«Und ich will dir auch gern mehr erzählen», fiel sie mir ins Wort. «Aber jetzt mußt du erst einmal *schlafen*.»

«Ich bin wirklich müde», gähnte ich.

«Ja. Morgen gehen wir auf eine Wanderung. Dann reden wir darüber.» Durch die offene Tür sah ich, wie sie, ihren Bambusstock schwingend, wieder in den Wald hineinhumpelte. Ich gähnte noch einmal herzhaft, dann fielen mir die Augen zu, und es wurde schwarz um mich her.

Zweites Buch
Erleuchtungen

Die wahre Entdeckungsreise besteht nicht darin, daß man neue Landschaften sucht, sondern daß man mit neuen Augen sieht.
                                                                Marcel Proust

7
Die drei Selbste

Du kannst nicht über etwas hinauswachsen, was du gar nicht kennst. Um über dich selbst hinauszugelangen, mußt du dich erst einmal kennenlernen.

Sri Nisargadatta Maharaj

Am nächsten Morgen klang mir der Gesang der Vögel süßer in den Ohren, und die Welt schien viel schöner zu sein als sonst. Meine Kraft kehrte allmählich wieder; ich hatte nur noch ein paar Schorfe. Ich fuhr mit der Hand über meinen zwei Wochen alten Bart und beschloß, ihn vorläufig nicht abzurasieren.

Nachdem ich mich an selbstgebackenem Brot und tropischen Früchten satt gegessen hatte, die auf geheimnisvolle Weise auf meiner Kommode erschienen waren – wieder ein Geschenk von Sachi, vermutete ich –, trat ich hinaus ins Freie, splitterfasernackt, und duschte mich in einem warmen Regenguß. Der Regen ging so rasch vorbei, wie er gekommen war, und wich einem leuchtend blauen, sonnigen Himmel.

Ich hatte mir gerade das nasse Haar gekämmt und eine dicke Schicht Sonnencreme aufgetragen, da kam Mama Chia mit ihrem Rucksack und Bambusstock den Waldweg hinunter. Sie trug ein weites Muumuu-Kleid – ihre übliche Wanderausrüstung, wie ich erfuhr.

Nach einer kurzen Begrüßung führte sie mich einen schmalen, verschlungenen Weg zum Meer hinunter. Schwerfällig humpelte sie anderthalb Meter vor mir den rutschigen Weg entlang. Ich sah, daß das Gehen ihr nicht leichtfiel, und staunte über ihre Entschlossenheit.

Ein paarmal blieb sie stehen – einmal, um mir einen bunten

Vogel zu zeigen, dann, um mich auf einen kleinen Wasserfall und Teich aufmerksam zu machen, die einem unachtsamen Spaziergänger nicht aufgefallen wären. Nachdem wir uns eine Weile hingesetzt und dem Wasser zugehört hatten, das in den Teich hinabstürzte, erbot ich mich, ihren Rucksack zu tragen; aber sie wehrte ab: «Vielleicht beim nächsten Mal.»

Danach redeten wir kaum noch miteinander. Wir mußten uns beide darauf konzentrieren, auf dem matschigen Weg, über den sich immer wieder Baumwurzeln zogen, nicht auszurutschen.

Schließlich kletterten wir in eine steile Schlucht hinab und gelangten zu einer kleinen, sandigen Lichtung, einem der wenigen Strände zwischen den felsigen Klippen. Zu beiden Seiten stiegen Lavafelsen senkrecht in den Himmel empor.

Mama Chia nahm eine dünne Decke aus ihrem Rucksack und breitete sie am Strand aus. Es war gerade Ebbe; glatt, fest und naß lag der Sand vor uns. Der Meereswind auf meinem Gesicht und meiner Brust fühlte sich angenehm kühl an.

«Mama Chia», fragte ich, «vielleicht bilde ich mir das nur ein – aber ich habe das Gefühl, ich bin erst seit etwa zehn Tagen hier. Stimmt das?»

«Ja.»

«Und wäre ich auf dem Meer nicht beinahe verdurstet und an meinem Sonnenbrand gestorben?»

«Ja», antwortete sie wieder.

«Tja, heilen meine Wunden dafür nicht erstaunlich schnell?»

Sie nickte. «Ich habe nachts mit dir daran gearbeitet.»

«Was?»

«Im Schlaf tritt dein Bewußtes Selbst zurück; dann kann ich direkt mit deinem Basis-Selbst – deinem Unbewußten – zusammenarbeiten. Dieses Selbst hat die Aufgabe, deinen Körper zu heilen.»

«Du wolltest mir doch mehr über das Basis-Selbst erzählen.»

Mama Chia sah mich lange an, als denke sie über etwas nach. Dann griff sie nach einem Zweig und zeichnete damit einen Kreis in den Sand. «Zeigen ist besser als erklären», sagte sie und zeichnete eine menschliche Gestalt mit ausgestreckten Armen in den Kreis hinein – eine entfernte Wiedergabe der berühmten Zeichnung von Leonardo da Vinci.

Ohne weiteren Kommentar setzte sie sich auf einen Sandhügel, kreuzte die Beine und sagte: «Ich muß jetzt etwas innere Arbeit leisten, um meine Batterien wieder aufzuladen. Wenn du noch nicht weißt, wie man das macht, schlage ich dir vor, einfach ein bißchen zu schlafen. Vielleicht können wir uns später weiter unterhalten.»

«Aber...»

Mit einem einzigen Atemzug schien Mama Chia sofort in tiefe Trance zu versinken. Ich beobachtete sie eine Weile; dann wandte ich meine Aufmerksamkeit wieder ihrer Zeichnung im Sand zu. Plötzlich wurde ich schläfrig, denn es war ein sehr schwüler Tag. Froh über den Schatten der schützenden Klippen streckte ich mich auf der Decke aus und schloß die Augen. Meine Gedanken kehrten zu Holly und Linda in Ohio zurück – sie schienen Lichtjahre von dieser abgeschiedenen kleinen Bucht entfernt zu sein, in der ich mich jetzt ausruhte, ein paar Meter von einer Schamanin entfernt, die mir ihre wahren Kräfte erst noch offenbaren mußte. Noch vor ein paar Wochen hatte sie für mich nur im hintersten Winkel meines Gedächtnisses existiert. Das Leben ist schon merkwürdig, dachte ich. Dann versank ich kopfüber in einer traumähnlichen Vision. Ich erinnere mich zwar nicht immer an meine Träume, aber diese Vision werde ich nie vergessen.

Ich schlief und war doch hellwach. Ich sah sogar klarer als je zuvor. Mama Chias lächelndes Gesicht blitzte vor mir auf, dann verschwand es wieder. In der Schwärze, die mich anschließend einhüllte, erschien eine menschliche Gestalt: der Körper eines Mannes mit ausgestreckten Armen in einem Kreis – aber nicht die Figur, die Mama Chia in den Sand skizziert hatte, sondern ein genaues Abbild des Originals von da Vinci.

Dann erschien plötzlich mein eigener Körper in dem Kreis und begann sich zu drehen, Rad zu schlagen.

Dann sah ich, wie mein Körper allmählich wieder zur Ruhe kam. Er stand jetzt aufrecht in einem Wald unter dem Sternenhimmel. Vom blassen Mondlicht erhellt, außer einem Paar Shorts völlig nackt, stand er mit weit ausgebreiteten Armen da, als wolle er das ganze Leben umarmen – den Kopf leicht schräg nach oben gewandt. Er blickte durch die Baumwipfel zu den Sternen empor, die am samtschwarzen Himmel funkelten. Das alles sah ich in allen Details deutlich vor mir – ich sah jeden Schatten auf den mondbeschienenen Blättern.

Dann erschienen an dem Körper drei glühende Lichter, die von den Auren oder Energiefeldern des Körpers gesondert waren. Zuerst richtete meine Aufmerksamkeit sich auf einen erdigen rötlichen Schimmer, der die Bauchregion der Gestalt erhellte. Diesen Schimmer erkannte ich sofort als das Basis-Selbst.

Dann verlagerte sich meine Aufmerksamkeit auf den Kopf der Gestalt, wo das Bewußte Selbst als weißes Licht des Bewußtseins saß. Dieses Licht leuchtete so strahlend, daß der Kopf in diesem Leuchten kaum noch zu sehen war.

Dann stieg mein Bewußtsein über den Kopf hinaus, wo ich einen Wirbel leuchtender, schillernder Farben erkannte...

Plötzlich neigte sich das Ganze bedrohlich schräg, und in der Ferne krachte ein Donner. Blitze zuckten am Himmel auf. Heulend erhob sich ein Sturm; Bäume stürzten um. Und dann spaltete sich die physische Gestalt vor mir in drei verschiedene Wesen auf!

Das Höhere Selbst, das ich in seinen strahlenden, hell auflodernden Farben gerade erst über dem Kopf erkannt hatte, verschwand wieder. Die beiden anderen Wesen verwandelten sich in deutlich erkennbare körperliche Gestalten. Das Basis-Selbst nahm jetzt die Gestalt eines Kindes an, das von einem rötlichen Schimmer umgeben war. Das Kind zitterte und wich erschrocken zurück, als der nächste Blitz sein Gesicht erhellte. Es war von nackter Angst besessen.

Das Bewußte Selbst nahm die Gestalt eines grauen Roboters mit elektrisch glühendem Computerkopf an. Der Roboter surrte und klickte und blickte dann mit ausdruckslosem Gesicht starr zum Himmel empor, als ordne er gerade seine Informationen und wäge sorgsam ab, was als nächstes zu tun sei.

Beim nächsten Donnerschlag rannte das Kind davon und

suchte instinktiv Schutz in einem hohlen Baum. Ich folgte ihm und beobachtete, wie es sich dort zusammenkauerte. Es schien schüchtern zu sein – es sagte kein Wort. Als ich es ansah, fühlte ich mich tiefer in sein schimmerndes Licht hineingezogen.

Im Bruchteil einer Sekunde war mein Bewußtsein mit dem des Kindes verschmolzen. Ich sah das Leben durch seine Augen und erlebte alle seine Gefühle mit. Verwirrt durch Tausende von Erinnerungen an vergangene Gewitter und Assoziationen, die sich über unzählige frühere Leben erstreckten, kauerte ich mich instinktiv noch enger zusammen. Schreckliche Bilder, ein buntes Flickwerk genetischer Erinnerungen durchzuckten mein kindliches Bewußtsein.

Wo es mir an klarer Logik fehlte, zog ich meine Urinstinkte zu Rate. Ich spürte einen Riesenvorrat an Lebensenergie in mir; all meine Emotionen waren aktiviert, intensiver als sonst. Ein primitiver Instinkt, zu überleben, mir angenehme Empfindungen zu verschaffen und Schmerz zu vermeiden, beherrschte mich und riet mir, nicht lange zu überlegen, sondern zu handeln. Meine innere Welt war ungebändigt, weder durch Kultur noch durch Regeln und Gesetze, noch durch Logik verfeinert. In meiner Wildheit und Triebhaftigkeit war ich nichts weiter als Energie in Bewegung – ich war eng mit der Natur verbunden und fühlte mich ganz und gar in meinem Körper mit seinen Gefühlen und Instinkten zu Hause.

Ich hatte kaum Möglichkeiten, feinere ästhetische Reize wahrzunehmen oder einen höheren Glauben in mir zu spüren; ich kannte nur positive und negative Empfindungen. Im Augenblick verspürte ich ein unwiderstehliches Bedürfnis nach Führung, nach jemandem, der das ganze Geschehen für mich deutete, der mich beruhigte und leitete. Ich brauchte das Bewußte Selbst.

In diesem Augenblick kam auch der Roboter in den hohlen Baum geklettert. Er hatte einen Plan gefaßt. Aber er ignorierte mich, das Kind, fast völlig, als sei ich ganz unwichtig. Ärgerlich, weil ich mich übergangen fühlte, stieß ich ihn an, um auf mich aufmerksam zu machen. Warum hörte er denn nicht auf mich? Schließlich hatte *ich* den Unterschlupf zuerst entdeckt! Aber er ignorierte mich noch immer. Ich schubste ihn, ich schlug ihn ins Gesicht – ohne Erfolg. Da kletterte ich wütend aus dem Baum, holte einen Felsbrocken und schleuderte ihn gegen das Bein des Roboters. *Jetzt* beachtete er mich endlich.

«Was – willst – du?» fragte er mit monotoner Stimme.

«Hör mir doch endlich zu!» rief ich.

Im nächsten Augenblick verlagerte sich mein Bewußtsein von dem des Kindes auf das des Roboters und verschmolz mit ihm. Jetzt sah ich die Welt durch die Augen dieser logisch denkenden Maschine – objektiv und mit eiskalter Ruhe. Das Kind, das ich gerade eben noch gewesen war, empfand ich jetzt als Ablenkung. Ich legte mir eine Strategie zurecht, wie ich es beruhigen könnte.

In diesem Augenblick legte sich der Sturm, und das Kind lief wieder hinaus, um zu spielen. Also schob ich dieses Problem beiseite und ging mit steifen Schritten in den Wald. Mich beunruhigten keinerlei Emotionen; meine Welt war fein säuberlich geordnet, strukturiert – und entsetzlich begrenzt. Ich sah den Wald in Grautönen. Für mich war Schönheit nichts weiter als eine Definition, eine Kategorie. Ich wußte nichts vom Höheren Selbst oder vom Glauben. Ich suchte nur nach nützlichen, konstruktiven Lösungen. Der Körper war für mich eine notwendige Bürde, eine Maschine, die es mir ermöglichte, mich zu bewegen und mich fortzupflanzen – ein Werkzeug meines Verstandes.

In meinem Computergehirn war ich vor den Launen der Emotionen sicher. Und doch lebte ich ohne die Verspieltheit, die emotionale Energie und die Vitalität des Kindes eigentlich gar nicht richtig. Ohne dieses Kind existierte ich nur in einer sterilen Welt, die aus Problemen und Lösungen bestand.

Plötzlich erwachte wieder mein ursprüngliches Bewußtsein, als hätte ich vorher geträumt. Ich verspürte den überwältigenden Drang, wieder den Wald um mich herum zu spüren, die Energien des Lebens zu fühlen. Ich brach aus meinem Bewußten Selbst aus.

Von meinem neuen Blickpunkt aus konnte ich sie alle beide erkennen – das Bewußte Selbst und das Basis-Selbst. Sie standen mit dem Rücken zueinander da, jedes in seiner eigenen Welt. Wenn sie doch nur zusammen sein könnten – wie viel reicher würde ihr beider Leben dadurch werden!

Ich schätzte die kindliche Unschuld und instinktive Körperweisheit des Basis-Selbst; und ich wußte auch die Vernunft, Logik und Lernfähigkeit des Roboters, meines Bewußten Selbst, zu würdigen. Doch ohne die Inspiration des Höheren Selbst erschien mir das Leben schal, oberflächlich und unvollkommen.

In dem Augenblick, als mir das klar wurde, hörte ich, wie das Höhere Selbst irgendwo aus dem Wald nach mir rief. Ich spürte eine intensive Sehnsucht, mit ihm zu verschmelzen. Plötzlich wurde mir bewußt, daß ich diese Sehnsucht schon viele Jahre, vielleicht sogar mein ganzes Leben lang gehabt hatte. Zum ersten Mal in meinem Leben wußte ich, wonach ich immer gesucht hatte.

Ein paar Sekunden später war ich wieder im Bewußten Selbst gefangen. Ich saß in seinem stählernen Gehirn fest und hörte wieder seine monotone Stimme, die zuerst langsam, dann schneller werdend immer nur den einen Satz wiederholte: «Ich – bin – das – einzige – was – es – gibt. Das – Höhere – Selbst – ist – eine - Illusion.»

Dann schnellte mein Bewußtsein in das kindliche Basis-Selbst zurück. Jetzt wollte ich nichts anderes als spielen und mich zufrieden, mächtig und geborgen fühlen.

Dann sprang mein Bewußtsein wieder ins Bewußte Selbst und dessen Realität – und anschließend wieder ins Basis-Selbst und die kindliche Realität. Immer schneller hüpfte ich zwischen Bewußtem Selbst und Basis-Selbst, Verstand und Körper, Roboter und Kind, Denken und Fühlen, Logik und Instinkt hin und her. Immer schneller!

Ich richtete mich auf und starrte ins Leere – entsetzt, schweißgebadet, mit leisem Schluchzen. Dann kam mir allmählich wieder meine Umgebung zum Bewußtsein: die geschützte kleine Bucht, der warme Sand, ein Himmel über spiegelglattem Meer, der sich allmählich rosa und schließlich purpurrot färbte. Und ganz in der Nähe saß regungslos Mama Chia und schaute mich unverwandt an.

Ich schüttelte die letzten Reste der Vision ab und versuchte, langsamer zu atmen und mich zu entspannen. Schließlich brachte ich eine Erklärung zustande: «Ich – ich hatte einen bösen Traum.»

Langsam, jedes Wort sorgfältig abwägend, fragte sie mich: «War es wirklich nur ein böser Traum, oder war es ein Spiegelbild deines Lebens?»

«Ich weiß nicht, was du meinst», sagte ich, aber das war eine Lüge. Das wurde mir klar, kaum daß ich die Worte ausgesprochen hatte. Mit meiner neuen Erkenntnis von den drei Selbsten konnte ich nicht mehr so tun, als sei ich eine «Einheit». Ich war ein gespaltener Mensch. Ständig schwankte ich zwischen den egozentrischen, kindlichen Bedürfnissen des Basis-Selbst und der kühlen Distanz des Bewußten Selbst hin und her. Nur zu meinem Höheren Selbst hatte ich keinen Kontakt.

In den letzten Jahren hatte mein Verstand meine Gefühle ständig unterdrückt, er hatte sie ignoriert und abgewertet. Statt die Schmerzen und die Leidenschaften, die ich empfand, zu akzeptieren, hatte mein Bewußtes Selbst die Zügel fest in der Hand gehalten und meine Emotionen und meine Beziehungen zu anderen Menschen einfach unter den Teppich gekehrt, als existierten sie nicht.

Jetzt begriff ich, daß die körperlichen Krankheitssymptome, die ich zu Hause in Ohio gehabt hatte – die Infektionen, die Wehwehchen und Schmerzen –, die Stimme meines Basis-Selbst gewesen waren, das laut schreiend um Aufmerksamkeit bettelte wie ein kleines Kind. Es wollte, daß ich all die Gefühle in meinem Inneren endlich herausließ. Plötzlich verstand ich die Bedeutung des Satzes: «Unsere Organe weinen die Tränen, die unsere Augen nicht vergießen wollen.» Und mir fiel auch wieder ein, was Wilhelm Reich einmal gesagt hatte: «Die unterdrückten Emotionen, die wir nicht zum Ausdruck bringen, lagern sich in den Muskeln unseres Körpers ab.» Diese beunruhigenden Erkenntnisse bedrückten und entmutigten mich. Jetzt wurde mir klar, was für ein weiter Weg noch vor mir lag.

«Alles in Ordnung?» fragte Mama Chia.

«Ja, sicher. Alles okay...» wollte ich schon sagen, doch dann unterbrach ich mich. «Nein, es ist *nicht* alles okay. Ich fühle mich deprimiert und ganz ausgelaugt.»

«Gut!» strahlte sie. «Du hast etwas gelernt. Jetzt bist du auf dem richtigen Weg.»

Ich nickte. Dann wandte ich ein: «In dem Traum habe ich aber nur zwei meiner drei Selbste erfahren. Mein Höheres Selbst löste sich plötzlich in Nichts auf. Warum hat es mich verlassen?»

«Es hat dich nicht verlassen, Dan – es war die ganze Zeit da, aber du warst so sehr mit deinem Basis-Selbst und deinem Bewußten Selbst beschäftigt, daß du es nicht sahst und seine Liebe und Unterstützung nicht spürtest.»

«Wie kann ich denn so weit kommen, daß ich diese Liebe und Unterstützung spüre? Wie geht es jetzt weiter?»

«Eine gute Frage – eine sehr gute Frage!» lachte sie und stand auf. Dann schwang sie sich den Rucksack wieder auf den Rücken und begann langsam den steinigen Weg hinaufzusteigen. Ich folgte ihr; in meinem Kopf schwirrten hundert unbeantwortete Fragen umher.

Wir gingen auf einem steilen Pfad die Klippe hinauf. Allmählich wich der Sand Erde und Gestein. Ich drehte mich um und warf einen Blick zurück auf die Bucht, die ein paar Meter unter uns lag. Jetzt kam wieder die Flut. Zwanzig Meter von uns entfernt rollte eine Welle heran und machte kurz vor der Gestalt halt, die Mama Chia in den Sand gezeichnet hatte. Ich blinzelte und traute meinen Augen nicht: Dort, wo vorher die Figur und der Kreis gewesen waren, glaubte ich jetzt drei Figuren zu erkennen – einen kleinen Körper, wie von einem Kind; eine viereckige, kastenähnliche Gestalt; und ein großes Oval. Dann kam wieder eine Welle und wusch das Bild fort.

Der Aufstieg war mühsamer als der Hinweg, der bergab geführt hatte. Mama Chia schien in bester Stimmung zu sein, aber ich war bedrückt. Wir redeten beide kein Wort. Während ich hinter ihr den Weg hochstieg, in den immer dunkler werdenden Wald hinein, zogen vor meinem inneren Auge Bilder meiner Vision an mir vorüber.

Als wir zu der Lichtung kamen, stand die Mondsichel schon hoch am Himmel. Mama Chia wünschte mir eine gute Nacht und ging weiter.

Ich stand noch eine Weile vor der Hütte und lauschte dem Zirpen der Grillen. Der warme Nachtwind schien direkt durch mich hindurchzuwehen. Erst als ich meine Hütte betrat, merkte ich, wie müde ich war. Ich erinnere mich noch vage daran, daß ich zur Toilette ging; dann sank ich aufs Bett. Ich hörte noch ein paar Sekunden lang die Grillen zirpen – dann war alles Schweigen. In dieser Nacht träumte ich, wie ich nach meinem Höheren Selbst suchte – aber ich fand nichts als gähnende Leere.

8
Das Auge der Schamanin

Eine große Lehrerin bemüht sich niemals, ihre Vision zu erklären. Sie fordert dich einfach auf, dich neben sie zu stellen und für dich selbst zu sehen.

R. Inman

Noch nicht richtig wach – in mancherlei Hinsicht, fürchte ich –, schlug ich die Augen auf. Mama Chia stand an meinem Bett. Zuerst glaubte ich, noch zu träumen; doch als sie laut rief: «Aus den Federn mit dir!», kehrte ich rasch auf den Boden der Realität zurück. Ich sprang so schnell auf, daß ich beinahe vornübergekippt wäre.

«Ich... ich bin gleich soweit», murmelte ich, immer noch benommen, und schwor mir, nächstens aufzustehen, bevor sie kam. Ich stolperte ins Badezimmer, zog meine Shorts über und ging hinaus, um mir meine morgendliche Dusche zu holen – es regnete gerade.

Tropfnaß kam ich wieder herein und griff nach einem Handtuch. «Es muß gleich Mittag sein.»

«Kurz nach elf», bestätigte sie.

«Oje! Ich...»

«Und zwar Donnerstag, kurz nach elf», unterbrach sie mich. «Du bist sechsunddreißig Stunden lang weg gewesen.»

Beinahe wäre mir das Handtuch aus der Hand gefallen. «Fast *zwei* Tage?» Ich ließ mich schwer aufs Bett fallen.

«Warum schaust du so entsetzt – hast du eine Verabredung versäumt?» fragte sie.

«Nein, ich glaube nicht.» Ich blickte zu ihr empor. «Oder doch?»

«Mit mir jedenfalls nicht. Außerdem sind Verabredungen auf Hawaii nicht üblich», erklärte sie. «Die Leute vom Festland haben zwar versucht, diese Sitte hier einzuführen; aber das ist so, als wolle man Vegetariern Rindfleisch verkaufen. Geht es dir jetzt wieder besser?»

«Ja, viel besser», antwortete ich und frottierte mir das Haar trocken. «Aber ich weiß immer noch nicht so recht, was ich hier eigentlich *soll* – oder wobei du mir helfen willst. Wirst du mir zeigen, wie ich mein Höheres Selbst sehen kann?»

«Das müssen wir erst mal *sehen*», antwortete sie, lächelte über ihr Wortspiel und reichte mir mein Hemd.

«Mama Chia», fragte ich und zog das Hemd an, «das, was ich gesehen habe – diese Vision am Strand – hast du mich da hypnotisiert?»

«Eigentlich nicht. Was du gesehen hast, stammt aus den Inneren Aufzeichnungen.»

«Was ist denn das?»

«Das ist gar nicht so leicht zu erklären. Man könnte die Inneren Aufzeichnungen als das ‹Universelle Unbewußte› oder ‹Tagebuch des Geistes› bezeichnen. Dort wird alles festgehalten.»

«*Alles?*»

«Ja», antwortete sie. «Alles.»

«Kannst du ... diese Aufzeichnungen lesen?»

«Manchmal – es kommt darauf an.»

«Und wie konnte *ich* sie dann lesen?»

«Na ja, sagen wir, ich habe die Seiten für dich umgeblättert.»

«Wie eine Mutter, die ihrem Kind etwas vorliest?»

«So ähnlich.»

Der Regen ließ nach, und wir gingen hinaus. Mama Chia führte mich zu einem Holzklotz in der Nähe des Schuppens, und ich setzte mich hin. «Mama Chia», sagte ich. «Ich muß mit dir über etwas reden, was mich allmählich wirklich nervös macht. Und je mehr ich lerne, desto schlimmer scheint es zu werden. Verstehst du ...»

Sie schnitt mir das Wort ab. «Kümmere dich einfach nur um das, was jetzt im Augenblick vor dir liegt. Denk nicht an die Zukunft – die ergibt sich ganz von selbst. Sonst besteht die Gefahr, daß du den größten Teil deines Lebens damit verbringst, darüber nachzudenken, mit welchem Fuß du zuerst über die Straße gehen willst – obwohl du die Kreuzung noch gar nicht erreicht hast.»

«Soll man denn gar nichts vorausplanen? Muß man sich nicht auf die Zukunft vorbereiten?»

«Pläne zu machen ist durchaus sinnvoll, aber klammere dich nicht an sie; dazu hält das Leben zu viele Überraschungen bereit. Vorbereitungen haben immer einen Wert – selbst wenn die Zukunft, wie du sie dir in deinen Plänen zurechtgelegt hast, nie eintrifft.»

«Wieso?»

Sie schwieg ein paar Sekunden; dann antwortete sie: «Ein alter Freund von mir hier auf der Insel, Sei Fujimoto – du kennst ihn noch nicht –, arbeitete den größten Teil seines Lebens als Gärtner und half in der Nachbarschaft als Handwerker aus. Aber seine große Leidenschaft war die Fotografie. Ich habe noch nie einen Mann gesehen, den Bilder auf Papier so sehr faszinierten! Früher verbrachte er seine Zeit hauptsächlich damit, nach schönen Fotomotiven zu suchen. Fuji liebte vor allem Landschaften: die verschiedenen Formen von Bäumen, Wellen, auf deren Gischt das Sonnenlicht funkelte, und Wolken im Licht des Mondes oder der Morgensonne. Wenn er nicht gerade fotografierte, stand er zu Hause in der Dunkelkammer und entwickelte seine Bilder.

Fuji fotografierte fast dreißig Jahre lang, und in dieser Zeit sammelte sich ein großer Schatz phantastischer Fotos an. Er bewahrte die Negative in einem verschlossenen Aktenschrank in seinem Büro auf. Ein paar Fotos verkaufte er; andere schenkte er Freunden.

Vor etwa sechs Jahren brach in dem Büro ein Feuer aus. Alle Fotos, die er in den letzten dreißig Jahren gemacht hatte, alle Negative und der größte Teil seiner Fotoausrüstung fielen den Flammen zum Opfer. Und er hatte keine Feuerversicherung! Die ganzen Beweise und Früchte jahrzehntelanger kreativer Arbeit – unwiederbringlich verloren.

Fuji trauerte um seine Bilder, wie man den Tod eines Kindes

betrauert. Drei Jahre davor hatte er tatsächlich einmal ein Kind verloren. Er begriff jetzt, daß Leiden etwas Relatives ist: Wenn es ihm gelungen war, den Tod seines Kindes zu überwinden, dann konnte er alles überwinden.

Aber das war noch nicht alles. Er verstand jetzt die größeren Zusammenhänge. In ihm wuchs die Erkenntnis, daß ihm etwas sehr Wertvolles geblieben war, was die Flammen nicht zerstören konnten: *Fuji hatte durch das Fotografieren gelernt, das Leben mit anderen Augen zu sehen.* Jeden Morgen, wenn er aufstand, sah er eine Welt aus Licht und Schatten, aus verschiedenen Formen und Oberflächenstrukturen – eine Welt der Schönheit und des harmonischen Gleichgewichts.

Als er mir das anvertraute, war er so glücklich, Dan! In dieser Erkenntnis spiegelt sich die Einsicht der Zenmeister wider, die ihren Schülern einschärfen, daß alle Wege, alle Aktivitäten – Beruf, Sport, Kunst, Handwerk – nur Mittel zum Zweck unserer inneren Entwicklung sind, nur ein Boot, das man braucht, um über den Fluß zu kommen. Wenn du am anderen Ufer angelangt bist, brauchst du das Boot nicht mehr.» Mama Chia holte tief Luft und lächelte mich mit heiterer Gelassenheit an.

«Ich würde Sei Fujimoto gern kennenlernen.»

«Das wirst du auch», versprach sie.

«Mir ist gerade etwas eingefallen, was Socrates mir einmal erklärt hat: ‹Es ist nicht der Weg *zum* friedvollen Krieger, sondern der Weg *des* friedvollen Kriegers; *die Reise selbst schafft den Krieger.*›»

«Socrates war immer so gut mit Worten», sagte sie. Dann seufzte sie wehmütig: «Eine Zeitlang war ich sehr von ihm angetan.»

«Tatsächlich? Wann? Und was ist daraus geworden?»

«Nichts ist daraus geworden», sagte sie. «Er war mit seiner eigenen Ausbildung und mit seinen Schülern beschäftigt, und ich hatte auch viel zu tun. Und obwohl er mich respektierte und mochte, glaube ich nicht, daß er das gleiche für mich empfunden hat wie ich für ihn. Außer meinem verstorbenen Mann Bradford hatten nicht viele Männer etwas für mich übrig.»

Das fand ich traurig und ungerecht. «Mama Chia», sagte ich

galant, «ich glaube, wenn ich ein paar Jahre älter wäre, würde ich dir den Hof machen.»

«Das ist sehr nett von dir», sagte sie.

«Ach was – ich bin nun mal ein Schürzenjäger», gab ich zurück. «Erzähl mir doch mehr von deinem Leben, und wie du Socrates kennengelernt hast.»

Sie dachte eine Weile nach. Dann sagte sie: «Vielleicht ein andermal. Im Augenblick muß ich mich um andere Dinge kümmern – und ich glaube, du brauchst noch ein bißchen Zeit, um das zu verarbeiten, was du alles gelernt hast, ehe...» Sie unterbrach sich. «Ehe wir sehen, was als nächstes passiert.»

«Ich bin bereit.»

Mama Chia blickte mich ein paar Sekunden lang durchdringend an, sagte aber nichts. Sie griff nur in ihren Rucksack und warf mir ein Päckchen Macadamia-Nüsse zu. «Bis morgen.» Mit diesen Worten verließ sie mich.

Ich fühlte mich zwar wirklich schon viel kräftiger, aber sie hatte recht: Für anstrengendere Unternehmungen hatte ich noch nicht die richtige Kondition. Den Rest des Vormittags verbrachte ich in einer Art Tagtraum – ich saß da und starrte die Bäume an, die meine neue Heimat hier auf Molokai umgaben. Ein beunruhigendes Gefühl wuchs in mir, aber ich konnte es noch nicht in Worte fassen. Gedankenverloren saß ich da und schmeckte kaum die kleinen Brotstückchen, die Macadamia-Nüsse und die Früchte, die ich aß.

Als die Nachmittagssonne die Baumwipfel am Rande der Lichtung streifte, kam mir schließlich zum Bewußtsein, wie einsam ich war. Seltsam, dachte ich, früher war ich doch gern allein. Den größten Teil meiner Studienzeit hatte ich in selbstgewählter Einsamkeit verbracht. Aber seit ich mit diesem Surfbrett aufs Meer hinausgetrieben war und geglaubt hatte, ich würde nie wieder eine Menschenseele zu sehen bekommen, hatte sich etwas geändert. Und jetzt...

Ein fröhliches «Hallo!» riß mich aus meinen Träumereien. Sachi kam fröhlich herangehüpft. Ihr pechschwarzes Haar, kurzgeschnitten wie das von Mama Chia, tanzte und wirbelte bei jeder Bewegung um ihr Gesicht herum. Sie sprang von einem Stein auf einen Holzblock, hüpfte zu mir herüber und legte ein kleines Päckchen neben mir auf den Boden. «Ich habe dir noch etwas Brot gebracht – selbstgebacken!»

«Danke, Sachi. Du denkst wirklich an alles.»

«Das stimmt nicht», antwortete sie. «An so etwas brauche ich nicht zu *denken,* das mache ich ganz von selbst. Wie geht es dir?»

«Viel besser – jetzt, wo du vorbeigekommen bist. Ich war in der letzten Zeit so viel allein – ich fange schon an, mit mir selber zu reden.»

«Das mache ich auch manchmal», sagte sie.

«Jetzt, wo du da bist, können wir ja beide dasitzen und jeder Selbstgespräche führen – nein, warte!» neckte ich sie. «Ich habe noch eine bessere Idee: Warum unterhalten wir uns nicht *miteinander?*»

Sie lächelte über meinen etwas plumpen Versuch, witzig zu sein. «Einverstanden. Willst du den Froschteich sehen?»

«Klar.»

«Er ist nicht weit weg. Komm mit», forderte sie mich auf und verschwand im Wald.

Sie lief ungefähr zehn Meter vor mir her und verschwand immer wieder zwischen Bäumen; ich mußte mir Mühe geben, mit ihr Schritt zu halten. Als ich sie einholte, saß sie auf einem großen Felsen und zeigte auf ein paar Frösche. Der eine begrüßte uns mit einem lauten Quaken.

«Du hast recht; das sind wirklich wunderschöne Frösche.»

«Das da drüben ist die Froschkönigin», zeigte sie. «Und den hier nenne ich ‹alter Griesgram›, weil er immer weghüpft, wenn ich ihn streicheln will.» Behutsam streckte Sachi die Hand aus und streichelte einen der Frösche. «Mein Bruder füttert sie immer – aber ich hab' nicht mehr gern krabbelnde, klebrige Käfer in der Tasche. Früher hat mir das nichts ausgemacht, aber jetzt kann ich es nicht mehr leiden.» Mit diesen Worten sprang sie davon wie ein kleiner Kobold und lief zur Hütte zurück. Ich verabschiedete mich stumm vom ‹alten Griesgram›. Mit einem lauten ‹Quaaak› sprang er ins Wasser, daß es nur so nach allen Seiten spritzte, und tauchte unter.

Als ich die Lichtung erreichte, war Sachi schon da und übte Tanzschritte. «Das hat Mama Chia mir gezeigt», erklärte sie. «Sie bringt mir viel bei.»

«Das glaube ich», antwortete ich. Dann kam mir eine Idee. «Vielleicht kann ich dir auch etwas beibringen. Kannst du radschlagen?»

«Ja, so etwas Ähnliches», erwiderte sie und probierte einen Handstand. «Aber wahrscheinlich sehe ich dabei aus wie einer von diesen Fröschen», kicherte sie. «Kannst du mir zeigen, wie man richtig radschlägt?»

«Ich glaube schon – früher habe ich das ganz gut gekonnt», sagte ich und schlug mit einem Arm ein Rad über den Holzblock.

«Toll!» rief sie beeindruckt. «Das ging ja wie von selber!» Durch mein Beispiel angespornt, versuchte sie es wieder; aber es war noch nicht viel besser.

«Komm, Sachi, ich zeige es dir noch einmal», erbot ich mich.

Der Rest des Nachmittags verging im Handumdrehen – so vertieft war ich in meinen geliebten alten Sport. Und ich muß sagen, Sachi lernte sehr graziös radzuschlagen.

In der Nähe entdeckte ich eine leuchtend rote Blume. Einem Impuls folgend, pflückte ich sie und steckte sie ihr ins Haar. «Weißt du, ich habe eine kleine Tochter – jünger als du –, und ich vermisse sie sehr. Ich freue mich, daß du bei mir vorbeigeschaut hast.»

«Ich auch», sagte sie, berührte die Blume mit der Hand und schenkte mir ihr reizendstes Lächeln. «Jetzt muß ich aber gehen. Danke, daß du mir das Radschlagen beigebracht hast, Dan.» Sie rannte den Weg entlang, drehte sich noch einmal um und rief mir zu: «Und vergiß nicht, dein Brot zu essen!»

Dieses Lächeln hatte meinen Tag gerettet.

Als Mama Chia am nächsten Morgen wiederkam, wartete ich schon auf sie und zielte mit Kieselsteinen nach einem Baum, um mir die Zeit zu vertreiben. «Wie wär's mit ein paar Scheiben frischem Brot?» fragte ich. «Ich habe zwar schon gegessen, aber wenn du Hunger hast...»

«Nein, danke», wehrte sie ab. «Wir müssen los, wir haben bis zum Sonnenuntergang noch etliche Kilometer vor uns.»

«Wohin gehen wir denn diesmal?» fragte ich, als wir die Hütte verließen und bergauf stiegen.

«Dorthin.» Sie zeigte auf die Bergkette aus schwarzem Lavagestein im Zentrum der Insel, fast tausend Meter über uns. Dann reichte sie mir ihren Rucksack. «Jetzt bist du kräftig genug, um ihn zu tragen», sagte sie kurz und bündig.

Langsam stiegen wir einen immer steiler werdenden Pfad mit vielen Kurven und Windungen hinauf. Es war ganz still im Wald; nur ab und zu hörte man den Ruf eines Vogels und meine rhythmischen Schritte, die den Takt zu Mama Chias hin und her schwingendem Bambusstock und ihrem humpelnden Gang schlugen.

Ab und zu blieb sie stehen, um einen farbenprächtigen Vogel zu bewundern oder mir einen ungewöhnlichen Baum oder einen kleinen Wasserfall zu zeigen.

Am späten Vormittag konnte ich die Gedanken, die mich bedrückten, nicht mehr länger für mich behalten. «Mama Chia», rief ich ihr zu, «Socrates hat einmal zu mir gesagt: Wirklich gelernt hat man eine Sache erst dann, wenn man sie auch selbst *tun* kann.»

Sie blieb stehen, drehte sich zu mir um und sagte bestätigend: «Ich höre etwas und vergesse es wieder; ich sehe etwas und erinnere mich; ich tue etwas und begreife es.»

«Genau das ist es», gab ich zu. «Ich habe schon von vielen Dingen *gehört* und auch vieles *gesehen;* aber *getan* habe ich in meinem Leben eigentlich noch nichts. Ich habe schon einiges über das Heilen gelernt, aber kann ich deshalb selbst Menschen heilen? Und ich *weiß* zwar von meinem Höheren Selbst, aber ich kann es nicht *spüren!*»

Endlich brach die ganze Enttäuschung, die sich seit fünf Jahren in mir angestaut hatte, aus mir heraus. «Ich war Weltmeister im Turnen, ich habe mein Examen an der University of California gemacht, und ich habe eine reizende kleine Tochter. Ich achte auf meine Gesundheit, ernähre mich richtig – mache alles richtig. Ich bin *Professor am College* – ich habe alles getan, was man von mir *erwartet* – aber trotz all dem und trotz meiner Ausbildung bei Socrates habe ich das Gefühl, daß mein Leben auseinanderfällt! Früher habe ich immer geglaubt, wenn ich nur genügend lerne, wenn ich das Richtige tue, dann wird mein Leben leichter, dann habe ich es besser unter Kontrolle – aber jetzt habe ich das Gefühl, daß eigentlich alles nur immer schlimmer geworden ist. Es ist, als rutschte mir etwas aus den Händen, und ich weiß nicht, wie ich es festhalten soll! Es kommt mir vor, als wäre ich vom Weg abgekommen, als hätte ich mich irgendwie verirrt.

Ich weiß, es gibt Menschen, denen es viel schlimmer geht als mir. Ich lebe nicht in Armut, muß nicht hungern und werde nicht unterdrückt. Vielleicht klingt das alles, als beklagte ich mich oder jammerte dir etwas vor. Aber ich habe gar kein Mitleid mit mir, Mama Chia – ich will nur, daß das alles aufhört!

Einmal habe ich mir das Bein gebrochen. Es war ein ziemlich komplizierter Bruch», erzählte ich weiter und sah ihr in die Augen, «mein Oberschenkelknochen war in ungefähr vierzig Stücke zersplittert – ich weiß also, was Schmerz bedeutet. Und dieses Gefühl, das ich jetzt habe, ist für mich genauso wirklich wie Schmerz. Verstehst du, was ich meine?»

«Ich verstehe dich sehr gut», sagte sie. «Schmerz und Leiden gehören zum Leben eines jeden Menschen. Sie nehmen nur bei jedem eine andere Form an.»

«Kannst du mir denn helfen, zu finden, was ich suche – was immer es auch sein mag?»

«Vielleicht», sagte sie. Dann drehte sie sich um und stieg weiter bergauf.

Je höher wir stiegen, um so dünner wurde der Wald. Das Moos und Laub unter unseren Füßen wich allmählich rötlichbrauner Erde, die sich nach einem sintflutartigen Regen, der ebenso schnell wieder aufhörte, wie er begonnen hatte, in Schlamm verwandelte. Hin und wieder rutschte ich aus. Mama Chia ging zwar langsam, war aber sicherer auf den Beinen als ich. Als ich schon dachte, sie hätte meine Frage vergessen, antwortete sie endlich.

«Dan, hast du eigentlich schon einmal darüber nachgedacht, daß ein großes Haus nicht von einer einzigen Person allein gebaut werden kann? Egal, wie intelligent oder wie kräftig sie auch sein mag – ohne Zusammenarbeit mit Architekten, Bauunternehmern, Arbeitern, Buchhaltern, Fabrikanten, Lastwagenfahrern, Chemikern und Hunderten anderer Menschen kann einer allein kein Gebäude errichten. Kein Mensch ist intelligenter als alle zusammen.»

«Aber was hat denn das mit mir zu tun...»

«Nehmen wir zum Beispiel Socrates», fuhr sie fort. «Er hat viele Talente, ist aber klug genug, sie nicht alle gleichzeitig einzusetzen. Er hat begriffen, daß er nicht alles für dich tun konnte – jedenfalls nicht alles auf einmal. Er wußte, daß er deine Psyche nicht zwangsernähren konnte. Er konnte dir nur das beibringen, wofür du bereits Augen und Ohren hattest.

Als Socrates mir schrieb, hat er mich gewarnt. Er hat geschrieben, daß du sehr streng mit dir bist, daß du leicht gereizt reagierst – und daß ich dich vielleicht ab und zu beruhigen müßte.» Sie drehte sich zu mir um und grinste mich an, während wir weiter langsam den Berg hinaufstiegen. «Er schrieb auch etwas von Samen, die er in dein Herz und deinen Geist gelegt hätte und die später keimen würden. Ich bin hier, um diese kleinen Keime zu hegen und zu pflegen, damit sie wachsen können.

Du bist durch deine Ausbildung bei Socrates nicht vollkommen geworden, Dan, aber sie hat dir trotzdem wertvolle Dienste geleistet. Nichts geht verloren, nichts ist umsonst. Socrates hat viel geschafft, und du auch. Er hat dir geholfen, dich von deinen schlimmsten Illusionen zu befreien und die größeren Zusammenhänge zu erkennen. Er hat dir eine Grundlage gegeben; jetzt bist du wenigstens bereit *zuzuhören,* auch wenn du nicht immer etwas hörst. Ich glaube nicht, daß du mich je gefunden hättest, wenn er dich nicht darauf vorbereitet hätte.»

«Aber ich habe dich doch gar nicht gefunden. *Du* hast *mich* gefunden!»

«Egal, unter welch seltsamen Umständen wir uns begegnet sind – ich glaube nicht, daß es dazu gekommen wäre, wenn du nicht bereit dafür gewesen wärst. So funktionieren diese Dinge nun einmal. Ich hätte mich dann vielleicht nicht dazu entschlossen, mit dir zu arbeiten, oder du wärst nicht zu der Party gekommen. Wer weiß?»

Als wir das Hochland erreicht hatten und nicht mehr weit vom Fuß des felsigen Gipfels entfernt waren, blieben wir kurz stehen, um den Ausblick zu genießen. Fast so weit mein Auge reichte, sah ich nichts als grüne Baumwipfel. Die feuchte, schwüle Luft legte sich in kleinen Tröpfchen auf meine Arme und meine Stirn. Ich wischte sie mir aus dem Gesicht und hörte Mama Chia sagen: «Ich kannte einmal einen Mann, der auf einen Gipfel stieg, die Hände zum Himmel emporreckte und Gott anrief: ‹Erfülle mich mit deinem Licht! Ich bin bereit! Ich warte!› Da antwortete ihm die Stimme Gottes: ‹Ich erfülle dich *immer* mit meinem Licht – aber du hast ein Leck!›»

Sie legte mir den Arm um die Schultern und setzte hinzu: «Wir haben alle irgendwo ein ‹Leck›, Dan. Du, ich, Socrates. Das ist kein Grund, sich aufzuregen. Du darfst nicht vergessen, daß du immer noch ein Mensch bist, der sich in der Ausbildung befindet. Du wirst weiterhin deine Fehler machen und stolpern – das geht uns allen so. Ich kann dir nur helfen, deine Erfahrungen in Lektionen und deine Lektionen in Weisheit zu verwandeln. Im Augenblick kann ich dich nur ermutigen, einfach auf den Entwicklungsprozeß deines Lebens zu vertrauen.»

Sie blieb stehen und kniete neben einer gelben Blume nieder, die sich aus der schmalen Spalte eines großen Felsblocks der Sonne entgegenreckte. «Unser Leben ist genauso wie diese Blume. Wir wirken so schwach und verletzlich, und doch kämpfen wir uns beharrlich durch alle Hindernisse hindurch, die uns den Weg versperren, und wachsen immer dem Licht entgegen.»

Andächtig berührte ich die gelben Blütenblätter. «Aber Blumen wachsen so langsam! Ich glaube nicht, daß ich so viel Zeit habe. Ich habe das Gefühl, daß ich *jetzt gleich* etwas tun sollte.»

Mama Chias kühles Lächeln beruhigte mich und linderte etwas meine Enttäuschung. «Blumen wachsen in dem Tempo, das ihnen angemessen ist. Es ist nicht leicht, den Weg vor sich in Kurven verlaufen und immer wieder verschwinden zu sehen, wenn man weiß, daß man noch einen langen Aufstieg vor sich hat. Du möchtest unbedingt etwas tun, weil man dir das so beigebracht hat. Aber zuerst einmal mußt du *begreifen*.»

«Aber Begreifen ohne Handeln kommt mir so sinnlos vor!»

«Und Handeln ohne Begreifen kann gefährlich sein. Wenn du handelst, ohne die Situation vorher erkannt zu haben, weißt du ja gar nicht, was du tust! Also entspanne dich», riet sie mir. Sie ging mit gutem Beispiel voran und begann tief durchzuatmen. «Du brauchst dich nicht zu hetzen – es gibt gar keinen Ort, an den du so schnell hinmüßtest! Du hast noch viel Zeit, das alles zu schaffen.»

«In diesem Leben?»

«Oder im nächsten.»

«Ich möchte aber schon ein bißchen eher damit anfangen!» protestierte ich. «Und ich spüre einen *Schmerz* in meinem Inneren – eine Botschaft von meinem Basis-Selbst. Es sagt mir nicht: Mach dir keine Sorgen, entspanne dich, geh an den Strand – es sagt mir, daß ich etwas tun muß. Etwas, was mit meinem Höheren Selbst zu tun hat.»

«Warum machst du dir so viele Gedanken über dein Höheres Selbst? Macht dir das Leben denn nicht auch so genug Spaß?»

Ich ignorierte ihre Versuche, mich aufzuheitern, und verbohrte mich noch tiefer in meine Selbstkritik. Wie konnte ich auch nur im Traum daran denken, mit meinem Höheren Selbst in Verbindung zu treten, wenn ich nicht einmal in einer Schlange warten konnte, ohne kribbelig zu werden; wenn ich es nicht fertigbrachte, die Geschwindigkeitsbegrenzungen einzuhalten oder in einem Stau ruhig und entspannt zu bleiben? Oder meine Ehe in Ordnung zu bringen?

Mama Chia riß mich aus meinen düsteren Grübeleien. «Du bist wirklich zu streng mit dir, Dan Millman – ich sehe es an deinem Gesicht. Du bildest dir ein, du hättest ein ernstes Problem zu lösen – aber stimmt das wirklich?

Ich habe die Erfahrung gemacht, daß man sich immer dann, wenn einem das Leben besonders schwer vorkommt, innerlich auf einen Sprung vorbereitet. Wenn du das Gefühl hast, nicht vorwärtszukommen – wenn du meinst, daß deine Entwicklung stagniert, ja sogar Rückschritte macht, dann holst du in Wirklichkeit nur Schwung für einen neuen Start.»

«Meinst du wirklich?»

«Was *ich* meine, darauf kommt es nicht an. Sieh dir doch dein Leben an. Befrage dein Basis-Selbst. Das weiß Bescheid – es hat mir schon alles verraten. Du bist im Begriff, den Sprung zu wagen – vielleicht nicht heute oder morgen, aber recht bald. Und genau wie Socrates dich auf mich vorbereitet hat, werde ich mein Teil dazu beitragen, dich für den nächsten Schritt bereit zu machen.»

«So wie du es sagst, klingt das alles ganz einfach.»

«Nicht einfach oder leicht, aber unvermeidlich – früher oder später. Du steckst noch mitten im Drama und kannst nicht darüber hinaussehen. Wie eine Mücke auf einem Fernsehbildschirm siehst du nur eine Menge schwarzer Punkte. Aber es gibt einen größeren Zusammenhang, Dan. Jeder Mensch hat seine Rolle auf der Welt zu spielen. Wenn der richtige Zeitpunkt gekommen ist, wirst du den Sinn deines Lebens schon entdecken. Vielleicht wartet er draußen in der Wüste auf dich.» Ehe ich sie fragen konnte, was sie damit meinte, fuhr sie fort: «Der Weg des friedvollen Kriegers beginnt damit, daß man alle seine drei Selbste annehmen und leben muß – du mußt mit dem Kopf in die Wolken reichen und mit den Füßen fest auf dem Boden stehen.

Wir haben gemeinsam ein Werk zu vollbringen, du und ich», sagte sie abschließend. «Und wir werden dich genauso auf dieses Werk vorbereiten, wie wir auf diesen Berg hinaufsteigen – Schritt für Schritt.» Mit diesen Worten drehte sie sich wieder um und kämpfte sich weiter bergauf. Ihre Worte hatten mich ermutigt, aber an meinem Körper war der mühsame Aufstieg nicht spurlos vorübergegangen. Er begann allmählich zu ermüden. Doch Mama Chia hinkte unerbittlich weiter.

«Wohin gehen wir eigentlich?» fragte ich keuchend.

«Zum Gipfel.»

«Und was sollen wir dort?»

«Das wirst du schon sehen, wenn wir oben sind», antwortete sie und kletterte zielstrebig weiter den felsigen Weg hinauf.

Bald wurde der Pfad noch steiler. Er kam mir vor wie eine

endlose Treppe. Mit jedem Schritt wurde die Luft dünner, und das Atmen fiel uns immer schwerer. Der Berg Kamakau, auf dessen Gipfel wir wollten, war mehr als 1500 Meter hoch.

Zwei Stunden später, kurz vor der Abenddämmerung, hatten wir den Gipfel erreicht. Endlich betraten wir wieder ebenen Boden. Mit einer ausladenden Handbewegung machte Mama Chia mich auf den atemberaubenden Ausblick über die Insel Molokai aufmerksam. Langsam drehte ich mich um meine eigene Achse und ließ meine Blicke über die weite Fläche dichten grünen Waldes schweifen, der bis ans Meer heranreichte. Der Horizont erstrahlte in leuchtenden Farben – die untergehende Sonne bemalte die Wolken rosa, rot, orange und violett.

«Endlich sind wir da», seufzte ich.

«Ja, wir sind da», wiederholte sie gedankenverloren, den Blick immer noch auf den Sonnenuntergang geheftet.

«Geh und hole Holz. Wir übernachten heute hier. Ich kenne einen geschützten Platz. Unser Ziel erreichen wir erst morgen.» Sie deutete auf die Ostspitze der Insel.

Dann führte sie mich zu einem kleinen Wasserfall, und wir tranken uns an dem funkelnden, mineralreichen Wasser satt. In der Nähe war ein Felsvorsprung, wo wir unterkriechen konnten, falls es plötzlich regnen sollte. Ich freute mich über die Verschnaufpause, schwang Mama Chias Rucksack von meinen Schultern und fühlte mich leichter als Luft. Meine Beine zitterten. Ich wußte, daß sie morgen früh steif sein würden.

Ich begriff nicht, wie diese ältliche Frau, die kleiner, aber viel schwerer war als ich, diese Anstrengung verkraften konnte. Es hätte mich nicht gewundert, wenn sie vorgehabt hätte, auch noch die ganze Nacht durchzuwandern.

Wir machten ein Feuer und legten in Folie gewickelte Jamswurzeln auf die von den Flammen erhitzten Steine. Mit rohem Gemüse serviert, schmeckten die Wurzeln köstlich.

Dann machten wir uns aus dicken Moospolstern ein Lager zurecht und legten ein paar kleine Zweige ins Feuer – nicht um der Wärme willen, sondern wegen des Lichtscheins und des beruhigenden Knisterns.

Als wir uns niederlegten, sagte ich mit ruhiger Stimme: «Mama Chia, mit dem Surfbrett auf dem Meer dahinzutreiben muß mir mehr Angst eingejagt haben, als ich gedacht hatte; denn seitdem denke ich viel über das Leben und den Tod nach. Vor ein paar Tagen sah ich vor dem Einschlafen das Gesicht eines Freundes vom Oberlin College vor mir, der vor einiger Zeit gestorben ist. Er war jung und voller Lebensfreude. Dann wurde er krank, und die Ärzte sagten, er müsse sterben. Ich weiß noch, daß er viel gebetet hat. Aber er ist trotzdem gestorben.»

Mama Chia seufzte. «Unsere Gebete werden immer gehört. Aber manchmal sagt Gott nein.»

«Und warum sagt er nein?»

«Warum sagen Eltern nein, obwohl sie ihre Kinder lieben? Manchmal wünschen die Kinder sich eben nicht das, was sie wirklich brauchen. Wenn Menschen feststellen, daß die Grundlagen, auf denen sie ihr Leben aufgebaut haben, ins Wanken geraten, wenden sie sich hilfesuchend an Gott – und erfahren, daß er es war, der das Fundament ihrer Existenz erschüttert hat. Unser bewußter Verstand kann nicht immer voraussehen, was unserem höchsten Wohl am dienlichsten ist. Glauben bedeutet, ein Grundvertrauen ins Universum zu haben – darauf zu vertrauen, daß *alles* unserem höchsten Wohl dient. Das finde ich jedenfalls.»

«Glaubst du, daß es wirklich so ist?»

«Ich weiß es nicht sicher, aber ich habe mich *entschlossen*, daran zu glauben, denn wenn ich das tue und danach handle, ist mein Leben viel besser im Fluß. Ich habe nie das Gefühl, ein Opfer der Umstände zu sein. Ich fühle mich immer stark und habe eine positive Lebenseinstellung. Schwierigkeiten sind für mich eine Art ‹spirituelles Gewichtheben› – eine Herausforderung, die unseren Geist stärkt.

Meine körperlichen Schwierigkeiten – so schmerzhaft sie auch waren – haben mir jedesmal etwas geschenkt, auch wenn ich das früher nicht immer erkannt habe», erklärte sie. «Sie haben mich gelehrt, mehr Mitgefühl mit meinen Mitmenschen zu haben. Ein anderer Mensch hätte vielleicht etwas anderes gewonnen – eine größere Sensibilität für den eigenen Körper, einen stärkeren Anreiz, sich mehr zu bewegen, seine Gefühle zum Ausdruck zu bringen, statt sie zu verstecken... Oder vielleicht ganz einfach den Drang, sich gesünder zu ernähren, sich öfter zu entspannen oder mehr zu spielen. Schmerzen und Beschwerden dienen oft dazu, uns aufzurütteln, unsere Aufmerksamkeit zu wecken.»

«Bei mir funktioniert das auf jeden Fall», stimmte ich zu und blickte gedankenverloren ins Feuer.

«Ja, aber ich empfehle es nicht als Methode», fügte Mama Chia mit trockenem Lächeln hinzu. «Der Schmerz bringt uns zwar dazu, uns selbst genauer unter die Lupe zu nehmen; doch im allgemeinen ist er der letzte Ausweg des Basis-Selbst. Unser Basis-Selbst sendet uns erst dann schmerzhafte Botschaften, wenn wir alle seine liebevolleren Hinweise – nämlich unsere Intuitionen und Träume – ignoriert haben.

Unser Basis-Selbst», fuhr sie fort, «ist wie ein Kind. Es kann eine Menge schlechter Behandlung vertragen. Es ist von Natur aus treu; deshalb ist es gar nicht so leicht, es sich mit ihm zu verscherzen. Aber wenn es einmal genug hat, *dann hat es auch wirklich genug.*»

Das erinnerte mich an eine andere Frage, die mich schon oft bewegt hatte. «Wenn das Basis-Selbst die Sorge für unseren Körper hat, dann kann es doch auch alle Krankheiten heilen, oder nicht?»

«Unter den richtigen Umständen – wenn ihm das im Rahmen des jeweiligen Schicksals gestattet ist – ja.»

«Dann sind Medikamente also eigentlich vollkommen überflüssig.»

«Nichts ist überflüssig. Medikamente sind eine Möglichkeit, das Basis-Selbst bei seinem Heilungsprozeß zu unterstützen – sie sind ein Geschenk der Natur», widersprach Mama Chia, streckte die Hand aus und pflückte eine Samenkapsel von einem Busch ab, der in der Nähe wuchs. Sie öffnete die Kapsel, zeigte mir die kleinen Samen und erklärte: «Das Basis-Selbst hat eine enge Verbindung zur Natur, das hast du ja auch schon erfahren. Jede Pflanze trägt bestimmte Botschaften und Energien in sich, die das Basis-Selbst versteht. Genauso ist es mit allen Farben, Düften und Klängen. Und natürlich auch mit dem Tanz.

Heilung ist ein großes Geheimnis, selbst für die modernen Ärzte. Wir sind immer noch dabei, die Gesetze des Gleichgewichts der Natur zu entdecken. Aber je enger wir mit unserem Basis-Selbst und den subtilen Kräften in Verbindung treten, die dort wirken, um so mehr ‹Wunder› werden wir entdecken.»

«Aber die meisten Ärzte neigen doch dazu, sich mehr auf ihr Bewußtes Selbst, auf ihren Verstand zu verlassen als auf ihr Gefühl, nicht wahr?» fragte ich.

«Es ist nicht so, daß man *entweder* dem Basis-Selbst *oder* dem Bewußten Selbst vertrauen sollte», erwiderte sie. «Die Araber haben ein kluges Sprichwort: ‹Vertraue auf Gott, aber binde trotzdem dein Kamel fest.› Wenn man zum Beispiel eine Schnittwunde hat, die heilen soll, ist es wichtig, auf sein Basis-Selbst zu vertrauen; aber das Bewußte Selbst erinnert uns daran, ein Heftpflaster auf die Wunde zu kleben.

Wenn du zu viele Süßigkeiten und andere wertlose Nahrungsmittel zu dir nimmst, rauchst, übermäßig viel Alkohol trinkst oder andere Rauschmittel nimmst und wenn du dich zu sehr verausgabst oder deine Gefühle unterdrückst, dann erschwerst du deinem Basis-Selbst seine Arbeit, dir ein starkes Abwehrsystem zu erhalten. Es kann dich nicht immer ohne Mithilfe des Bewußten Selbst heilen; es kann dir nur schmerzhafte Körperbotschaften senden, um dich auf sich aufmerksam zu machen. Beten allein reicht nicht immer aus. Du mußt tun, was du kannst, um deinen Körper bei seinem Heilungsprozeß zu unterstützen. Der Kardinal Francis Spellman hat einmal gesagt: ‹Bete, als hinge alles von Gott ab, und arbeite, als hinge alles vom Menschen ab.›»

Ich betrachtete Mama Chia mit wachsendem Erstaunen und immer größerer Bewunderung. «Wie kommt es, daß du soviel weißt, Mama Chia? Wo hast du das alles gelernt?»

Lange Zeit antwortete sie nicht auf meine Frage. Schweigend saß sie im Licht des Feuers da. Ich warf ihr einen Blick zu; ich dachte, sie sei eingeschlafen. Doch ihre Augen waren weit geöffnet, als starre sie in eine andere Welt hinein. Endlich sagte sie:

«Ich werde heute abend darüber nachdenken. Vielleicht erzähle ich dir morgen ein bißchen mehr von meiner Lebensgeschichte. Wir haben noch einen weiten Weg vor uns.» Mit diesen Worten drehte sie sich auf die Seite und schlief sofort ein. Ich lag noch eine Weile wach und starrte in die Glut, die langsam zu Asche wurde; dann fielen auch mir die Augen zu.

9
Der Schmied und sein Eisen

Gott tröstet die Beunruhigten und stört die Ruhigen auf.
Sprichwort

Am nächsten Morgen half mir eine erfrischende Dusche unter dem Wasserfall, die Steife aus meinen Beinen, meinem Rücken und meinen Schultern zu vertreiben. Ich war zwar immer noch nicht ganz bei Kräften; doch durch meine einfache Ernährung und die viele Bewegung im Freien fühlte ich mich so vital wie schon seit Jahren nicht mehr.

Nach einem kleinen Frühstück, das aus Papayas, Bananen und einem Morgentrunk aus dem Wasserfall bestand, wanderten wir weiter über den Bergrücken aus Vulkanfelsen, der vor einer Million Jahren aus dem Meer hervorgebrochen war. Wir atmeten im Rhythmus unserer Schritte. Mama Chia kannte dieses Gebirge offensichtlich sehr gut; sie schien an jeder Biegung den richtigen Weg zu wissen.

Während wir wanderten, bat ich Mama Chia noch einmal, mir etwas mehr über ihr Leben zu erzählen.

«Im allgemeinen rede ich nicht viel darüber», meinte sie. «Aber ich habe das Gefühl, für dich wäre es wichtig, ein bißchen mehr über mich zu wissen.»

«Warum?»

«Ich bin mir nicht sicher, aber ich glaube, daß du eines Tages ein Buch über deine Reise schreiben wirst, um anderen Menschen damit zu helfen – und in diesem Buch wirst du vielleicht auch mich erwähnen wollen.»

«Vielleicht wirst du dann berühmt und trittst im Fernsehen für Bierreklame auf!» neckte ich sie.

«Du weißt genau, daß ich das niemals tun würde», lächelte sie, «ich bleibe lieber unbekannt. Es ist nur so, daß das Leben eines Menschen einen anderen vielleicht inspirieren kann.»

«Also gut – ich höre», sagte ich und hielt mich dicht hinter ihr auf dem Pfad, der immer schmaler wurde.

«Im Jahr 1910 kam ich hier auf Molokai zur Welt», begann sie. «Mein Vater war halb hawaiianischer, halb japanischer Herkunft, genau wie meine Mutter. Ich trage ein großes Erbe in einem schwächlichen Körper – genau wie diese Insel», sagte sie und hielt ihren Bambusstock in die Höhe.

«Dein Körper ist kräftig genug», gab ich zurück. «Ich kann kaum mit dir Schritt halten.»

Sie nickte und lächelte. «Jack London hat einmal geschrieben: ‹Im Leben kommt es nicht immer darauf an, gute Karten zu haben; manchmal muß man auch in der Lage sein, aus einem schlechten Blatt etwas zu machen.› Wahrscheinlich habe ich aus meinen Karten das Beste gemacht, was ich konnte. Als Kind war ich meistens müde und erschöpft. Ich hatte viele Allergien und wurde häufig krank. Oft mußte ich im Bett liegen und konnte nicht regelmäßig zur Schule gehen.

Mein Vater erzählte mir immer, daß Teddy Roosevelt auch ein kränkliches, empfindliches Kind gewesen sei, sich aber dann zu einem richtigen ‹Haudegen› entwickelt habe und schließlich Präsident der Vereinigten Staaten geworden sei. Diese Geschichten meines Vaters gaben mir Hoffnung; aber mein Körper wurde trotzdem immer gebrechlicher.»

Mama Chia nahm ein paar Macadamia-Nüsse aus ihrem Rucksack, teilte sie mit mir und erzählte weiter: «Als ich sieben Jahre alt war, hörten meine Eltern von einem *kahuna kupua* – einem Schamanen – namens Papa Kahili. Er sollte enorme Heilkräfte haben, und alle, die ihn kannten, verehrten ihn. Sein Ansehen wuchs besonders bei jenen, die die alten Überlieferungen kannten.

Als fromme Christen mißtrauten meine Eltern den Leuten, die an Naturgeister glaubten. Doch da ich immer schwächer wurde und kein Arzt mir helfen konnte, siegte ihre Liebe schließlich über ihre Ängste. Sie baten Papa Kahili, zu uns zu kommen.

Als wir ihn das erste Mal trafen, bot er uns keine Medikamente an – und schlug auch keines der magischen Rituale vor, mit denen meine Eltern gerechnet hatten. Er sprach nur ganz ruhig mit mir, und ich spürte, daß mein Schicksal ihm wirklich am Herzen lag. An diesem Tag begann ich zu genesen, wenn es mir auch noch nicht gleich bewußt war.

Später brachte er mir Arzneien aus Kräutern und erzählte mir von vielen Dingen – zum Beispiel von der Heilkraft in meinem Inneren. Er erzählte mir ermutigende Geschichten und ließ schöne Bilder vor meinem geistigen Auge erstehen. Papa Kahili nahm mich auf viele Reisen mit, und jedesmal, wenn ich wiederkehrte, hatte ich neue Kräfte gewonnen.»

«Haben deine Eltern ihn eigentlich je akzeptiert?» fragte ich.

«Ja, aber erst nach Monaten. Dann nannten sie ihn einen ‹Priester Gottes›. Es gefiel ihnen, daß er meine gesundheitlichen Fortschritte nie seinem eigenen Können zuschrieb, sondern immer sagte, der Heilige Geist führe ihn und wirke durch ihn.

Damals wütete in Europa der Erste Weltkrieg. Die großen Ereignisse der Geschichte waren täglich in den Zeitungen zu lesen. Aber von Papa Kahili stand nie etwas in den Zeitungen; sein Name wird nie in einem Geschichtsbuch auftauchen. Er gehörte zur *geheimen* Geschichte. Er wirkte wie die unterirdische Quelle, die eine Blumenwiese am Leben erhält. Und doch war er in unserer kleinen Welt einer der größten Männer.

Als der Krieg aufhörte, war ich acht Jahre alt und kräftig genug, um zur Schule zu gehen. Obwohl ich Übergewicht hatte, schüchtern und auch nicht sehr hübsch war, fand ich ein paar Freunde. In den nächsten sieben Jahren stürzte ich mich in alle Vergnügungen, die ich bisher versäumt und nach denen ich mich als kleines Mädchen immer gesehnt hatte. Ich reiste nach Oahu und auf die anderen Inseln, ich ging auf Partys, ich machte Einkaufsbummel mit meinen Freundinnen, und ich verabredete mich sogar mit Jungen.

Aber irgendwann hatte ich genug von den Partys und den

Reisen und den Einkäufen. Ich hatte schon immer das Gefühl gehabt, irgendwie anders zu sein als die anderen; ich fühlte mich wie eine Fremde unter Fremden. Bisher hatte ich immer geglaubt, es läge an meiner Krankheit. Aber jetzt fühlte ich mich sogar unter meinen Freundinnen und Freunden fremd. Sie liebten lautes Zusammensein und Partys und kleideten sich immer nach der neuesten Mode. Ich las lieber und saß draußen im Mondschein unter Bäumen.» Mama Chia zeigte mit ihrem Stock auf die hoch aufragenden Kukui-Bäume in unserer Umgebung.

«Wahrscheinlich hatte ich es mir durch die vielen Jahre, die ich ans Bett gefesselt war, und die vielen Bücher, die ich gelesen hatte, angewöhnt, über andere Dinge nachzudenken – wichtigere Dinge. Ich zog mich immer mehr von den anderen zurück.»

«Mama Chia», sagte ich, «ich will dich nicht unterbrechen, aber ich glaube, ich weiß, was du meinst. Ich habe auch oft das Gefühl, anders zu sein als die anderen Menschen.»

Sie blieb stehen, wandte sich zu mir um und nickte.

«Bitte, erzähl weiter», bat ich sie.

«Tja», sagte sie, während wir weiter bergan stiegen, «ich wußte, daß meine Eltern irgendwie enttäuscht von mir waren. Und dabei wünschte ich mir so sehr, daß sie stolz auf mich sein sollten. Mein Vater war in der Zuckerrohrbranche tätig und hatte hart gearbeitet und gespart, damit ich aufs College gehen konnte. Also studierte ich, gab mir große Mühe und las viel mehr Bücher als die anderen Schüler. Ich hatte mir geschworen, die Erwartungen meiner Eltern nicht zu enttäuschen. 1928 schrieb ich mich an der Stanford University ein.»

«Was – du bist auf der *Stanford* University gewesen?» fragte ich ungläubig.

«Ja», sagte sie. «Wundert dich das?»

«Eigentlich schon – ich weiß selber nicht, warum.»

«In all diesen Jahren, die ich im Bett verbringen mußte, hatte ich immer nur gelesen. Meine Eltern hatten alles getan und sich in Unkosten gestürzt, um mir Bücher über alle möglichen Themen zu beschaffen. Ich glaubte, durch meine Krankheit in der

Schule hinter den anderen zurückgeblieben zu sein; aber in Wirklichkeit war ich ihnen weit voraus. Ich bestand die Aufnahmeprüfung mit Auszeichnung...»

«Darin unterscheiden wir uns!» grinste ich.

Sie lächelte zurück und fuhr fort: «Meine Eltern glaubten, das College sei genau der richtige Ort für mich, um einen guten Ehemann zu finden. Aber für mich war es viel mehr. Es war das größte Abenteuer der Welt – es gab so vieles zu lernen, es gab Büchereien voller interessanter Lektüre. Ich wollte keine einzige Sekunde verschwenden. Mich faszinierte vor allem der menschliche Körper – vielleicht wegen meiner eigenen gesundheitlichen Probleme –, und so begann ich Medizin zu studieren.

In meinem vierten Studienjahr stieß ich zufällig auf einen kleinen Artikel über die hawaiianische *Kahuna*-Tradition. Ich fand ihn faszinierend. Später las ich auch Bücher über andere spirituelle oder ganzheitliche Heilmethoden – einschließlich Hypnose und Psychoanalyse –, die mehr mit dem menschlichen Geist und mit Vorstellungen arbeiten. Da wurde mir klar, daß meine Berufung im *Heilen* lag und nicht in der Schulmedizin.»

«Glaubst du nicht an die Schulmedizin?»

«Ich weiß die Errungenschaften der westlichen Medizin und ihrer Technologien durchaus zu schätzen», antwortete sie. «Aber ich glaube, die meisten Ärzte und auch ihre Patienten lassen sich zu sehr von der Möglichkeit blenden, Krankheits*symptome* durch Medikamente und Operationen rasch zu beheben. Sie sollten die Menschen eher dazu ermuntern und erziehen, ihre Lebensgewohnheiten zu ändern und im Einklang mit den Prinzipien der Natur zu leben. Eines Tages wird die Medizin einen anderen Weg gehen», prophezeite sie. «Sobald die Menschen bereit dafür sind.»

«Und was passierte dann? Hast du dein Examen an der Stanford University gemacht?»

«Gerade als ich am wenigsten damit rechnete – wie das oft so ist –, begegnete mir mein zukünftiger Ehemann. Eines Tages kam ich aus der Bibliothek, und mir rutschte ein Buch aus den Armen. Ehe ich mich bücken konnte, tauchte aus dem Nichts plötzlich ein attraktiver junger Mann auf, hob das Buch auf und reichte es mir lächelnd zurück. Wir kamen ins Gespräch – und haben seitdem eigentlich nie wieder aufgehört, uns miteinander zu unterhalten. Er hieß Bradford Johnson. Wir heirateten sofort nach dem Abschlußexamen. Ich habe nie begriffen, wie er – ein gutaussehender, sportlicher Mann – eine Frau wie mich lieben konnte. Ich sagte immer, wahrscheinlich hätte ich ihn in einer früheren Inkarnation einmal vor dem Tod bewahrt – jetzt schuldete er mir ein Leben!

Jedenfalls bekam Bradford 1932, nach dem Examen, in Kalifornien eine Stellung als Lehrer, und ich wurde schwanger. Wir waren so glücklich.» Mama Chias Stimme wurde plötzlich leiser, so daß ich ihre nächsten Worte kaum verstehen konnte: «Aber ich verlor das Baby.» Sie schwieg ein paar Sekunden lang. «Ich erfuhr, daß ich keine Kinder haben konnte. Niemals. Wieder fühlte ich mich von meinem Körper verraten.

Bradford war sehr verständnisvoll; er sagte, wir könnten ja jederzeit ein Kind adoptieren, aber irgendwie waren wir immer so beschäftigt – und schließlich hatte ich ja einen Neffen und zwei Nichten.» Sie lächelte; aber ihr Lächeln verblaßte rasch wieder.

«Einen Monat später starb mein Vater plötzlich. Meine Mutter wurde allmählich blind und brauchte mich. Bradford fand eine Stellung als Lehrer auf Oahu, und so konnte ich die Woche zu Hause auf Molokai und die Wochenenden bei ihm auf Oahu verbringen. An diesen Lebensrhythmus gewöhnten wir uns – bis die Weltwirtschaftskrise kam und Bradfords Schule geschlossen wurde. Da zog er zu mir nach Molokai. Das waren magere Zeiten – aber wenigstens hatten wir ein Dach über dem Kopf und unseren Garten.

Dann kam das Jahr 1941. Pearl Harbor wurde bombardiert. Das und die Ereignisse danach – sie kamen Schlag auf Schlag – waren das Schmerzlichste, was ich je erlebt habe.»

Mama Chia blieb stehen und ließ ihren Blick über den Regenwald und das Meer weit unter uns schweifen. «Ich bin es nicht gewohnt, darüber zu sprechen», sagte sie. «Nur wenige Menschen wissen das alles über mich, und ich habe auch gar kein persönliches Bedürfnis danach, es jemandem anzuvertrauen, verstehst du? Vielleicht sollten wir lieber das Thema wechseln...»

Ich faßte sie am Arm und fiel ihr ins Wort. «Aber du bist mir wichtig, Mama Chia. Ich *interessiere* mich für dein Leben und deine Erfahrungen! So viele ältere Leute tragen einen lebendigen Schatz mit sich herum – ein Stück Geschichte, das sie miterlebt haben. Aber sie erzählen nie jemandem etwas davon, weil sie ihre Erlebnisse für zu gewöhnlich halten.»

Traurig schüttelte ich den Kopf und setzte hinzu: «Auch Socrates war mir wichtig, und ich habe ihn so oft gebeten, mir von seiner Vergangenheit zu erzählen – aber es war nie etwas aus ihm herauszubekommen. Es kam mir vor, als hätte er irgendwie kein Vertrauen zu mir – ich weiß auch nicht. Das verletzte mich, aber ich habe es ihm nie gesagt. Vielleicht werde ich nie erfahren, wo er eigentlich herkam – und das ist so, als fehlte mir ein Teil meines eigenen Lebens.»

Schweigend nickte sie zu meinen Worten. Ihr Gesichtsausdruck verriet nichts – doch als sie auf das blaue Meer hinausblickte, sah ich Tränen in ihren Augen schimmern. Über uns zogen Wolken dahin und berührten die Gipfel der Berge. Mama Chia umgriff ihren Stock wieder fester und wanderte nun einen verschlungenen Bergpfad hinauf. Ich folgte ihr, und sie nahm den Faden ihrer Geschichte wieder auf.

«Wie viele Männer in Honolulu erlebte Bradford die Zerstörung von Pearl Harbor fassungslos mit, und als guter Stanford-Student trat er in die Marine ein, um bei der Verteidigung unseres Landes mitzuhelfen. Wie unzählige andere Frauen sprach ich jeden Abend und jeden Morgen ein Gebet für meinen Mann.

Dann kamen häßliche Gerüchte auf, daß japanische Amerikaner auf dem Festland in Internierungslager geschickt wurden, weil die amerikanische Regierung Angst vor Sabotage hatte. Anfangs glaubte ich das nicht; ich *konnte* es einfach nicht glauben. Aber es stimmte. Obwohl ich nur halb japanischer Abstammung bin, zog ich mich in diesen abgelegenen Teil des Regenwaldes zurück und lebte hier einsam und zurückgezogen mit meiner Mutter, die inzwischen über Sechzig war und an verschiedenen Krankheiten litt, die ich nicht lindern konnte.

Da kehrte Papa Kahili, der inzwischen fast zehn Jahre in Afrika gelebt hatte und dort bei einem Schamanen in die Lehre gegangen war, nach Molokai zurück. Ich bat ihn, meiner Mutter zu helfen. Aber er war schon sehr alt, und seine Arbeit in Afrika im Kampf gegen Hungersnot, Ruhr und unzählige andere Leiden hatte ihn sehr mitgenommen. Er erklärte mir, der Geist rufe meine Mutter zu sich nach Hause, und sie werde bald glücklich von ihrem schmerzenden Körper befreit sein. Er selber werde auch nicht mehr lange leben, fügte er hinzu.

Dann sprach er mit meiner Mutter und gab ihr Ratschläge. Eine Woche nach seiner Rückkehr starb sie friedlich im Schlaf. Von nun an war ich allein und half Papa Kahili jeden Tag bei seiner Arbeit. Schließlich nahm ich meinen ganzen Mut zusammen und bat ihn, mich in die *Kahuna*-Heilmethoden einzuweihen; ich erklärte ihm, daß ich mich zum Heilen berufen fühlte.

Da begann der alte Mann zu weinen, denn er hatte das schon immer gewußt – all die Jahre –, aber er hatte warten müssen, bis ich ihn darum bat. Also nahm er mich in seine Familie auf und weihte mich in die *Kahuna*-Traditionen ein.

Papa Kahili lebt jetzt in der Geisterwelt; aber ich spüre, daß er immer bei mir ist. So ist das, wenn man einen Lehrer gefunden hat. Er hat mir die Werkzeuge in die Hand gegeben, die ich brauchte, um anderen Menschen zu helfen.

Ich begann seinen Patienten hier auf Molokai zu helfen, und nebenbei ließ ich mich auch noch zur Hebamme ausbilden. Während meines Medizinstudiums hatte ich genug Menschen sterben sehen. Das wollte ich jetzt ausgleichen, indem ich nun kleinen Babys auf die Welt half. Auf diese Weise konnte ich am Wunder der Geburt teilhaben, auch wenn es nicht meine eigenen Babys waren.

Eines Tages bekam ich einen Brief vom Marineministerium. Noch ehe ich ihn geöffnet hatte, wußte ich, was in ihm stand – Wort für Wort. Ich weinte. Als ich mich wieder etwas beruhigt hatte, riß ich den Brief mit zitternden Fingern auf. Er bestätigte mir, was ich schon seit Tagen immer wieder geträumt hatte: Bradford, mein Mann, war auf See geblieben.

Der Krieg ging zu Ende, und ich wurde allmählich unruhig.

Zu viele Geister umschwebten mich inzwischen, zu viele Erinnerungen. Ich hatte genug Geld gespart; also beschloß ich 1952...»

«Als ich gerade sechs Jahre alt war», warf ich ein.

«Ja – als du sechs Jahre alt warst, ging ich auf eine zwölfjährige Weltreise. Ich orientierte mich an keiner Landkarte, nur an meiner Intuition. In den ersten zwei Jahren reiste ich quer durch die Vereinigten Staaten – mit dem Bus, im Zug und zu Fuß – und besuchte Menschen und Orte, zu denen mein Höheres Selbst mich führte.»

«Bist du damals auch in Berkeley in Kalifornien gewesen?» fragte ich.

«Ja», sagte sie. «Ich bin nach Berkeley gekommen, aber Socrates habe ich erst acht Jahre später getroffen – falls du darauf hinaus möchtest. Zuerst einmal machte ich Wallfahrten nach Nordeuropa, um die alten Überlieferungen der Wikinger und anderer nordeuropäischer Völker zu studieren; dann pilgerte ich durch Spanien und Mitteleuropa, dann nach Süden, wo ich einige afrikanische Dörfer besuchte, und schließlich in den Nahen Osten, um mich mit den arabischen Kulturen zu beschäftigen. Dann weiter nach Indien, Nepal, Tibet, zum Pamir...»

«Da war ich auch», unterbrach ich sie. «Aber ich habe dort nicht das gefunden, was ich suchte...»

«Ich bin froh, daß ich damit gewartet habe, bis ich älter war. Hätte ich diese Reise gemacht, als ich noch jung war – ohne vorbereitet zu sein –, hätte ich die Schule garantiert nicht entdeckt.»

«Was für eine Schule?» fragte ich. Socrates' Worte fielen mir wieder ein.

«Nach einer Chinareise, die Freunde für mich organisiert hatten, besuchte ich dann Thailand und einige indonesische Inseln...»

«*Was für eine Schule?*» wiederholte ich.

«Eine verborgene Schule – in Japan.»

«Wieso verborgen?» fragte ich.

«Sie macht keine Reklame für sich – alles sehr zurückhaltend», witzelte sie; dann setzte sie in ernsterem Ton hinzu: «Nur wenige Menschen hatten bisher Augen, um diese Schule zu entdekken. Ich kannte damals schon viele Methoden, mit denen man Körper und Geist heilen kann. Ich wollte noch mehr über den spirituellen Weg erfahren, mich aber gleichzeitig auch physischen Herausforderungen stellen und sehen, ob ich meinen Körper tatsächlich verändern konnte. Der Meister zeigte mir, wozu ich imstande war. Und dort lernte ich auch einen seiner ungewöhnlichsten Schüler kennen – den Mann, den du Socrates nennst.»

«*Wirklich?*» fragte ich erstaunt – und wäre beinahe über einen großen Stein gestolpert. «Erzähl mir mehr von Socrates – und über diese Schule. Was genau war das für eine Schule? Und was hat Socrates dort gemacht?»

Mama Chia hielt inne. «Wenn Socrates dir das nicht erzählt hat, dann hatte er sicher seine Gründe dafür.» Als sie mein enttäuschtes Gesicht sah, fügte sie hinzu: «Du kannst dich darauf verlassen: Was immer Socrates dir gesagt oder nicht gesagt hat, war zu deinem eigenen Besten. Und ich glaube auch nicht, daß das jetzt der richtige Zeitpunkt ist, um über solche Dinge zu sprechen.»

«Wo ist diese Schule? Wer ist der Meister? Und was ist mit den anderen Orten, an die ich noch gehen soll?»

«Jetzt ist nicht der richtige Zeitpunkt», wiederholte sie. «Manche Dinge kannst du nur mit Hilfe deiner eigenen Intuition und Einsicht, aus deiner eigenen Erfahrung lernen.»

Enttäuscht blickte ich auf und sah, daß wir an einem der höchsten Punkte der Insel angelangt waren. Kilometerweit war kein höherer Gipfel zu sehen.

«Ich muß diese Geschichte zu Ende erzählen», sagte sie, «damit wir Klarheit darüber gewinnen, wo wir jetzt im Augenblick stehen und was wir gemeinsam vorhaben. Zwei Jahre und drei Monate lang wurde ich an dieser Schule ausgebildet. Zum erstenmal in meinem Leben hatte mein Körper die richtigen Proportionen, wenn er auch nicht gerade schlank und sehnig war. Ich konnte *rennen!* Ich konnte *springen* und *herumwirbeln*. Ob du es glaubst oder nicht», sagte sie voller Begeisterung, «ich wurde eine ziemlich gute Akrobatin und Kampfsportlerin.» Mit eindrucksvollen, wenn auch etwas eingerosteten Bewegungen wirbelte sie ihren Stock in der Luft herum. «Ich lernte vieles über die Kräfte, die in mir wohnten, und über meinen Geist.

Ich lernte auch noch mehr darüber, wie man heilt. Kaum war ich 1964 nach Molokai zurückgekehrt – voll neuer Begeisterung und Energie, bereit, Wunder zu wirken und selbst Leprakranke zu heilen –, suchte mich Sei Fujimoto auf. Verzweifelt erzählte er mir, daß sein kleiner Sohn plötzlich krank geworden sei, und bat mich mitzukommen. Während wir zu seinem Lieferwagen rannten, erklärte er, sein Kind habe plötzlich Krämpfe bekommen und sei dann ohnmächtig geworden. Sei war wie betäubt vor Angst. Seiner Frau Mitsu ging es nicht besser – sie war völlig außer sich, als ich ankam.

Die beiden waren arm und lebten an einem entlegenen Ort; ein Rettungshubschrauber kam also nicht in Frage. Und inzwischen wäre es vielleicht ohnehin schon zu spät dazu gewesen; dem Jungen ging es nicht gut.» Mama Chia blieb stehen, setzte sich auf einem Felsvorsprung nieder und forderte mich mit einer Handbewegung auf, das gleiche zu tun. Traurig berichtete sie: «Ich tat alles, was ich wußte und konnte, um diesem Kind zu helfen. Ich setzte meine ganze Energie und Willenskraft ein. Ich betete, ich flüsterte dem Kind ins Ohr, ich rief seinen Namen. Aber es ist trotzdem gestorben.» Mama Chia stiegen Tränen in die Augen.

Dann sah sie mich an. «Es gibt wenige Dinge auf der Welt, die schmerzlicher sind als der Verlust eines Kindes», sagte sie. «Weder Glaube noch Philosophie können ein blutendes Herz heilen. Nur die Zeit kann uns helfen zu vergessen. Und die Fujimotos trauerten sehr lange um ihr Kind.

Der kleine Junge war in meinen Armen gestorben. Und auch in mir starb damals etwas. Ich sah ihn hinterher noch oft in meinen Träumen. Anfangs glaubte ich, ich hätte ihn vielleicht retten können, wenn ich nur noch mehr gelernt, noch mehr gewußt hätte. Dann litt ich unter der fixen Idee, daß es vielleicht nicht meine Bestimmung war, andere zu heilen. Von diesem Gedanken war ich wie besessen – und trotz der Proteste der Menschen, denen ich geholfen hatte, und dem mitfühlenden Dank der Fujimotos für meine Bemühungen um ihr Kind schwor ich mir, nie wieder zu heilen. Es schien ja doch alles nur Schwindel zu sein. Ich kam mir vor wie eine Scharlatanin. Ich hatte den Glauben an mich und den Geist verloren.

Das war 1965. Dann zog ich nach Oahu und begann bei einer Bank zu arbeiten. Allmählich nahm ich wieder zu.»

«Hat dir das denn nichts ausgemacht?» fragte ich. «Ich meine, nach allem, was du in dieser Schule gelernt und wie fit du dich dort gefühlt hast... Wolltest du nicht wieder in Form kommen?»

«Jeder hat seine Stärken und Schwächen», erinnerte Mama Chia mich. «Ich neige manchmal dazu, mich von meinen Gefühlen überwältigen zu lassen, so wie damals in der Zeit, als ich bei der Bank angestellt war. Ich hatte einfach kein Interesse oder sah keinen ausreichenden Grund, mich zu ändern. Ich verfiel in eine traurige, aber beruhigende Routine, verrichtete mechanisch meine Arbeit, setzte ein Lächeln auf und war nur noch ein zweiteiliges Kostüm hinter einem Schalter. Wenn ich heute an diese Zeit zurückdenke, weiß ich, daß es die Hölle war. Aber schließlich hatte ich mir diesen Ort und diese Arbeit ja selbst ausgesucht. Das ging fast zwei Jahre lang so – bis ich vor sechs Jahren einen Brief von Socrates bekam.»

«Also 1967», sagte ich.

«Ja. Ich weiß nicht, wie er mich ausfindig gemacht hat oder warum er mir gerade damals schrieb. Wir hatten schon seit Jahren keinen Kontakt mehr gehabt. Aber sein Brief war wunderbar. Seine Worte erinnerten mich an Dinge, die ich vergessen hatte. Sie schenkten mir Kraft, inspirierten mich und gaben meinem Leben wieder einen Sinn.»

«Ja, das kann er gut.» Ich lächelte.

«Ja», wiederholte sie und lächelte zurück. «Das kann er *sehr* gut. In diesem Brief schrieb er auch über dich – daß du mich vielleicht eines Tages aufspüren würdest. Ich kehrte nach Molokai zurück, und seitdem tue ich endlich die Arbeit, für die ich geboren bin. Innerlich habe ich immer nach dir Ausschau gehalten.»

«Und den Rest der Geschichte kenne ich ja», lächelte ich.

«Nicht ganz», widersprach Mama Chia. «Vor etwa drei Wochen», verkündete sie mit strahlendem Lächeln, «habe ich nämlich geholfen, Mitsu und Sei Fujimotos neugeborenen Sohn auf die Welt zu bringen!»

«Das ist ja wunderbar!» rief ich. «Ich liebe Happy-Ends!»

Mama Chia blieb stehen, lehnte sich an einen Baumstamm und ruhte sich aus. Dann erstarb ihr Lächeln, und sie sagte: «Ich hoffe, wenn das Ende deiner Geschichte kommt, wirst du auch so glücklich sein.»

10
Auf dem Pfad der Einweihung

Denke nicht darüber nach, was dir Spaß macht oder keinen Spaß macht; denn das spielt keine Rolle. Tue einfach, was getan werden muß. Das ist vielleicht kein Glück – aber es ist innere Größe.
George Bernard Shaw

Vom frühen Nachmittag an ging es endlich nicht mehr so steil bergab. Jetzt hatten wir nur noch ein leichtes Gefälle zu bewältigen. Wir wanderten direkt über den Bergrücken; der steinige Weg war inzwischen nur noch so breit wie ein Schwebebalken. Er bot keinen Spielraum für einen falschen Tritt.

Vorsichtig tasteten wir uns an dem gefährlichen Grat entlang. Ein Gespräch war völlig ausgeschlossen. Aus der Luft muß dieser Weg hier aussehen wie eine Messerschneide, dachte ich. Auf beiden Seiten konnte man mehrere hundert Meter tief in den Abgrund schauen. Ich kämpfte gegen ein Schwindelgefühl an und zwang mich, auf Mama Chia zu achten, die drei Meter vor mir auf dem schmalen Bergpfad dahinbalancierte wie eine Gemse. Der messerschmale Grat war voller Geröll. Man konnte nie wissen, ob man dort, wo man als nächstes hintrat, festen Halt finden würde, und schon ein einziger ungeschickter Tritt konnte verhängnisvoll sein. So wanderten wir im Gänsemarsch weiter in Richtung Osten. Der Weg führte sanft weiter bergab. Schließlich wurde er breiter. Endlich ermunterte mich Mama Chia mit einer Handbewegung, mich hinzusetzen und auszuruhen.

Ich atmete tief durch und entspannte mich. Mama Chia war die Ruhe selbst. Sie holte ein belegtes Brot aus ihrem Rucksack, den ich dankbar von meinen Schultern genommen hatte, und reichte es mir. «*Kaukau*», sagte sie und zeigte auf das Brot. «Essen.»

«Ja, das sehe ich», erwiderte ich trocken und biß in die dicken Brotscheiben. «Mhmmm – das schmeckt ja köstlich», lobte ich mit vollem Mund.

Während wir aßen, gestand ich Mama Chia, wie sehr mich ihre Furchtlosigkeit beeindruckte, mit der sie auf einem Grat entlang wandern konnte, bei dem selbst mir, einem ehemaligen Leistungsturner, flau im Magen wurde.

«Du hältst mich also für mutig?» fragte sie.

«Ja.»

«Vielleicht bin ich das auch. Aber das liegt nur daran, daß ich bewundernswerte Lehrer hatte. Von einem dieser Lehrer will ich dir erzählen: Vor vielen Jahren, als ich in der Klinik der Stanford University arbeitete, lernte ich ein kleines Mädchen namens Liza kennen, das an einer seltenen, schweren Krankheit litt. Ihre einzige Chance lag in einer Blutübertragung von ihrem fünfjährigen Bruder, der dieselbe Krankheit wie durch ein Wunder überlebt und die Antikörper gebildet hatte, die man brauchte, um die Krankheit zu besiegen. Der Arzt erklärte dem kleinen Jungen die Situation und fragte ihn, ob er bereit sei, seiner Schwester Blut zu spenden. Der Junge zögerte nur ein paar Sekunden; dann tat er einen tiefen Atemzug und sagte: ‹Ja, wenn ich Liza damit das Leben retten kann, tue ich es.›

Während der Bluttransfusion lag der kleine Junge im Bett neben seiner Schwester. Wie wir alle lächelte er, als allmählich wieder Farbe in ihre Wangen kam. Aber dann wurde er blaß, und sein Lächeln erstarb. Er blickte zum Arzt hoch und fragte mit zitternder Stimme: ‹Werde ich jetzt gleich anfangen zu sterben?›»

Mama Chia sah zu mir herüber. «Der Junge war noch sehr klein und hatte den Arzt mißverstanden. Er dachte, er müsse seiner Schwester *sein ganzes Blut* spenden.

Ja, ich habe gelernt, mutig zu sein», sagte sie noch einmal, «weil ich bewundernswerte Lehrer hatte.»

Dann saßen wir schweigend nebeneinander und aßen. Nach dem Essen legte ich mich hin, um ein bißchen zu schlafen. Kaum war ich in einen angenehmen Zustand der Ruhe und Entspannung hinübergedämmert, riß mich Mama Chias Stimme schon wieder aus dem Halbschlaf: «Wir müssen weiter. Vor Einbruch der Nacht müssen wir dasein!»

«Warum? Wollen wir jemanden besuchen?»

Sie zögerte kurz, dann antwortete sie: «In gewisser Weise ja.»

Über uns ballten sich dunkle Wolken zusammen. Sie verdunkelten die Sonne, die jetzt hinter den Bäumen versank und sich allmählich auf den Horizont zubewegte. Wir ließen den Bergrücken hinter uns und gingen in den Wald hinein.

«Beeil dich!» drängte Mama Chia und beschleunigte ihren Schritt. «Es ist schon spät.»

Eine Stunde verging. Wir kämpften uns durch ein Gewirr von Zweigen und über holperige Wege. Wir waren nun fast den ganzen Tag gewandert, und ich war zum Umfallen müde. Während wir immer weiter bergab liefen, rief ich Mama Chia zu: «Wir haben heute sicher schon acht oder neun Kilometer hinter uns gebracht. Können wir uns nicht ein bißchen ausruhen?»

«Eher dreizehn Kilometer», korrigierte sie mich. «Aber wir können uns trotzdem noch nicht ausruhen.»

Es begann zu nieseln; aber die Baumwipfel boten uns Schutz, so daß wir nicht naß wurden.

«Für jemanden, der so... na ja, so mollig ist wie du, bewegst du dich unglaublich schnell», sagte ich. Ich mußte fast rennen, um mit ihr Schritt zu halten.

«Es gibt eine mächtige Energiequelle, zu der ich Zugang habe und die ich nutzen kann, wenn ich sie brauche», erklärte Mama Chia.

«Und wie machst du das? Steckt da irgendein Geheimnis dahinter?»

«Ich will es etwas anders ausdrücken», antwortete sie. «Du weißt doch, daß eine Mutter ganz selbstverständlich nachts immer wieder aufsteht, wenn ihr krankes Kind nach ihr ruft – auch wenn sie noch so müde ist?»

«Ja, ich weiß.»

«So geht es mir auch mit dir», sagte sie. Ich spürte, daß sie lächelte, obwohl ich es nicht sehen konnte.

Sie gab weiterhin das Tempo an, und ich folgte ihr – Anhöhen hinauf und wieder hinunter, vorbei an vielen kleinen Wasserfällen, die von dem Regenwasser gespeist wurden, das auf diesem Teil der Insel ständig von den Bergen herunterfloß – und dann noch etliche Kilometer weiter durch den Wald. Hin und wieder rutschte ich auf moosbewachsenen Steinen aus.

Als wir wieder eine Anhöhe hinaufstiegen und dann ins Halawa Valley kamen, fühlte ich mich plötzlich auf unerklärliche Weise erfrischt. Dieses Gefühl innerer Kraft wurde immer intensiver, je weiter wir ins Tal hinunterwanderten. Schließlich kamen wir zu einer kleinen Lichtung, die verborgen hinter dichtstehenden Bäumen dalag.

Die letzten Strahlen der Sonne, die inzwischen schon tief am Horizont stand, zwängten sich durch das dichte Laub und zauberten ein Muster aus Lichtbändern auf all das Grün. «Mach es dir bequem», forderte Mama Chia mich auf.

Dankbar setzte ich mich auf einem weichen Blätterteppich nieder, der nur leicht feucht war, und ließ ihren Rucksack auf den Waldboden fallen. Sie blieb neben einem Kukui-Baum stehen und blickte ins Leere.

Als ich mich auf meinem Lager aus Laub zurücklehnte und durch ein Gewirr von Zweigen zum Himmel emporblickte, hörte ich Mama Chias Stimme. «Dan», sagte sie langsam, «erinnerst du dich noch daran, was ich dir einmal erzählt habe – wie es ist, wenn man seine Form verändert?»

«Hmm, eigentlich hast du mir nicht viel darüber verraten...» Das laute Zwitschern eines Vogels riß mich aus meinen Überlegungen. Rasch wandte ich mich zu Mama Chia um. Aber sie war verschwunden, und an ihrer Stelle – genau dort, wo sie gesessen hatte – hockte jetzt auf einem niedrigen Zweig ein Vogel und starrte ins Leere.

Der Vogel saß ganz still da, als wartete er auf etwas. «Das kann doch nicht sein!» rief ich laut. «Du hast dich doch nicht etwa...»

Der Vogel blickte mich unverwandt an. Ich erwiderte seinen Blick und wartete auf irgendein Zeichen. Da lugte hinter dem Baumstamm Mama Chias grinsendes Gesicht hervor. Als sie sah, wie ich sie mit offenem Mund anstarrte, begann sie schallend zu lachen. «Schade, daß ich keine Kamera dabeihabe, Dan. Dein Gesichtsausdruck gerade eben war unbezahlbar!»

Sie trat einen Schritt vor und zwinkerte dem Vogel zu; er setzte sich auf ihre Schulter. «Du hast also gedacht, ich hätte mich in einen Vogel verwandelt», sagte sie. «Ich glaube, du hast zuviel Carlos Castaneda gelesen!»

«Warum? Ich habe schon merkwürdigere Dinge erlebt», verteidigte ich mich.

«‹Es gibt mehr Dinge zwischen Himmel und Erde... als ihr euch in euren Philosophien träumen laßt›», zitierte sie William Shakespeare. «Ja, Dan, es gibt viele ganz alltägliche Wunder, die die meisten Menschen gar nicht bemerken. *Aber kein Mensch kann sich körperlich in einen kleinen Vogel verwandeln.* Formveränderung hat etwas mit Bewußtseinsübertragung zu tun – es ist eine Art tiefer Einfühlung in ein anderes Wesen. Nicht mehr und nicht weniger.»

Sie streichelte den kleinen Vogel und glättete seine blutrote Brust und seine weißen Federn. Er zwitscherte vergnügt. «Das ist ein Apapane. Er ist so eine Art Schoßtier von mir und fliegt mir manchmal nach», erklärte sie und berührte seinen gebogenen Schnabel. «Ich nenne ihn ‹Redbird›.»

«Ist er zahm?» fragte ich, nachdem ich mich von meiner Verblüffung erholt hatte. «Kann ich ihn auch in die Hand nehmen?»

«Das weiß ich nicht. Da mußt du ihn schon selber fragen.»

«Und wie soll ich das machen – in der Vogelsprache pfeifen?»

Mama Chia wechselte einen Blick mit dem Vogel. Er rollte die Augen, als wollte er fragen: «Wer ist denn *das?*»

Langsam streckte ich die Hand aus, und der halbzahme Apapane ließ mich seinen Bauch streicheln.

«Das war ein schlauer Trick von dir, das muß ich zugeben. Du hast mich ganz schön an der Nase herumgeführt.»

Da verdüsterte sich Mama Chias Gesicht wie der Himmel über uns, und sie erhob sich wieder. «Was wir heute abend vorhaben, hat nichts mit ‹Tricks› zu tun», erklärte sie und nahm den kleinen Vogel in die Hand. «Es geht um Leben und Tod.» Plötzlich umklammerte sie den Vogel fest mit den Fingern und drückte ihn, bis er schlaff und leblos in ihrer Hand lag.

«Wie konntest du das tun...?» stammelte ich entsetzt und ungläubig.

«Und es geht auch um Tod und Leben», fiel sie mir ins Wort und warf den kleinen Vogel in die Luft. Er breitete die Flügel aus, flog auf einen Baum und begann wunderschön zu singen. Offensichtlich hatte er keinen Schaden genommen, und auch der plötzlich einsetzende Nieselregen machte ihm nichts aus.

Der Regen würde sicherlich bald vorbei sein, aber wie sollte ich dieses leise innere Schaudern wieder loswerden? fragte ich mich, während Mama Chia sich zum Schlafen niederlegte und sich zusammenrollte wie eine Bärin, eine Kreatur des Waldes.

Ich lag eine Viertelstunde lang mit geschlossenen Augen da, konnte aber nicht schlafen; ich war zu gespannt, was wohl als nächstes kommen würde. «Wir werden wohl noch ein paar Tage unterwegs sein, hm?» fragte ich Mama Chia.

«Sieht so aus», antwortete sie, ohne sich zu rühren.

«Halte ich dich denn nicht von... deiner Arbeit bei den anderen Menschen ab, denen du helfen mußt?»

Sie drehte sich mit einer anmutigen Bewegung zu mir um und sah mir in die Augen. «Na ja, sagen wir, ich habe mir ein paar Tage freigenommen, um mich um einen besonderen Notfall zu kümmern.»

«Und was für ein Notfall ist das?»

«Du», antwortete sie, und ein leises Lächeln umspielte ihre Lippen. Dann richtete sie sich auf, und ihr Gesicht wurde wieder ernst. «Damit sind wir beim Thema: nämlich bei der Frage, wo wir uns im Augenblick befinden.»

«Und wo befinden wir uns?»

«In Kalanikaula, einem heiligen Kukui-Hain.»

«Heilig?» wiederholte ich, setzte mich auf und sah mich um.

«Ja. Spürst du es?»

Ich blickte zu der grauen Rinde, den hellgrünen Blättern und weißen Blüten der schönen Bäume empor. Dann schloß ich die Augen, und mir wurde klar, daß die Schönheit dieses Ortes nicht so sehr in seiner äußeren Erscheinung lag, sondern in seiner *Atmosphäre*. «Ja», antwortete ich. «Ich spüre es. Aber warum haben wir diesen weiten Weg hierher gemacht?»

«Um in eine heilige Lehre eingeweiht zu werden, muß man an einen heiligen Ort gehen.» Abrupt stand sie auf. «Komm. Es wird gleich dunkel.» Sie tilgte alle ihre Spuren, wandte sich um und wanderte in den Wald hinein. Rasch erhob ich mich und folgte ihrem Beispiel.

«Willst du mir nicht sagen, was das alles zu bedeuten hat?» fragte ich und gab mir Mühe, sie nicht aus den Augen zu verlieren.

«Wenn wir dort sind», rief sie zurück.

«Wo?»

Obwohl der Wald ihre Stimme dämpfte, konnte ich ihre Antwort deutlich hören: «Auf dem Friedhof.»

«Was – wir gehen auf einen Friedhof? Heute nacht? Jetzt?» Mir sträubten sich die Nackenhaare – eine eindeutige Botschaft von meinem Basis-Selbst, daß mir irgend etwas Unangenehmes bevorstand. Wie lautete doch gleich dieses alte Sprichwort? «Das Licht am Ende des Tunnels ist vielleicht ein entgegenkommender Zug.»

11
Der siebenstöckige Turm des Lebens

Symbolisch betrachtet, war der Turm also ursprünglich als Vermittler zwischen Geist und Materie gedacht... Die Götter müssen einen Weg finden, ihn zu betreten – wenn es sein muß, auch mit Gewalt.
Sallie Nichols, Die Psychologie des Tarot

Mama Chia war schon fünfzig Meter vor mir. Ich begann zu laufen, um in ihrer Nähe zu bleiben. Als wir den Kukui-Hain hinter uns ließen und über den schmalen Grat zum Friedhof wanderten, veränderte der Wald plötzlich sein Gesicht. So weit das Auge reichte, waren im silbernen Schimmer des Halbmondes über uns kilometerweit nur verdorrte Bäume zu sehen – ein Wald, der einst aus den stolzen *Ohi'a-* und den schönen *Koa-*Bäumen bestanden hatte, aber jetzt nur noch kahle Skelette aufwies, die die Berge rund um das Wailau Valley entstellten. «Um die Jäger zu befriedigen, für die Töten ein Sport ist, hat man Rehe hier ausgesetzt», erklärte Mama Chia. «Die Rehe haben die Sämlinge gefressen, so daß keine jungen Bäume mehr nachwachsen konnten. Und die meisten älteren Bäume sterben an der Trockenfäule oder werden von Gräsern und Schlingpflanzen erstickt.»

Wir wanderten weiter bergauf über den Grat und dann wieder den Berg hinunter, vorbei an knorrigen Baumveteranen und den Knochengerüsten sterbender Bäume, die vom Mond gespenstisch erhellt wurden.

Dann begann Mama Chia zu sprechen, und ihre Worte waren wie ein mächtiger Magnet, der mich in eine ganz neue Sicht der Realität hineinzog. «Der menschliche Körper ist wie ein Turm aus sieben Stockwerken», erklärte sie. «Menschen, die in die inneren Welten reisen konnten, wußten das schon vor vielen Jahrhunderten und haben eine Landkarte der feinstofflichen Körper und Energiezentren angelegt. Die indischen Mystiker bezeichnen diese sieben Ebenen als *chakras*. Ich will es dir einmal aufzeichnen.» Sie blieb stehen und holte aus ihrem Rucksack Bleistift und Notizblock hervor. Dann kauerte sie sich nieder und zeichnete ein Schaubild auf den Notizblock (siehe Seite 126).

Als Mama Chia fertig war, tippte sie mit dem Bleistift auf das Schaubild. «Das ist im Grunde alles, was du im Augenblick wissen mußt», sagte sie. «Der Turm des Lebens liegt in deinem Inneren. Jedes Stockwerk hat bestimmte Eigenschaften und stellt einen bestimmten Bewußtseinszustand dar. Je höher du kommst, um so mehr erweitert sich dein Bewußtsein.

Die drei untersten Stockwerke – Überleben, Kreativität und Macht – sind die Domäne des Basis-Selbst. Das Basis-Selbst interessiert sich nicht für die höheren Ebenen und hat auch nichts mit ihnen zu tun. Indem du die drei untersten Stockwerke in Ordnung bringst und dich mit den dortigen Aufgaben auseinandersetzt, stärkst du das Basis-Selbst.

Auf der vierten Ebene, im Bereich des Herzens, tritt der Mensch zum erstenmal mit dem Höheren Selbst in Verbindung.»

«Und was ist mit den drei obersten Stockwerken?» fragte ich.

«Die brauchen dich jetzt noch nicht zu interessieren.»

«Doch!» rief ich aufgeregt. «Diese Landkarte – oder was immer es auch ist –, nach der habe ich die ganze Zeit gesucht! Jetzt weiß ich es! Ich habe es satt, mich ständig mit den unteren Stockwerken herumzuschlagen. *Dort*», ich zeigte auf das siebte Stockwerk, «dort will ich hin.»

Mama Chia blickte von ihrer Zeichnung auf und wies auf einen Kukui-Baum, der in der Nähe stand. Seine glatte Rinde schimmerte im Mondlicht. «Wie dieser Baum», erklärte sie, «oder wie ein Turm ist der Mensch dazu da, Himmel und Erde miteinander zu verbinden, alle drei Selbste zu umfassen. Wenn die Wurzeln eines Baumes nicht tief in den Boden hineinreichen, kann er nicht blühen. Wenn der Turm kein solides Fundament

Der Turm aus sieben Stockwerken

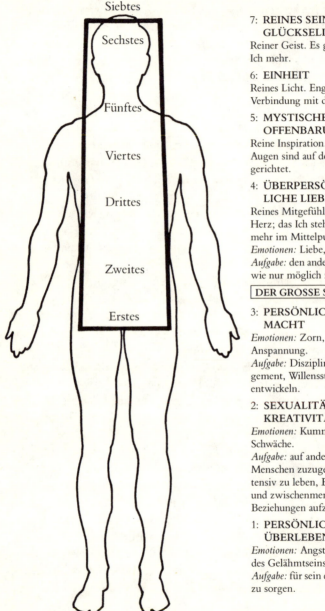

7: REINES SEIN UND GLÜCKSELIGKEIT
Reiner Geist. Es gibt kein Ich mehr.

6: EINHEIT
Reines Licht. Enge Verbindung mit dem Geist.

5: MYSTISCHE OFFENBARUNG
Reine Inspiration. Die Augen sind auf den Geist gerichtet.

4: ÜBERPERSÖNLICHE LIEBE
Reines Mitgefühl. Offenes Herz; das Ich steht nicht mehr im Mittelpunkt.
Emotionen: Liebe, Glück.
Aufgabe: den anderen so gut wie nur möglich zu dienen.

DER GROSSE SPRUNG

3: PERSÖNLICHE MACHT
Emotionen: Zorn, Anspannung.
Aufgabe: Disziplin, Engagement, Willensstärke zu entwickeln.

2: SEXUALITÄT / KREATIVITÄT
Emotionen: Kummer, Schwäche.
Aufgabe: auf andere Menschen zuzugehen, intensiv zu leben, Energie und zwischenmenschliche Beziehungen aufzubauen.

1: PERSÖNLICHES ÜBERLEBEN
Emotionen: Angst, Gefühl des Gelähmtseins.
Aufgabe: für sein eigenes Ich zu sorgen.

hat, stürzt er in sich zusammen. Räume erst mal deinen Keller auf, Dan, ehe du dich auf der Dachterrasse sonnst!»

Ich schwieg ein paar Sekunden und dachte über ihre Worte nach. Eigentlich hatte ich ja immer geglaubt, in einem der oberen Stockwerke zu wohnen. Aber jetzt war ich mir nicht mehr so sicher.

«Was bedeuten diese Worte hier in der Mitte?» fragte ich und zeigte auf das Schaubild. «Der große Sprung?»

«Damit ist der schwierigste und wunderbarste Sprung im Leben eines Menschen gemeint», antwortete Mama Chia, «hinaus aus den persönlichen Belangen der drei unteren Stockwerke und ins Reich des Herzens hinein. Wenn du erst einmal das vierte Stockwerk erreicht hast, geht der Rest so rasch und mühelos wie mit dem Fahrstuhl.

Und, Dan», fuhr sie fort, und ihre Stimme wurde lebhafter, «in *allen* deinen äußeren Zielen und Abenteuern spiegelt sich deine innere Suche wider. Jeder Mensch wird letzten Endes diese sieben Stufen zur Seele hinaufsteigen.»

Sie wollte noch etwas sagen; doch dann hielt sie inne und stellte sich hinter mich. «Setz dich einmal hin – ja, mach es dir ruhig bequem.» Sie begann meine Schultern zu kneten.

«Eine Rückenmassage – jetzt? Hier?» fragte ich überrascht. Dann drückte Mama Chia ihre Finger auf einen bestimmten Punkt in meinem Nacken, und meine Beine begannen zu zukken. Ich sah Blitze vor meinen Augen.

«Entspanne dich, so gut du kannst», sagte sie eindringlich und drückte ihre Fingerknöchel in meine Schläfen – immer fester. «In den hintersten Winkeln des menschlichen Geistes sind Archetypen verborgen...», hörte ich sie noch sagen. Dann verhallte ihre Stimme allmählich. Mir fielen die Augen zu, und ich hörte in der Ferne einen brausenden Wind.

Ich schlug die Augen auf und blinzelte. Staubwolken fegten über eine graue Hochebene, die kahl war wie ein Mondkrater und sich kilometerweit in alle Himmelsrichtungen erstreckte. Über diese riesige, kahle Fläche stöhnte und heulte der Wind. Dann zog ein Gebäude in der Ferne meine Aufmerksamkeit auf sich. Es war noch so weit entfernt, daß ich es nicht genau erkennen konnte. War es ein Turm? Ja, ein weißer Turm. Und ich wußte, daß ich dorthin gehen mußte. Ich spürte, wie ich mich auf den Turm zubewegte – mühelos, allein durch meine Willenskraft. Der Turm wurde immer größer, bis er schließlich direkt vor mir in die Höhe ragte.

Ein wunderbares Gefühl ehrfürchtigen Staunens überwältigte mich. Ich stand vor einem Fenster am Fuß des Turms auf der Höhe des ersten Stockwerks. Ich spürte, daß dieses Stockwerk und die darüberliegenden mit den Trümmern unzähliger Existenzen angefüllt waren: unverarbeiteten Problemen, Symbolen, Ängsten und verborgenen Sehnsüchten.

Als mein Bewußtsein durch das Dämmerlicht gedrungen war, das im ersten Stockwerk herrschte, sah ich eine trostlose, leere Welt vor mir, eine von staubigen Winden gepeitschte Ebene, wo überall Feinde und Gegner lauerten. Bald entdeckte ich, daß man die Welt in jedem Stockwerk aus einer anderen Perspektive sah: Durch das Fenster des zweiten Stockwerks sah ich eine wunderschöne Landschaft mit Bäumen, Wiesen und Bächen, wo Paare sich allen Vergnügungen hingaben, die man sich nur vorstellen kann. Mich ergriff dabei ein heftiges Verlangen.

Das dritte Fenster zeigte mir eine Welt voller Ordnung, architektonischer Harmonie und Schönheit. In kreativem Crescendo erhoben sich wohlgeordnete Konstruktionen vor meinen Augen, und die Menschen hatten eine stolze, aufrechte Haltung. In diesem Stockwerk entdeckte ich den grauen Roboter, das Bewußte Selbst, das durch das Fenster der Vernunft schaute. Und irgendwie wußte ich, daß das Bewußte Selbst hier auch sein winzig kleines Büro hatte – denn höher war ich bis jetzt ja noch nicht gekommen.

Dann schwang mein Bewußtsein sich zum vierten Fenster empor. Durch dieses Fenster sah ich alle Menschen der Welt. Ich sah Menschen aller Hautfarben, Kulturen und Glaubensrichtungen, die sich umarmt hielten, Liebe füreinander empfanden, sich gegenseitig halfen und gemeinsam vielstimmige Lieder sangen. Zuneigung und Wärme überfluteten mich. Ich hörte Engelsstimmen.

Dann bewegte sich mein Bewußtsein mit großer Geschwindigkeit durch die oberen drei Stockwerke. Eine Welle der Glückseligkeit stieg in mir auf. Ich fühlte, sah, hörte, schmeckte und roch Dinge, die weit über das Wahrnehmungsvermögen meiner alltäglichen Sinnesorgane hinausgingen. Über die Schleier hinaus, die mich normalerweise umgaben, stimmte ich mich auf feinstoffliche Energien, auf andere Dimensionen und Realitäten ein, und dann – ah, das Licht!

Doch im nächsten Augenblick fiel mein Bewußtsein mit einem Ruck wieder nach unten wie ein Fahrstuhl, dessen Tragseil gerissen ist. Ich war von Alarmsignalen aus den unteren drei Stockwerken abgelenkt worden. Da wußte ich, daß mein Bewußtes Selbst immer wieder auf die Ebenen der Angst, der sexuellen Energie und der persönlichen Macht hinuntergezogen werden würde, so lange es nicht die Aufgaben dieser Stockwerke bewältigt hatte.

Dann erinnerte ich mich daran, daß ich schon in meiner Kindheit manchmal in friedlichen, stillen Augenblicken auf diese höheren Ebenen emporgehoben worden war. Ich verspürte eine intensive Sehnsucht nach diesen Ebenen und wollte dorthin zurückkehren, denn ein Teil von mir hatte stets gewußt, daß dort oben über dem Turm, am Ort des Lichts, meine Heimat lag.

Das war die Aufgabe meiner Seele, meine *heilige Reise:* Als Bewußtes Selbst, das seinen Weg im ersten Stockwerk begann, mußte ich mich emporarbeiten, auf jedem nächsthöheren Stockwerk die Lichter finden und sie anzünden und die Aufgaben des jeweiligen Stockwerks lösen. Aber um das tun zu können, mußte ich erst einmal bereit sein, das zu sehen und zu akzeptieren, was *ist,* statt mich an Träume und Illusionen zu klammern.

Ich kehrte zu meinem Ausgangspunkt auf der staubigen Ebene zurück und sah den Turm wieder von unten. Er ragte bis in den Himmel hinein – in einen wirbelnden Nebel aus Violett, Rosa und Gold; und über dem Turm erstrahlte ein so helles Licht, daß meine Augen schmerzten, wenn ich es länger ansah.

Das nächste, woran ich mich erinnere, ist, daß ich an einem Baum lehnte. Meine Augen waren weit geöffnet, aber ich sah immer noch den Turm. Dann löste er sich allmählich in Nichts auf, und ich kehrte wieder in mein normales Bewußtsein zurück und sah nur noch die Blätter des Kukui-Baums vor mir, die sich im warmen Wind bewegten.

Regungslos saß ich da. Obwohl ich durch meine Erlebnisse mit Socrates bereits an einiges gewöhnt war, staunte ich. Ich atmete tief ein, drehte mich langsam um und sah Mama Chia ganz in meiner Nähe ruhig dasitzen. Sie hatte die Augen geschlossen.

Endlich fand ich wieder Worte. «Ich weiß zwar nicht, was du mit mir angestellt hast, aber jetzt... Jetzt verstehe ich das mit dem Turm.»

«Nein, du verstehst es nicht – noch nicht», widersprach sie und schlug die Augen auf. «Aber du wirst es bald begreifen.» Sie klappte das Notizbuch zu, stand auf und ging den Weg hinunter. Hastig sprang ich auf, griff nach ihrem Rucksack und folgte ihr.

«Was soll das heißen – ‹noch nicht›?» rief ich ihr nach.

Ihre Antwort ging in dem plötzlichen Heulen des Windes beinahe unter. «Ehe du das Licht sehen kannst, mußt du dich erst einmal mit der Dunkelheit auseinandersetzen.»

12
In den Klauen der Angst

Die bevorstehende Hinrichtung macht erfinderisch.
                                    Samuel Johnson

«Lauf doch nicht so schnell! Warum hast du es denn so eilig?» rief ich, während ich hinter ihr den mondbeschienenen Weg entlangtrottete. «*Warte doch!*» rief ich wieder. «Wo gehen wir denn hin? Was sollen wir hier überhaupt?»

«Das wirst du gleich erfahren, wenn wir da sind», sagte Mama Chia. Ihre Stimme klang düster, und ihre Antwort beruhigte mich nicht sehr. Immer wieder Schlingpflanzen und Büschen ausweichend, folgte ich ihr, so gut ich konnte.

Vor Jahren, als Turner, war die Angst so etwas wie ein freundschaftlicher Gegner für mich gewesen. Fast jeden Tag hatte ich mich an gefährliche Übungen herangewagt – Überschläge, Rückwärtssalti, Schrauben am Hochbarren oder auf dem Trampolin. Diese Angst hatte ich stets gut im Griff gehabt, denn ich wußte genau, wovor ich mich fürchtete, und hatte die Situation unter Kontrolle. Doch nun breitete sich mit Eiseskälte eine diffuse Panik in meiner Brust und meinem Bauch aus – und wie ich mit dieser Angst fertig werden sollte, wußte ich nicht. Es war wie bei meiner ersten Achterbahnfahrt als kleiner Junge, als wir ratternd und in atemberaubendem Tempo das steile Looping hinauffuhren, wo es kein Zurück mehr gab und das Kichern in gellende Schreie überging. Alles stürzte in sich zusammen, und meine Nerven schienen zu zerreißen.

Mama Chias Stimme klang so eindringlich, wie ich sie noch

nie gehört hatte. «Komm mit – dort hinüber!» befahl sie und schlug abrupt eine andere Richtung ein. Während wir bergab gingen und dem Begräbnisplatz immer näher kamen, überstürzten sich die Gedanken in meinem Kopf. Was hatte ein Friedhof mit diesem Turm zu tun? Eine düstere Vorahnung stieg in mir auf. Ich kämpfte gegen den Impuls an, einfach davonzulaufen.

«Tritt genau in meine Fußstapfen», sagte Mama Chia. In der schwülen, feuchten Luft klang ihre Stimme eigentümlich gedämpft. «Weiche nicht von meinem Weg ab. Hast du mich verstanden?» Wir betraten eine Lichtung. Vor uns standen Grabsteine, und mein Magen krampfte sich zusammen.

«Was hat denn das für einen Sinn?» fragte ich. «Ich... ich dachte, du wolltest mir die drei Selbste erklären.»

Mama Chia holte tief Luft, drehte sich zu mir um und bedeutete mir mit finsterem Gesicht, ihr weiter zu folgen. Eine neue Welle der Angst stieg in mir auf. Ich war zwar schon öfter auf Friedhöfen gewesen, konnte mich aber nicht daran erinnern, dort jemals so eine panische Angst empfunden zu haben. Mein Basis-Selbst war wie erstarrt, und mein ganzer Körper fühlte sich wie taub an, als wir über die alte Begräbnisstätte wanderten. «Ich glaube, das schaffe ich nicht», wollte ich zu Mama Chia sagen, aber ich brachte kein Wort über die Lippen. Und dabei wußte ich nicht einmal, was mir eigentlich solche Angst einjagte. Aber meinem Basis-Selbst war es offenbar klar.

Obwohl es eine warme Nacht war, klapperten meine Zähne, als ich auf dem schmalen Weg, der über den Friedhof führte, hinter Mama Chia hertrottete. Einige Grabsteine standen gerade, andere waren leicht geneigt. Behutsam, auf Zehenspitzen schlich ich über die Gräber. Neben einer leeren Grabfläche blieb Mama Chia stehen und wandte sich mir zu.

«Wir sind hier, um der Dunkelheit des ersten Stockwerks ins Auge zu sehen», sagte sie, «dem Reich des Überlebenskampfes, der Isolation und der Angst. Das hier ist ein heiliger Ort, er ist vor den Blicken Außenstehender geschützt. Hier liegen nur *Kahunas* begraben. Spürst du, welche Macht von diesem Ort ausgeht?»

«J...ja», stammelte ich.

«Lanikaula, der Wächter, ist jetzt bei uns – hinter dir», sagte sie und zeigte hinter mich.

Entsetzt wirbelte ich herum, doch zunächst sah ich überhaupt nichts. Ich spürte nur eine überwältigende Gegenwart, eine Kraft, die mir solche Ehrfurcht einflößte, daß ich einen Schritt zurücktrat. Mein Körper erstarrte zu Eis. Was ich spürte, war nichts Böses, aber eine Macht, die in der Lage war, mich innerhalb von Sekunden in ein Häuflein Asche zu verwandeln, ohne auch nur mit der Wimper zu zucken – eine Energie voller Mitgefühl, aber ohne Gnade.

«Er war und ist immer noch ein mächtiger *Kahuna*. Seit seinem Tod vor vierhundert Jahren ist er hier und wacht über Molokai. Wir müssen ihn um Erlaubnis bitten, uns hier aufhalten zu dürfen», sagte Mama Chia sehr ehrfürchtig.

«Und wie macht man das?»

«Hast du noch nie jemanden um Erlaubnis gebeten, in sein Haus eintreten zu dürfen?»

«Doch...»

«Dann rate ich dir, das zu tun, und zwar *jetzt*», zischte sie mir zu.

Sie schloß die Augen; ich folgte ihrem Beispiel. Kaum hatte ich das getan, sah ich ihn vor meinem geistigen Auge. Er stand direkt vor mir. Ich riß die Augen wieder auf – und sah nur die Bäume in der Ferne und die Grabsteine auf der kleinen Lichtung. Dann senkte ich die Lider, und er war wieder da und starrte mich mit einem grimmigen, aber zugleich auch liebevollen Gesichtsausdruck an – ein großer Mann, der irgendeine zeremonielle hawaiianische Kopfbedeckung trug. Er sah aus, als wollte er mich in die Arme schließen oder aber mit einer einzigen Handbewegung für immer vom Erdboden wegfegen. Er erinnerte mich an den Hindugott Shiva – den Verwandler und Zerstörer.

Schweigend und respektvoll bat ich um Erlaubnis, hier sein zu dürfen, und erklärte, wonach ich suchte. All das dauerte nur ein paar Sekunden. Lächelnd nickte er und verblaßte wieder vor meinem inneren Auge.

«Das war's», hörte ich Mama Chia sagen.

Dann veränderte sich die Atmosphäre beinahe von einer Sekunde auf die andere. Eine warme Brise umfing mich, während mir vorher der Wind kalt in den Nacken geblasen hatte. Ich schlug die Augen auf.

Mama Chia nickte. «Er hat gesagt, du bist hier willkommen. Ich glaube, er mag dich sogar. Das ist ein sehr gutes Zeichen.» Sie griff hinter einen der Grabsteine und holte etwas hervor.

Ich entspannte mich wieder. «Das freut m...» Erschrocken hielt ich inne, als sie mir eine Schaufel in die Hand drückte und mich zu einer kahlen Fläche auf dem Friedhof führte.

«Es wird Zeit zum Graben.»

«*Was?*» Fassungslos warf ich meinen Kopf so abrupt zu ihr herum, daß ich mir beinahe einen Nackenmuskel verzerrt hätte.

Sie ignorierte meine entsetzte Reaktion. «Grabe hier», forderte sie mich auf.

«Graben? Hier? Ein Loch? Suchen wir etwas Bestimmtes?»

«Ja. Ein Grab.»

«Mama Chia», sagte ich, «ich bin ein erwachsener Mensch. Ich treffe verantwortungsbewußte Entscheidungen. Ehe ich etwas anfange, möchte ich wirklich gern wissen, was es für einen Sinn hat.»

«Und ich möchte wirklich gern, daß du jetzt aufhörst zu reden und anfängst zu graben», erwiderte sie. «Was du jetzt gleich tun wirst, muß sein. Es beruht auf einem alten tibetischen Ritual, bei dem wir allen unseren Ängsten ins Auge sehen. Wenn jemand sich unvorbereitet darauf einläßt, kann er eine Psychose bekommen, die er sein Leben lang nicht wieder loswird. Bei dir habe ich das Gefühl, daß du bereit bist; aber man kann nie sicher sein. Also: Willst du oder willst du nicht?»

Das war es: Vogel, friß oder stirb. Oder eher: Friß *und* stirb. Socrates hatte einmal zu mir gesagt, ich könne jederzeit «aus dem Bus aussteigen» – ich müsse es nur fertigbringen, ihn ohne mich abfahren zu lassen.

«Ich muß es jetzt gleich wissen, Dan.»

Ich schrak auf, als hätte ich eine Ohrfeige bekommen. «Oh... Hmm... Na ja...» Ich hielt inne, um Atem zu schöpfen, und beschloß, mich daran zu halten, was schon immer mein Prinzip gewesen war: Wenn ich mit einer Herausforderung konfrontiert wurde, dann nahm ich sie auch an. «J...ja», stammelte ich. «B...bereit w...wie immer.»

Es ging darum, meinen Ängsten ins Auge zu sehen. Also begann ich zu graben. Die Erde war weich, und die Arbeit ging mir rascher von der Hand, als ich erwartet hatte. Mama Chia verschränkte die Arme vor der Brust und sah mir zu. Ich begann einen sechzig Zentimeter breiten und etwa einen Meter achtzig langen Kanal zu graben. Allmählich wurde das Loch tiefer – erst einen Meter, dann einen Meter zwanzig. Inzwischen war ich schweißgebadet. Je tiefer ich grub und je mehr meine Grube einem Grab ähnelte, um so weniger gefiel sie mir. Und ich war von Anfang an schon nicht sonderlich begeistert gewesen von dieser Idee!

Meine Angst steigerte sich immer mehr und ging allmählich in Wut über. «Nein», sagte ich und kletterte aus dem Grab. «Niemand kann mich zwingen, das zu tun. Ich habe keine Lust zu mysteriösen Spielen auf Friedhöfen, ohne zu wissen, was das alles für einen Sinn haben soll. Ich bin keine Marionette! Für wen ist dieses Grab? Wozu buddle ich eigentlich hier herum?» erkundigte ich mich in energischem Ton.

Mama Chia blickte mich lange unverwandt an – es kam mir vor wie eine Minute. «Komm her», sagte sie dann. Sie führte mich zu einem Grabstein in der Nähe und zeigte auf die Inschrift. Ich entzifferte sie mit zusammengekniffenen Augen.

Die Schrift war schon alt und verblichen, aber ich konnte sie gerade noch erkennen:

Bedenke, Freund, wenn du dies liest,
Auch ich war einst munter, wie du jetzt bist.
Irgendwann kommt auch deine Zeit –
Mir zu folgen mach dich bereit!

Ich blickte sie an. Ihr Gesicht war todernst. «Ich glaube, jetzt weißt du, für wen dieses Grab ist», erklärte sie.

Ich sah ihr ins Gesicht. «Es ist meine Entscheidung, ob ich das tun will oder nicht», sagte ich.

«Aber ja. Es ist immer deine Entscheidung», stimmte sie zu. «Du hast die Wahl – du kannst weitergraben oder mit dem nächsten Surfbrett wieder von hier verschwinden.»

Ich glaubte nicht, daß sie das wirklich so meinte – das mit dem Surfbrett –, aber eines war klar: Wenn ich weiterhin ihr Schüler bleiben wollte, dann mußte ich das hier durchstehen. Nun war ich schon so weit gekommen – jetzt wollte ich auch sehen, wo das alles hinführte. Ich brachte ein müdes Lächeln zustande und seufzte: «Also gut... Weil du es so hübsch ausgedrückt hast.» Ich kletterte wieder ins Grab hinunter und grub weiter, bis sie sagte: «Jetzt ist es tief genug. Gib mir die Schaufel und komm heraus.»

«Soll das heißen, ich bin fertig?»

«Ja.»

«Brrr... Ich muß zugeben, du hast mir vorhin einen ganz schönen Schrecken eingejagt», meinte ich, kletterte aus dem feuchten Grab und legte die Schaufel daneben auf den Boden. «Aber alles in allem war es gar nicht so schlimm.» Ich räkelte meine müden Glieder.

«Leg dich hierhin», forderte sie mich auf und wies auf ein Laken, das sie neben dem offenen Grab auf dem Boden ausgebreitet hatte.

«Was – schon wieder eine Massage? Ist das nicht ein bißchen zuviel des Guten?» fragte ich.

Mama Chia lächelte nicht, sondern zeigte nur auf das Laken. Ich legte mich auf den Bauch.

«Auf den Rücken», befahl sie.

Ich drehte mich um und starrte zu ihr empor. «Soll ich jetzt Leichnam spielen, oder was?»

Sie warf mir einen wütenden Blick zu. «Tut mir leid», entschuldigte ich mich. «Wahrscheinlich bin ich ein bißchen nervös.»

«Das ist kein Spiel. Wenn du die Geister hier beleidigst, wirst du gleich viel mehr Grund haben, nervös zu sein!»

Ich versuchte mich zu entspannen und sagte: «Na ja... ich glaube, ich kann jetzt wirklich eine kleine Verschnaufpause gebrauchen.»

«Eine *lange* Verschnaufpause», erwiderte Mama Chia, nahm die Schaufel und holte damit in meine Richtung aus. Ich hob schützend die Arme. Einen Moment lang dachte ich, sie wollte mich erschlagen. Aber sie hieb die Schaufel nur fest in die Erde. Dann kniete sie neben meinem Kopf am Rande des Grabes nieder und schloß die Augen.

Ich starrte in ihr Gesicht, das aus meiner Perspektive auf dem Kopf stand und im Mondlicht sehr blaß wirkte. Ein paar schreckliche Sekunden lang fühlte ich mich dem Wahnsinn nahe: Ich hatte das Gefühl, diese Frau gar nicht zu kennen. Vielleicht war sie gar nicht diejenige, zu der Socrates mich geschickt hatte; vielleicht war sie meine Feindin.

Mit lauter Stimme, die über den ganzen Friedhof hallte, begann sie eine Beschwörungsformel zu sprechen. Jetzt wußte ich, daß das hier ganz offensichtlich kein Spiel war.

«Großer Geist, der du viele Namen trägst», rief sie in singendem Tonfall, «wir bitten dich, ins Licht eingelassen zu werden. Wir bitten dich um Schutz für diese Seele. Im Namen des Einen und kraft Seiner Autorität bitten wir, alles Böse von diesem Menschen fortzunehmen, es in seinem eigenen Licht zu verschließen und an seine Quelle zurückzuschicken. Was auch geschehen möge, soll zu seinem höchsten Wohl sein. Dein Wille geschehe.»

Der metallische Geschmack panischer Angst stieg in meiner Kehle auf. Dann begann Mama Chia mit ihren Fingerknöcheln langsam an meinen Schlüsselbeinen, meiner Brust und meinen Armen entlang zu drücken – zuerst sanft, dann immer kräftiger. Wieder sah ich Blitze vor den Augen. Dann hörte ich knallende Geräusche. Schließlich packte Mama Chia mich am Kopf, wie Socrates es vor Jahren getan hatte. Meine Zähne begannen zu klappern; dann senkte sich der Vorhang der Dunkelheit über mich.

Wieder hörte ich den Wind heulen, spürte, wie mir Staub ins Gesicht blies, und sah den Turm direkt vor mir. Diesmal kam mir das Ganze aber nicht mehr so vor wie eine geisterhafte Vision, bei der mein Bewußtsein lediglich Beobachter war. Ich blickte an mir hinunter und sah meinen Körper. Ich *war* tatsächlich *hier* – vor dem Turm.

Dann stand ich vor dem Eingang. Die mächtige Tür ging auf – sie sah aus wie ein weit aufgesperrter Rachen –, und ich trat ein oder genauer gesagt, ich trat in die Luft. Ich fiel, überschlug mich und landete auf irgend etwas. Rasch erhob ich mich wieder und sah mich um, aber in der Dunkelheit konnte ich kaum etwas erkennen. «Das hier muß das erste Stockwerk sein», murmelte ich vor mich hin. Meine Stimme klang gedämpft. Meine Kleider klebten an meiner Haut, und die unangenehm feuchte Luft und der üble Verwesungsgeruch kamen mir irgendwie bekannt vor. Du mußt die Lichter finden, sagte ich zu mir. Sei bereit, dir das alles *anzusehen*.

Vorher hatte ich nur durch die Fenster des Turms geschaut. Wollte ich wirklich erfahren, was in meinem Inneren lag, hier in diesem untersten Bereich?

«Ja», antwortete ich laut. «Ja, ich will es sehen!» Langsam tastete ich mich in der Dunkelheit vorwärts. Plötzlich spürte meine Hand etwas – einen großen Griff, einen Schalter! Ich zog daran, hörte ein summendes Geräusch, das dann in ein leises Zischen überging, und kniff die Augen zusammen, als die Szene vor mir allmählich von matten Lichtern erhellt wurde.

Warum war es immer noch so dunkel? Während meine Augen sich langsam an das trübe Licht gewöhnten, erkannte ich den Grund. Ich hatte den Turm betreten und war im ersten Stockwerk gelandet, aber irgendwie gehörten zu diesem Stock auch die Nacht und dieser Friedhof – der Friedhof der *Kahunas*. Diesmal fühlte ich mich hier jedoch gar nicht willkommen. Und diesmal war ich allein! Ich sah das klaffende offene Grab in meiner Nähe und begann zu zittern. Plötzlich packte mich eine unsichtbare Macht und zog mich zu dem offenen Grab hin. Ich schwebte in der Luft, wand und drehte mich und versuchte vergeblich, mich gegen diese Macht zu wehren. Dann wurde mein Körper steif wie eine Leiche in Todesstarre, und ich schwebte auf das Laken hinunter, das neben dem Grab lag.

Ich versuchte aufzustehen, aber ich konnte mich nicht rühren. Meine Lungen begannen zu pumpen, und ich atmete immer tie-

fer und schneller. Dann hörte ich aus weiter Ferne Mama Chias Stimme: «Dein Höheres Selbst ist dein Schutzengel. Was auch passieren mag, denke daran, daß es immer bei dir sein wird...»
«Aber warum kann ich es dann nicht spüren?» rief ich verzweifelt.

Dann fielen mir Mama Chias Worte wieder ein, als seien sie eine Antwort auf meine Frage: «Ehe du das Licht sehen kannst, mußt du dich erst einmal mit der Dunkelheit auseinandersetzen.»

Etwas schob mich vor sich her. Ich war wie gelähmt; ich hatte keine Kontrolle mehr über meinen Körper und konnte mich nicht wehren. Ich fiel, stürzte im Zeitlupentempo in das offene Grab hinab und landete mit einem geräuschlosen dumpfen Schlag auf dem Rücken. Ein Laken wurde um mich gewickelt, wie ein Leichentuch. In einem Augenblick namenlosen Schreckens spürte ich, wie Schaufeln voll Erde auf mich niederprasselten. Mein Herz begann wild zu hämmern.

Dann hörte ich aus der Ferne Donner rollen. In der Dunkelheit zuckten Blitze auf. Während immer mehr Erde auf mich hinabfiel, hörte ich die Stimme Jesu Christi. Aber er sprach nicht zu mir; er hatte keine beruhigenden Worte für mich. Während am Himmel Blitze zuckten, schrie er in Todesangst vom Kreuz von Golgatha herab: *«Warum hast du mich verlassen?»* Plötzlich wurde mir klar, daß das meine eigene Stimme war. Aber das machte nichts; niemand konnte mich hören. Inzwischen hatte die Erde mein Gesicht schon völlig zugedeckt und erstickte meine Schreie.

Halt! rief ich in Gedanken. Dafür bin ich noch nicht bereit! Ich kann nicht! Haaalt! Ich bin nicht tot! *Ich bin nicht tot!*

Dann prasselte die Erde plötzlich nicht mehr auf mich nieder. Ich spürte eine Stille und absolutes Schweigen, intensiver, als ich es je erlebt hatte. Nur noch mein mühsames Atmen war zu hören und mein Herz, das hämmerte wie eine Kesselpauke. Ich war allein in der kalten Erde. Völlige Schwärze. Einsamkeit. Eiskalte Angst zerriß meine Eingeweide. Ich war begraben.

Warum habe ich das mit mir machen lassen? dachte ich in einem Augenblick rationaler Überlegung. Dann verblaßte auch dieser Gedanke, und ich geriet in Raserei. Verzweifelt drückte ich meine Hände wie Klauen gegen das unüberwindliche Gewicht der Erde. Ich stieß lautlose Schreie aus. Und gerade in dem Augenblick, als die Erde mir die Luft aus den Lungen zu drücken begann, gab der Boden unter mir plötzlich nach, und ich stürzte in einen unterirdischen Tunnel. Ich grub und wühlte wie verrückt, würgte und keuchte, spuckte Schmutz aus Mund und Nase und befreite mich von der feuchten Erde.

Dann kroch ich wie ein Wurm auf dem Bauch durch einen langen Tunnel, hinauf oder hinunter – ich weiß es nicht. Ich mußte hier heraus. Heraus! Heraus... wiederholte meine innere Stimme in rhythmischem, verängstigtem Gestammel. Ich konnte mich nur vorwärtszwängen; es war nicht genügend Platz, um mich umzudrehen. Mit Schrecken entdeckte ich, daß der Tunnel immer schmaler und enger wurde, bis ich mich schließlich kaum noch bewegen konnte.

Als ich noch klein war, hatten mich ein paar größere Jungen einmal in einen Leinensack gesteckt und angekündigt, mich lebendig zu begraben. In Wirklichkeit steckten sie mich nur in eine alte Truhe. Da lag ich in der Schwärze gefangen und wurde rasend vor Angst – ich sabberte, machte meine Hosen naß, benahm mich völlig hysterisch. Das jagte ihnen Angst ein, und sie ließen mich wieder frei.

Seitdem hatte ich immer wieder geträumt, in engen, dunklen Räumen eingeschlossen zu sein. Und jetzt waren meine schlimmsten Alpträume wahr geworden; ich empfand nackte, unerträgliche Angst. Ich fürchtete mich so sehr, daß ich nur noch den einen Wunsch hatte: bewußtlos zu werden und zu sterben.

Schweiß und Schmutz brannten in meinen Augen. Ich kämpfte mich weiter vorwärts und zog die Schultern eng zusammen, aber es half nichts. Ich kam nicht weiter. Ich gab verzweifelte Laute von mir, Schreie der Angst und Verzweiflung, doch sie erstarben rasch. Ich saß hier fest und würde ersticken. Wieder begann ich zu schreien und kläglich vor mich hin zu wimmern.

Doch dann hatte ich das Gefühl, irgendwo vor mir ein blasses Licht zu sehen – oder spielte meine Phantasie mir einen Streich?

Ich zwängte mich noch ein paar Zentimeter weiter nach vorn und spähte um einen leichten Knick in dem wieder breiter werdenden Tunnel. Zentimeterweise wühlte ich mich vorwärts, dem Licht entgegen – schwitzend, mein Gesicht verschmiert von der Erde, die mir dauernd in die Augen fiel.

Doch eines hatte sich tief in mein Körpergedächtnis eingegraben. Immer wenn ich nicht mehr weiterkonnte, würde ich mich daran erinnern: Nur noch ein paar Zentimeter, nur noch ein paar Minuten, nur noch ein paar Sekunden...

Ich blickte auf, meine Sicht umnebelt von dem Schmutz, der mir immer wieder ins Gesicht rieselte, und hatte das Gefühl, vor mir eine Öffnung zu sehen. Ja, es war eine Öffnung – ich war mir ganz sicher! Als ich sie erreicht hatte, versuchte ich den Kopf hindurchzuzwängen. Aber ich blieb stecken. Das Loch war zu schmal! Mir war, als würde mein Kopf von tausend Händen zerquetscht. Verzweifelt stemmte ich mich gegen die Erde über mir. Allmählich gab sie nach, und dann hatte ich es plötzlich geschafft. Raum! Freiheit! Mir war, als würde ich neu geboren.

Blind vor Schweiß und Staub zog ich meinen Körper aus der Erde. Dann fiel ich in einen Abgrund. Unter mir sah ich den weit aufgerissenen Rachen und die Giftzähne einer riesigen Schlange. Schreiend stürzte ich in den Rachen hinein.

Das nächste, woran ich mich erinnere, war, daß ich in einem Zimmer saß, das ich noch nie gesehen hatte. Ich saß zusammengekauert in einer Ecke, von Wahnvorstellungen gepeinigt. Draußen wartete der Feind auf mich. Alle waren Feinde. Niemand verstand mich. Ich war allein; aber ich würde überleben. Sie wollten meinen Besitz – eine Gefriertruhe mit Nahrungsmitteln, die in meiner Nähe stand. Aber die würden sie nicht bekommen. Eher würde ich diese Kerle umbringen! Neben mir stand ein kleiner Tisch mit Munition. Um mich herum lagen verschiedene Karabiner und halbautomatische Feuerwaffen; außerdem trug ich ein Pistolenhalfter mit einem entsicherten Colt und neunzehn Patronen, und in den Armen hielt ich ein Schnellfeuergewehr. Ich ließ die Tür nicht aus den Augen. Sie sollten nur kommen. Ich würde mir nichts wegnehmen lassen. Vorher würde ich sie töten. Alle!

Da flog ein Benzinkanister durchs Fenster und explodierte. Plötzlich stand das Zimmer in Flammen. Im Nu war ich von auflodernden Feuer umgeben. Die Hitze nahm mir den Atem und versengte meine Haut. In diesem Augenblick erinnerte ich mich an ein früheres Leben als junges Mädchen, das sich vor den Hunnen versteckt hatte und lieber in einem brennenden Zimmer umkam, als sich vergewaltigen und versklaven zu lassen.

Die Flammen züngelten empor, und ich sah die Entstehung der Erde vor mir: explodierende Vulkane, glühende Lava, die die Erde versengte.

Und in der Hitze, dieser glühenden Hitze, erlebte ich alle Alpträume meiner Kindheit noch einmal, alle Ängste, die mich je heimgesucht hatten.

Dann schlug ich die Augen auf. Ich lag auf dem Rücken in meinem Grab, auf einem schweißdurchnäßten Laken. Aber ich war nicht mit Erde bedeckt. Als mir klar wurde, wo ich mich befand und daß ich die ganze Zeit verängstigt den Atem angehalten hatte, atmete ich tief und erleichtert aus und begann mich zu beruhigen. Ich war erschöpft und verwirrt, aber froh, noch am Leben zu sein. Es war alles nur ein Traum gewesen. Es war vorbei. Jetzt würde ich aus dem Grab klettern. Aber meine Beine versagten mir den Dienst; und auch die Arme konnte ich nicht bewegen.

Dann hörte ich über mir ein Geräusch. «Mama Chia?» rief ich mit schwacher Stimme. «Bist du's?» Es kam keine Antwort – ich hörte nur ein leises Tappen. Irgend jemand oder irgend etwas näherte sich von oben.

Ich vernahm ein leises Knurren, dann sah ich das Gesicht eines Tigers über mir. In den Regenwäldern von Hawaii gibt es keine Tiger, und doch war da ein Tiger und blickte auf mich herab. Ich starrte zurück, ich konnte die Augen nicht von ihm abwenden. Ich hatte schon Tiger im Zoo gesehen und sie so schön gefunden – wie große Miezekatzen. Aber dieser hier stand so nah vor mir, daß ich seinen Raubtieratem riechen konnte. Oh, bitte, laß das nur ein Traum sein, betete ich im stillen.

Hilflos, wie ich war, stellte ich mich tot. Aber das half mir nichts. Der Tiger steckte den Kopf ins Grab, stieß mich mit der

Nase an, biß probeweise zu und brachte mir vier klaffende Wunden bei. Ich schnappte nach Luft und stieß einen kurzen, erstickten Schrei aus.

Da hieb der Tiger seine Zähne in meinen Arm, zerrte meine schlaffe Gestalt aus dem Grab und begann mich zu zerreißen. Schmerzen hatte ich auch früher schon empfunden – rasende Schmerzen –, aber jetzt begriff ich, was Todesangst ist.

Ich versuchte ohnmächtig zu werden, meinen Körper zu verlassen, einfach alles nur noch aus einer Distanz wahrzunehmen. Aber ich blieb bei vollem Bewußtsein. Hellwach erlebte ich mit, wie das Raubtier meine Brust und meinen Unterleib aufriß und meine Organe mit seinen Zähnen zu zermalmen begann.

Der Schock jagte Adrenalin durch meine Adern. Schreiend stürzte ich in einen Hexenkessel der Angst, während die riesige Katze meine Brust zerriß. Dann umklammerte sie mit den Kiefern meinen Kopf, schüttelte mich hin und her, biß einen Teil von meinem Gesicht weg und begann mir den Kopf abzureißen. Angst ist der grauenvollste Schmerz, den es gibt. Ein paar Sekunden lang füllte diese Angst mein ganzes Universum aus; dann gab es eine Explosion. Von einer Sekunde auf die andere waren Angst, Schmerz, Tiger und Universum verschwunden. Nur eines blieb: der tiefste Frieden, den ich je erlebt hatte.

13
Im Reich der Sinne

Gott hat uns ein Gedächtnis gegeben, damit wir auch im Dezember die Rosen blühen sehen können.

James Barrie

Ich lag zusammengerollt auf der Seite neben meinem Grab, den Kopf in Mama Chias Schoß gebettet. Das Laken triefte vor Schweiß und lag zusammengeknüllt neben mir. Ich richtete mich auf, unfähig, ein Wort zu sagen. Mit weitaufgerissenen Augen starrte ich ins Leere, umschlang meine Knie mit den Armen und wiegte mich langsam vor und zurück. Ich zitterte. Mama Chia legte beschützend den Arm um mich und streichelte mir über das verfilzte Haar. «Ja, ist ja schon gut», murmelte sie beruhigend. «Jetzt ist ja alles vorbei. Wirklich vorbei.»

Noch ein paar Sekunden vergingen, bis mir klar wurde, daß ich immer noch Augen, ein Gesicht und einen Körper hatte. Hier in Mama Chias Armen war ich geborgen. Ich entspannte mich. Dann stieg ein Schluchzen in mir auf. Ich konnte nur noch stoßweise atmen und fing an zu weinen. Keuchend umklammerte ich ihre Hand und stieß hervor: «Es... Es war wie eine Fahrt durch die Hölle.»

«Nur durch deine eigene Hölle, Dan – jeder Mensch erschafft sich seine Hölle selbst. Du hast nur einen Rundgang durch den ersten Stock gemacht, den Bereich der Angst und Isolation, des hirnlosen unbeseelten Instinkts, der um jeden Preis ums Überleben kämpft. Krieger stellen sich ihren Dämonen mutig entgegen. Indem du dich deinen gestellt hast, hast du sie vernichtet», erklärte Mama Chia sanft.

Endlich hörte ich auf zu weinen. Mein Atem ging wieder ruhiger und gleichmäßiger. Erschöpft schlief ich ein.

Als ich erwachte, wurde es bereits wieder hell. «Ist es denn schon Morgen?» fragte ich mit schwacher Stimme.

Mama Chia stand auf und wies auf die Umgebung. «Schau dich einmal um, Dan», sagte sie. «Fällt dir etwas auf?»

Langsam erhob ich mich, erschöpft von all der Anspannung, und blickte mich um. Ein Vogel setzte sich auf einen Grabstein und begann vor sich hin zu zwitschern. Sein Lied stieg in den blauen Himmel hinauf. Hellgrüne Flechten und Moose schmückten die Felsen. Die ganze Gegend war von einer Atmosphäre des Friedens und der Ehrfurcht erfüllt.

«Es ist alles anders als vorher», meinte ich.

«Nein», widersprach sie. «*Du* bist anders.»

«Du meinst, ich habe alle meine Ängste aus dem Weg geräumt?» forschte ich.

«O nein – du wirst immer wieder Ängsten ins Auge sehen müssen», versicherte sie mir. «Vielleicht der Angst, deine Gefühle zu zeigen, deine Empfindungen zum Ausdruck zu bringen – oder der Angst, vor größeren Gruppen zu sprechen, zu versagen, dich lächerlich zu machen oder dich Menschen gegenüber durchzusetzen, die dir irgendwie überlegen vorkommen, mächtiger als du. Solange du ein Ich hast, werden immer wieder neue Ängste in dir aufsteigen. Aber du hast deine Einstellung gegenüber der Angst geändert. Sie wird dich nie wieder überwältigen; wenn sie kommt, wirst du wissen, wie du mit ihr umzugehen hast.»

«Wäre es eigentlich gefährlich, wenn ich vor gar nichts mehr Angst hätte?»

Mama Chia schwieg einen Augenblick; dann erklärte sie: «Angst kann einen gerade in dem Augenblick lähmen, in dem man eigentlich entschlossen handeln müßte. *Das* ist gefährlich. Sie schwächt die Körperenergie, und dadurch zieht man gerade *die* Dinge an, vor denen man sich am meisten fürchtet. Das Gegenteil der Angst ist nicht Draufgängertum; das Gegenteil von Angst ist Mut. Mut schafft Raum zum Handeln. Aber auch als mutiger Mensch wird man immer noch Vorsicht walten lassen, wenn sie angebracht ist.»

Immer noch ungläubig sagte ich: «Ich kann mir aber nach wie vor Situationen und Menschen vorstellen, die mir Angst einjagen.»

«Angst ist weder in Menschen noch in Situationen enthalten. Diese können nur Angst in dir wachrufen, weil du ihrer noch nicht Herr geworden bist.

Angst ist ein sehr guter Diener, aber ein furchtbarer Herrscher. Bei den meisten Menschen erfüllt sie das ganze Leben, jede Sekunde. Du wirst sie nicht vermissen, das kann ich dir versichern. Wenn du deine Ängste besiegst, indem du trotz dieser Ängste mutig handelst, dann beginnt dein Leben zu blühen. Dann schaust du aus den Fenstern des zweiten Stockwerks und siehst eine ganz andere Welt.

Aber im ersten Stock geht es nicht nur um Angst und Überleben, sondern auch um das Problem ‹ich gegen das ganze Universum› – um den Menschen, der seine Energie egoistisch hortet, um sich zu schützen. Jetzt bist du offen und verletzlich und daher bereit, deine ganze Energie ins Leben einzubringen, sie in Beziehungen mit anderen Menschen zu teilen.»

«Du meinst, jetzt bin ich soweit, die Tür Nummer zwei zu finden?» fragte ich lächelnd.

«Die hast du schon gefunden», entgegnete sie und lächelte zurück. «Hier, als du in meinen Armen weintest.» Bei diesen Worten ging ein leuchtender Schimmer von ihr aus, und sie löste sich direkt vor meinen entgeisterten Blicken in Luft auf. Dann verschwand alles um mich her. Wieder sah ich ein paar Sekunden lang den Turm vor mir, und dann stand ich in einer Waldlichtung im zweiten Stockwerk. Ja, es war der zweite Stock, da war ich mir ganz sicher!

Aber was hat das alles zu bedeuten? fragte ich mich und ließ meine Blicke über die üppig grüne Wiese schweifen, die in mildem Sonnenlicht dalag und über die ein kühler Wind strich. Das wirkte alles wie ein idyllischer Wald im sinnenfreudigen alten England. «Seltsam...» Ich ertappte mich dabei, wie ich laut vor mich hinsprach. «Warum ist mir ausgerechnet das Wort ‹sinnenfreudig› eingefallen?»

Dann spürte ich immer intensiver, wie sich mein Körper mit Energie auflud – mehr Energie, als ich in den letzten Jahren zusammen in mir gespürt hatte. Ich fühlte mich so lebendig und wach! Ich mußte mich bewegen, um diese Energie abzureagieren. Ich rannte durch den Wald und hatte das Gefühl, kilometerweit so weiterlaufen zu können. Ich machte Luftsprünge und Handstandüberschläge und rannte und rannte.

Schließlich ruhte ich mich im warmen Sonnenschein aus. Irgendwie herrschte hier eine seltsame Jahreszeit. Liebe lag in der Luft, wie man so sagt, wenn jeder nur darauf wartet, eine Liebschaft anzuzetteln.

Die Energie konzentrierte sich nun zu einem wohlbekannten, beunruhigenden Druck in meinen Lenden. Mama Chia hatte gesagt, im zweiten Stockwerk gehe es um Energie in Beziehung zu anderen Menschen. Das bedeutete kreative Energie, sexuelle Energie. Aber was sollte ich mit dieser Energie anfangen?

Da hörte ich in mir plötzlich aus dem Nichts heraus einen Ausspruch, den Socrates vor Jahren einmal getan hatte. «Jede menschliche Fähigkeit wird durch die Energie gesteigert», hatte er gesagt. «Der Verstand wird geschärft, Heilungsprozesse werden beschleunigt, man wird körperlich stärker, das Vorstellungsvermögen wird intensiver, die Gefühlskraft nimmt zu, und man erhält Charisma und Ausstrahlung. Die Energie kann also ein Segen sein...»

Ja, sagte ich mir. All das spürte ich deutlich.

«Aber die Lebensenergie muß irgendwo hinfließen können», fuhr seine Stimme fort. «Dort, wo sie in unserem Inneren auf Hindernisse stößt, beginnt sie zu brennen; und wenn sich irgendwo mehr Energie aufstaut, als unser Körper oder unser Geist ertragen können, dann explodiert sie. Dann wird Zorn zur Raserei, Kummer zur Verzweiflung, Besorgnis zur Besessenheit, körperliche Schmerzen werden zur unerträglichen Qual. Energie kann also auch ein Fluch sein. Ähnlich wie ein Fluß kann sie Leben bringen; aber wenn man sie nicht unter Kontrolle bringt, kann sie auch eine rasende Flut der Zerstörung entfesseln.»

«Und was soll ich jetzt tun?» fragte ich ins Leere hinein.
Erinnerungen an Weisheiten von Socrates hallten in meinem Gedächtnis wider: «Der Körper tut, was er muß, um überschüssige Energie wieder loszuwerden. Wenn du diese Energie nicht bewußt einsetzt – durch Kreativität, körperliche Aktivitäten oder sexuelle Beziehungen –, dann findet dein Unbewußtes ein Ventil dafür: in Wutausbrüchen oder plötzlicher Grausamkeit, in Alpträumen, Verbrechen, Krankheiten, Mißbrauch von Alkohol, Nikotin und anderen Drogen, in übermäßigem Essen oder Sex. Ungezügelte Energie, die auf Hindernisse in unserem Inneren stößt, ist der Ursprung aller Süchte. Versuche nicht, die Sucht zu besiegen – beseitige lieber die Hindernisse!»

Der Druck in meinem Körper, der allmählich immer stärker wurde, lenkte mich so sehr ab, daß ich mich kaum noch auf Socrates' Worte konzentrieren konnte. Die Energie staute sich immer mehr an, verlangte nach einem Ventil. Was sollte ich tun? Ich konnte einfach immer so weiterrennen, oder ich mußte irgend etwas schaffen – ja, etwas Kreatives. Das ist es! beschloß ich. Ich werde ein Lied komponieren. Aber mir fielen nur zwei Zeilen ein: «In Killervy lebte eine Frau – mit phantastischem Unterbau. Ein Mann fand sie da – in ihrem Spitzen-BH, und ...» Das verdammte Ende zu diesem Lied fiel mir nicht ein; mir fiel überhaupt nichts mehr ein. Ich wollte nur noch eins: eine Frau. Irgendeine Frau!

Sollte ich mir selbst Erleichterung verschaffen? Das wäre nicht schwierig – eine einfache und wirksame Lösung. Doch dann fiel mir ein, daß es in diesem Stockwerk ja darauf ankam, Energie zum Leben zu erwecken, zu einer *Beziehung*. Verflixt! Wie sollte ich das anstellen?

Im nächsten Augenblick fand ich mich in einer Höhle wieder – aber es war keine düstere, drohende Höhle, sondern wirkte eher wie ein luxuriöses Schlafgemach. Auf dem Boden lagen dicke Teppiche übereinander. Durch eine Öffnung an der Decke drangen Sonnenstrahlen ein, so daß natürliches Licht herrschte. Der Eingang zu der Höhle war hinter einem Dickicht von kleinen Büschen und Bäumen verborgen, so daß ihn von außen niemand finden konnte. Man war hier völlig ungestört.

In der Mitte der Höhle, etwa einen Meter über dem Boden, entdeckte ich eine Schlafstätte, die von einem dicken Polster aus weichen Blättern bedeckt war. Ich hörte das beruhigende Plätschern eines kleinen Wasserfalls, der sich in einen Miniaturteich ergoß, und roch den süßen Duft wilder Blumen.

Als eine sanfte Brise über meinen Körper strich, hielt ich vor Überraschung und Erregung den Atem an; ein sinnlicher Wind, ein schöner Geist streichelte mich mit unsichtbaren Händen. Ich fühlte mich eins mit der Erde und mit meinen physischen Sinnen, die jetzt alles viel intensiver wahrnahmen. Ich war glücklich, diesen Körper zu haben, ihn zu spüren, ganz und gar dieser Körper zu sein.

Ich brauchte jetzt zu meinem Glück nur noch einen Laib Brot, einen Krug Wein und – aber auf das Brot und den Wein hätte ich auch verzichten können, wenn...

Was war das? Hörte ich da etwa Stimmen? *Frauen*stimmen?

Ich spähte durch das Dickicht vor dem Höhleneingang und sah ein Bild vor mir, das der Phantasie eines Malers hätte entsprungen sein können. In einer Gemäldegalerie hätte dieses Bild «Reigen der Jungfrauen im Frühling» geheißen. Drei junge Frauen, alle mit üppigen Formen gesegnet, versuchten sich lachend unter Apfelbäumen zu fangen. Auf ihren rosigen Wangen spiegelte sich der rötliche Schimmer der Früchte wider, die über ihnen hingen. Sie trugen dunkle, weichfließende Röcke und tief ausgeschnittene Rüschenblusen, die ihre weiblichen Formen deutlich zur Geltung brachten. Verstohlen beobachtete ich sie und fühlte mich dabei wie ein liebestoller Teenager.

Zwei der Frauen verabschiedeten sich nun winkend, und die dritte – ein Engel mit flachsblondem Haar und grünen Augen, die in der Sonne blitzten – blieb stehen, blickte sich um und lief dann genau auf mein Versteck zu. «Mist», fluchte ich vor mich hin. Halb fürchtete ich, sie könnte mich hier finden – halb hatte ich Angst, sie würde es nicht tun.

Sie schlüpfte in die Höhle und sah mich da stehen wie einen Liebesirren. Ihre Augen blickten in die meinen und weiteten sich. Sie schien schreien zu wollen.

«Ich... Ich...», setzte ich zum Sprechen an, aber ihr Freudenschrei schnitt mir das Wort ab.

«Dan!» stieß sie hervor. Atemlos warf sie sich in meine Arme.

Ich konnte nichts mehr denken, nur noch drei Worte: Danke, lieber Gott.

Ich war überwältigt vor Leidenschaft. Wir lachten, weinten und verloren uns ineinander. Ich weiß nicht mehr, was mit unseren Kleidungsstücken passierte; alles, was unserer Vereinigung im Wege stand, warfen wir beiseite. Ich weiß nicht, wieviel Zeit verging. Wir lagen da, hielten einander in den Armen, vollkommen erschöpft, und schliefen eng umschlungen ein. Aber wir schliefen nicht lange.

Als ich erwachte, stand sie über mir, in ein Gewand aus Blumen gehüllt. Ihr engelhaftes, von seidigem Haar umrahmtes Gesicht leuchtete in dem sanften Licht der Höhle. Sie ließ das Gewand von den Schultern gleiten; ihre schimmernde Haut wirkte so weich wie die eines Babys.

Einen Moment lang stiegen Fragen in mir auf: Wer ist diese Frau überhaupt? Ist es richtig, was ich da mit ihr tue?

Sie kniete nieder und küßte mich auf die Stirn, die Wangen, die Brust und den Mund. Wieder jagte sexuelle Energie durch meine Adern und brachte mich zum Siedepunkt. Bilder zogen an meinem inneren Auge vorbei – erdhafte, sinnliche Fruchtbarkeitsriten –, und fast war mir, als hörte ich in meinem Inneren den pulsierenden Rhythmus von Urwaldtrommeln. Sie bedeckte meinen ganzen Körper mit Küssen, bis er im Rhythmus der Trommeln vibrierte und meine Fragen von mir abfielen wie trockene Blätter an einem windigen Herbsttag.

Ich zog sie an mich. Wir umarmten uns, und ich erwiderte ihre Liebkosungen. Bald gab es keine Trennung mehr zwischen ihr und mir – nur noch uns beide und das Gefühl, das uns verband.

Es war ein Gefühl, das ich auch früher schon manchmal erlebt hatte – in Augenblicken völlig hemmungslosen Liebesspiels, wenn mein Geist frei und mein Herz offen war. Aber jetzt war es viel intensiver – nicht nur, weil meine Partnerin eine sehr begehrenswerte Frau war, sondern weil ich so... so offen war. Nachdem ich gerade dem grausamsten Tod ins Auge gesehen hatte, war ich nun voll und ganz bereit, das Leben und alles, was dazugehörte, zu feiern. Der Mönch in meinem Inneren war verschwunden – Alexis Zorbas war an seine Stelle getreten. Nichts stand mehr zwischen mir und dem Leben!

Das Gefühl wurde immer intensiver. Wellen sinnlichen Genusses pulsierten nicht nur durch meine Lenden, sondern durch alle Zellen meines Körpers. Aber plötzlich entdeckte ich, daß ich jetzt mit einem Mann schlief. Und dieser Mann war ich selbst – Dan Millman! Erschrocken setzte ich mich auf. Ich blickte auf meine Hände, meine Beine, meine Brüste herab: Ich war eine Frau! Ich war sie! Ich spürte ihre inneren Organe, ihre Gefühle, ihre Energie – sanft, aber stark. Dieser Energiestrom war anders als der, an den ich gewöhnt war. In meinem jetzigen Zustand spürte ich eine umfassendere, sensiblere emotionale Aura. Es war ein wunderbares Gefühl – wie eine Vervollkommnung.

Dann umarmten wir uns wieder, und jedes Gefühl der Trennung fiel von mir ab. Ich war sie, ich war er, ich war sie und er.

Jetzt war ich nur noch Körper. Ich vertraute meinem Körper. Ich wurde vollkommen frei wie ein nacktes Baby, ohne Gesetze oder Hemmungen zu kennen. Ich bestand nur noch aus Haut, Nerven und Blut – pulsierend, bebend, verzückt im Reich der Sinne. Ich ging ganz im Augenblick auf.

Wir hielten uns leidenschaftlich umklammert und dachten an nichts mehr, wie eine Flutwelle, die immer mächtiger anschwillt und unaufhaltsam auf die Küste zurollt. Da verschwand meine Partnerin plötzlich. Nein! schrie mein Körper verzweifelt auf. Er sehnte sich so sehr nach dieser Frau. Ich war ganz überwältigt vor Schmerz und Begierde. Jetzt spürte ich, welche Fallen im zweiten Stockwerk lauerten.

Ich richtete mich keuchend und angespannt bis zum Zerspringen auf. Die Energie wirbelte in meinem Inneren umher wie ein Tier, das wild in seinem Käfig auf und ab läuft und nach einem Ausgang sucht. Sollte ich mich selbst befriedigen? Moralische Bedenken hatte ich in dieser Hinsicht nicht; ich hatte inzwischen einen Ort kennengelernt, der jenseits des Dogmas lebloser Moral lag.

Aber etwas hielt mich diesmal zurück – eine Intuition. Vielleicht war es meine Ausbildung bei Socrates – die Disziplin, die ich bei ihm gelernt hatte. An sich war gegen sinnliche Genüsse nichts einzuwenden, aber jetzt war nicht der richtige Zeitpunkt dafür.

Nein. Ich würde diese Energie *nutzen,* sie über meinen ganzen Körper verteilen. Ich kämpfte nicht mehr gegen meinen Körper an, ich verleugnete ihn nicht. Ich atmete langsam und tief, bis die Kraft des sexuellen Begehrens sich von meinen Genitalien allmählich nach oben ausbreitete, an meiner Wirbelsäule entlang, über den Oberkörper bis in die Finger- und Zehenspitzen, bis ins Zentrum meines Gehirns hinein.

Es wurde licht in meinem Geist. Eine Tür war aufgegangen, eine Energie, die aus der Erde selbst kam, stieg an meiner Wirbelsäule empor. Energie, die vorher eingesperrt gewesen war, konnte jetzt ungestört nach oben fließen. In meinem von elektrischen Strömen erfüllten, singenden Körper fühlte ich die Reinheit des Seins.

Aber ich war doch noch nicht ganz auf dieses Erlebnis vorbereitet. Trotz aller guten Vorsätze meines Bewußten Selbst hatte mein Basis-Selbst offenbar andere Pläne. Die sexuellen Energiewellen hielten an und wurden immer heftiger, bis ich mich nicht mehr länger zurückhalten konnte und mich meinen Phantasien überließ. Plötzlich geschah das Unvermeidliche, wenn auch ohne mein Zutun: Die pulsierende Flutwelle brach sich tosend an der Küste und ebbte dann wieder ab.

Nach einer Weile stand ich auf. Ich empfand einen leisen, unerklärlichen Kummer, das Gefühl, etwas verloren zu haben. Vielleicht trauerte mein Körper um den Verlust dieses Strahlens, dieser Energie. Das Objekt meiner Begierde war verschwunden, wie alle Objekte früher oder später verschwinden. Jetzt war nur noch der Wind da, der durch das Laub wehte. Dann tauchte plötzlich Mama Chia auf. Ihr Erscheinen brachte mich ruckartig wieder zur Besinnung.

Ich stand nackt vor ihr. Sie wußte alles über mich – auch das, was ich gerade erlebt hatte. Und sie akzeptierte mich vollkommen, so wie ich war. All meine Befangenheit schmolz dahin. Ich stand nackt und unbekümmert vor ihr wie ein kleines Kind. Es war keine Schande, so gesehen zu werden – keine Schande, ein Mensch zu sein.

Im ersten Stockwerk hatte ich die Fessel der Angst entzweigerissen, jetzt zerriß ich die Fessel der Scham. Bis ans Ende meiner Tage – egal, wie lange das dauern mochte – würde ich die Lebensenergie jetzt ungehindert durch mich hindurchfließen lassen. Ich würde lernen, sie klug einzusetzen, und mir überlegen, in welche Kanäle ich sie lenken sollte – das Leben genießen und feiern, aber nicht ausleben bis zum Exzeß.

Dann ging alles sehr schnell. Ich sah, daß ich jetzt wieder völlig angezogen war, und meine Umgebung – die Höhle und die Lichtung – begann zu flimmern und verschwand. Beides überraschte mich nicht.

Im nächsten Augenblick, den ich bei Bewußtsein erlebte, stand ich irgendwo hoch oben auf einem Berg. Der Wind pfiff laut an Felsen und Granitspalten vorbei und hätte Mama Chias Stimme hinter mir beinahe übertönt.

«Komm», sagte sie. «Es wird Zeit, daß wir uns wieder auf den Weg machen.»

«Gerade eben war ich doch noch allein. Warum bist du jetzt plötzlich wieder bei mir?» fragte ich. Meine Stimme hallte eigenartig von den Felsen wider.

«Vorher mußtest du allein sein; jetzt stehst du mit der Welt in Verbindung. Außerdem befinden wir uns in der Traumzeit – ich habe gar nichts getan. Willkommen im dritten Stockwerk!»

Wir stiegen weiter bergauf, und die Erde unter mir, die Steine, die Bäume, der Wind verliehen mir Kraft – sie waren Fleisch von meinem Fleisch. Ich kämpfte nicht mehr gegen meinen Körper an. Jetzt akzeptierte ich meine körperlichen Mängel, vertraute auf meine menschliche Natur und fühlte mich enger mit der Erde verbunden als je zuvor.

Wir entdeckten einen kleinen See, schwammen im kühlen Wasser und streckten uns dann zum Trocknen auf den warmen Felsen aus. Mein Körper öffnete sich der Natur. Ich spürte die heitere Ruhe des Sees, die Kraft des Flusses, die Festigkeit und

Unveränderlichkeit der Berge, die Schwerelosigkeit des Windes. Mama Chia blickte zu mir herüber. «An diesem Ort fühle ich, was du fühlst, und bin, was du bist», sagte sie. «Du hast eben deine Form verändert – oder warst jedenfalls im Anfangsstadium dazu.»

«Tatsächlich?»

«Ja. Formveränderung beginnt mit einem kleinen Wink der Phantasie – einem neugierigen Sichfragen: Was wäre es wohl für ein Gefühl, ein Berg zu sein, oder ein See, ein Vogel, ein Stein? Und später schwingst du dann tatsächlich in der gleichen Frequenz wie diese Elemente oder Geschöpfe. Das können wir, denn schließlich sind wir alle aus demselben Stoff.

Und da wir gerade von Formveränderung sprechen – ich glaube, du weißt, daß ich in dieser Höhle im zweiten Stockwerk auf dich eingestimmt war. Das war ein Abenteuer!» sagte sie. «Ich habe mich wieder richtig jung gefühlt!»

«Ich glaube, du wirst immer jung sein, Mama Chia.»

Sie lächelte. «Da hast du recht – bis ich sterbe...»

«Wenn du so weitermachst, überlebst du mich wahrscheinlich», sagte ich leichthin.

Sie sah mir tief in die Augen und lächelte. Aber diesmal war es ein anderes Lächeln. Es machte mich traurig, ich wußte selbst nicht warum. Ich sah die Liebe in ihren Augen, aber auch etwas anderes. Ich spürte eine Besorgnis in ihr – eine Intuition –, aber ich konnte beim besten Willen nicht ergründen, was hinter diesem Lächeln steckte.

Mama Chia riß mich aus meinen Grübeleien. Sie forderte mich auf weiterzugehen und erinnerte mich noch einmal daran, was ich im zweiten Stockwerk gelernt hatte: «Du hast dir deine Erfahrung selbst erschaffen, Dan – genau wie im ersten Stock. Du hast das erlebt, was du brauchtest. Die Energien sind für alle Menschen dieselben; sie machen nur unterschiedliche Erfahrungen damit. Jeder entscheidet selbst, wie er auf seine Energie reagieren möchte, in was für eine Richtung er sie lenkt. Manche Menschen horten diese Energie, andere vergeuden sie. Ein Krieger lenkt den Fluß des Lebens in bestimmte Kanäle, so wie ein Bauer seine Felder bewässert.

Im ersten Stockwerk bist du allein und kämpfst ums Überleben. Ängstlich hortest du die Energien des Lebens, so wie ein einsamer Geizkragen sein Geld nicht hergeben will, und weil die Energien blockiert sind, verursachen sie Schmerz.

Im zweiten Stock stehst du in Beziehung zum Leben, zu anderen Menschen. Das männliche und das weibliche Prinzip sind aktiviert und befinden sich im Gleichgewicht.

Im zweiten Stockwerk geht es nicht nur um Sex. Es geht darum, die Lebensenergie zu feiern. Energie ist Geist, ist etwas Heiliges. Menschen, die im Umgang mit der Energie nicht geübt sind, neigen dazu, sie wie einen Bonusschein zu behandeln; und dann wird das Leben zu einer Art Einkaufszentrum oder Vergnügungspark.

Du hast einen anderen Weg gewählt – den des friedvollen Kriegers, um wahrhaft ein *Mensch* zu werden. Das ist man nämlich erst, wenn man seine Energie zu beherrschen gelernt hat.

In dem Mythos von der Büchse der Pandora geht es nicht darum, daß boshafte Kobolde und Dämonen aus der Büchse freigelassen werden; es geht um Möglichkeiten, wie man mit der Lebensenergie umgehen kann. Wenn du diese Energie wahllos vergeudest, dann hast du das Gefühl, daß das Leben dir irgendwie abhanden kommt, und empfindest einen tiefen Kummer.

Angst ist die Schattenseite des ersten Stockwerks; Kummer ist die Schattenseite des zweiten.»

«Und was ist die Schattenseite des dritten?» fragte ich. «Was hast du als nächstes mit mir vor?»

14
Ein Anlauf zum großen Sprung

Nichts Wirkliches kann bedroht werden. Nichts Unwirkliches existiert. Darin liegt der Friede Gottes.
                                                      A Course in Miracles

«Es geht nicht darum, was *ich* vorhabe, sondern was *du* vorhast. Ich lasse mich von dir führen», erklärte sie.
«Wie eine Tanzpartnerin.»
«Ja», sagte sie mit einem scherzhaften Knicks.
«Also gut – was kommt als nächstes?»
«Nicht viel – eigentlich nur ein symbolisches Erlebnis. Socrates hat ja schon sein Teil dazu beigetragen, dich auf die unteren Stockwerke vorzubereiten; also dürfte das hier nicht mehr schwierig für dich sein.» Sie führte mich durch eine felsige Schlucht, durch einen kurzen steinernen Tunnel und dann auf einen Weg, der über einen rasiermesserscharfen Grat führte. «Aber erst einmal wollen wir uns eine Weile hier hinsetzen.»
Sie schloß die Augen, und da ich sie nicht mit Fragen bestürmen wollte, tat ich das gleiche. Viel anderes konnte man hier oben sowieso nicht machen – dachte ich zumindest.
Als ich die Augen wieder aufschlug, sah ich im Westen schon die Sonne untergehen. Da öffnete auch Mama Chia die Augen und reichte mir Mais und Nüsse aus ihrem Rucksack, der nie leer zu werden schien. «Iß das, du wirst es brauchen können.»
«Warum muß ich essen? Das hier ist doch nur ein Traum, oder nicht? Allerdings fällt mir jetzt auf», stellte ich fest, «daß mir dieses Stockwerk viel wirklicher vorkommt als die anderen. Es ist so eine Art Vision, nicht wahr?»

Sie ignorierte meine Frage und erklärte: «Im dritten Stockwerk geht es um Macht; aber nicht um Macht über andere Menschen – das ist die negative Seite –, sondern um persönliche Macht über die Impulse deines Basis-Selbst und die Wünsche deines Ego. Hier erwarten dich viele Herausforderungen: Du mußt Selbstbewußtsein, klare Zielsetzungen, Pflichtbewußtsein, Integrität, Verantwortungsgefühl, Konzentration, Engagement und Willenskraft entwickeln – alles Dinge, die den meisten Lehrlingen auf dem Wege zur Menschwerdung so schwerfallen.

Jetzt, wo du das zweite Stockwerk aufgeräumt und ein Gefühl der Verbundenheit zu deinen Mitmenschen bekommen hast, ist deine Aufmerksamkeit frei für höhere Impulse. Es wird dir leichter fallen, auch auf die Bedürfnisse anderer einzugehen – obwohl es wahren Altruismus im dritten Stockwerk noch nicht gibt. Dein Basis-Selbst hat dich immer noch unter Kontrolle; doch es ist jetzt schon disziplinierter. Was du für andere Menschen tust, das tust du aus Pflichtgefühl und Verantwortungsbewußtsein. Aber die Liebe entzieht sich dir immer noch.»

«Willst du damit sagen, daß ich nicht richtig lieben kann?» fragte ich. Ihre Worte beunruhigten mich.

«Es gibt viele Arten von Liebe», sagte sie. «Genauso, wie es viele verschiedene Arten von Musik, Filmen, Essen und Trinken gibt. Es gibt zum Beispiel die Liebe im ersten Stockwerk, die sich auf äußerst primitive, ja sogar gewaltsame sexuelle Begegnungen beschränkt. Im zweiten Stock ist die Liebe voller Vitalität, und der sinnliche Genuß steht im Vordergrund; man nimmt jetzt aber auch schon auf den Partner Rücksicht. Und im dritten Stockwerk ist die Liebe eine wohldurchdachte, raffinierte Kunst.»

«Ich frage dich nach der Liebe, aber du redest immer nur von Sex.»

«Solange du das vierte Stockwerk nicht erreicht hast, besteht die Liebe auch hauptsächlich aus Sex.»

«Sprich weiter!»

«Nicht nötig; du hast schon begriffen, worum es geht.»

«Und was ist mit der Liebe in den höheren Stockwerken?»

«Damit wollen wir uns beschäftigen, wenn du bereit dafür

bist», erwiderte sie. «Im Augenblick geht es mir hauptsächlich darum, dir klarzumachen, daß die Welt immer nur die Bewußtseinsebene widerspiegelt, auf der du dich befindest. Gleiches zieht Gleiches an – Menschen, die im ersten Stock zu Hause sind, fühlen sich zu der Musik, den Büchern, Filmen, Getränken, Nahrungsmitteln, Sportarten und so weiter hingezogen, die zum ersten Stockwerk gehören. Und das gilt auch für den zweiten und dritten Stock. Solange dein Bewußtsein nicht fest im vierten Stockwerk, im Herzen, ruht, sind letzten Endes alle deine Motive egoistisch. Du dienst nur dir selbst.»

«Vielleicht hatte Socrates deshalb nie eine Tankstelle mit Selbstbedienung!» wagte ich einen Scherz.

Mama Chia lachte amüsiert vor sich hin, und ich stellte meine nächste Frage: «Bin ich dann nach dem vierten Stockwerk nicht mehr so selbstbezogen?»

«Bis zum siebten Stockwerk, wo das Ich sich auflöst, sind wir alle selbstbezogen, Dan. Die Frage ist nur, *welches* Ich, welches Selbst im Zentrum steht. Wenn du vom dritten zum vierten Stockwerk aufsteigst, dann wendest du dich ganz bewußt von der kindlichen Bedürftigkeit deines Basis-Selbst ab und höheren Motiven zu.»

«Und was hat das alles mit diesem Ort hier zu tun?» forschte ich und wies auf den Gipfel, auf dem wir standen.

«Gut, daß du mich danach fragst», meinte sie. «Denn um über das dritte Stockwerk hinauszukommen, mußt du eines tun», erklärte sie, während wir um einen Felsvorsprung herumgingen, und zeigte auf einen schmalen, ebenen, aber steinigen Weg, der nach etwa fünfundvierzig Metern endete.

«Was soll ich tun?» fragte ich mißtrauisch.

«Zuerst einmal geh diesen Weg entlang, so weit du kannst, und schau dir an, was es dort zu sehen gibt.»

«Tür Nummer vier?»

«Vielleicht», antwortete sie.

Vorsichtig ging ich den schmalen Bergrücken hinab, blieb aber dann abrupt stehen, als ich an den Rand eines Abgrunds kam – eines gähnenden Abgrunds, so tief, daß ich unten nichts mehr erkennen konnte. Vor mir fiel der Felsen etwa sechshundert Meter tief senkrecht ab. Ich trat einen Schritt von dieser schwindelnden Höhe zurück und blickte über den Abgrund hinweg zur gegenüberliegenden Felswand hinüber, die etwa neun Meter entfernt war. Es sah aus, als sei der Gipfel von einem riesigen Messer in zwei Hälften geteilt worden.

Plötzlich stand Mama Chia hinter mir und sagte: «Bei Socrates und durch deine Ausbildung als Sportler hast du eine gewisse Selbstbeherrschung gelernt. Einen starken Willen hast du sowieso schon, und ein großer Teil der Trümmer ist aus dem Weg geräumt. Da drüben ist die Tür.» Sie wies über den Abgrund hinweg auf einen kleinen Felsvorsprung – kaum mehr als eine Einkerbung – an der gegenüberliegenden Felswand. Leider schien dort tatsächlich ein Eingang zu sein. «Du brauchst nur hinüberzuspringen.»

Wieder versuchte ich die Entfernung abzuschätzen – sie war ganz offensichtlich zu weit zum Springen. Ich warf Mama Chia einen fragenden Blick zu, um zu sehen, ob das ein Witz sein sollte. Aber ihr Gesicht wirkte ganz ernst.

«Das ist unmöglich», widersprach ich. «Das sind sieben oder neun Meter, und ich bin kein Weitspringer. Und selbst wenn ich springen würde – wenn ich diesen schmalen Felsvorsprung verfehle, schlage ich mir den Kopf an der Felswand ein, und dann hat es mich die längste Zeit gegeben.»

«Angst hast du wohl gar nicht?» fragte sie.

«Nein, eigentlich nicht – aber ich bin auch kein Idiot. Das wäre Selbstmord.»

Mama Chia sah mich nur an, mit diesem Lächeln, das alles besser zu wissen schien.

«Ich habe nein gesagt.»

Sie wartete.

«Das hier ist jetzt kein Traum mehr», brauste ich auf. «Und ich bin schließlich kein Vogel!»

«Aber es geht», meinte sie und zeigte über den Abgrund.

Kopfschüttelnd drehte ich mich um, und wir gingen wieder zurück. «Es hat nichts mit Angst zu tun, Mama Chia – das weißt du. Es wäre schlicht und einfach eine Dummheit. Grundsätzlich habe ich ja nichts dagegen, auszuprobieren, wo meine Grenzen liegen; aber wenn ich mich hier überschätze, bin ich ein toter Mann.»

Ich spürte ihre Hand, noch ehe sie mich berührte. Schlagartig richteten sich die Haare in meinem Nacken auf, und ich bekam eine Gänsehaut; dann zuckte ein Blitz vor meinen Augen auf. Etwas hatte sich verändert. Oder doch nicht? Es sah zwar alles noch genauso aus wie vorher, aber irgendwie wirkte es anders. Ich stand immer noch da und sprach zu Mama Chia. «Ist das ein Traum?»

«Alles ist ein Traum», antwortete sie.

«Nein, ich meine, das hier in diesem Augenblick...»

«Dein Ziel kannst du immer verfehlen, egal ob du träumst oder nicht.»

«Und wenn ich es verfehle, muß ich dann tatsächlich sterben?»

«Dein physischer Körper bleibt unversehrt; aber den Schmerz, den du dabei spürst, wirst du als sehr real empfinden, und – ja, ein Teil von dir wird mit ziemlicher Sicherheit sterben.»

«Aber wenn das nur eine Vision ist, dann kann ich doch eigentlich alles vollbringen, was ich will.»

«So einfach ist es auch wieder nicht», erwiderte sie. «Du wirst nur das schaffen, was du dir auch wirklich zutraust. Es erfordert Glauben und Vertrauen, diesen Abgrund zu überqueren. Das hier ist eigentlich keine Prüfung für deinen Körper, sondern für deinen Geist – dein Konzentrationsvermögen, deine Selbstdisziplin, deine Zielstrebigkeit und in gewisser Hinsicht auch für deine Integrität oder den Grad deiner Integration.

Du hast schon soviel erreicht – vielen Menschen würde das für ihr ganzes Leben genügen. Diese Herausforderung hier darfst du nur annehmen, wenn du auch wirklich weitergehen möchtest. Frage dich, ob du den Abgrund mit Hilfe deiner *Willenskraft* überqueren kannst. Das ist eine Prüfung für deine persönliche Kraft. Und dort» – wieder zeigte sie über den Abgrund – «liegt der Weg zur vierten Tür.»

Noch einmal starrte ich über den Abgrund. Dann sprang ich einmal probeweise in die Höhe und kam wieder auf dem Boden auf. Es fühlte sich an wie die Landung nach einem Flug, obwohl ich gar nicht höher gesprungen war als sonst. Ich versuchte es noch einmal – wieder mit dem gleichen Ergebnis.

Das ist ja verrückt, dachte ich. Vielleicht war das alles ein Trick, eine Prüfung für mein gesundes Urteilsvermögen. Vielleicht bestand die Aufgabe darin, eine so törichte Herausforderung gar nicht anzunehmen. Was konnte mir schon passieren, wenn ich mich einfach weigerte zu springen? «Ja, das muß die Lösung sein!» sagte ich laut und wollte mich Mama Chia zuwenden. Aber sie war nicht mehr da.

Da hörte ich jemanden nach mir rufen. «Dan! Bitte hilf mir! Hilfe!» Ich blickte über den Abgrund, dorthin, wo die Stimme herkam, und sah – Sachi. Das war unmöglich! Sicher war das auch wieder nur ein Trick. Aber in diesem Augenblick schrie Sachi noch einmal verzweifelt auf und klammerte sich an den Felsvorsprung, auf dem ich landen sollte. Sie war abgerutscht und bemühte sich verzweifelt, wieder hinaufzuklettern.

«Das ist nicht fair, Mama Chia!» rief ich. «Das ist doch gar nicht wirklich Sachi!»

«Daaaaannnn!» schrie Sachi in panischer Angst. Sie fand vorübergehend Halt an dem Felsen, rutschte aber wieder ab.

Da sah ich den Tiger. Er schlich an einem schmalen Felsband entlang, direkt auf Sachi zu. Sie sah ihn nicht.

«Bitte!» rief sie wieder. Ich hatte keine Wahl. Ich mußte es versuchen. Rasch lief ich den schmalen Weg zurück und nahm Anlauf.

Während ich immer schneller sprintete, beschlichen mich noch einmal Zweifel: Was tue ich da eigentlich? Ich glaube nicht, daß ich das schaffe. Dann überkam mich eine Art kalter Wut. Keine Wut *auf* irgend etwas oder irgend jemanden – einfach nur eine mächtige Energie, eine riesige Welle, die alles hinwegspült, was ihr im Weg steht. Nichts sollte mich aufhalten!

Immer schneller und ganz auf mein Ziel konzentriert, rannte ich auf den Abgrund zu. Eine Welle der Kraft stieg in mir auf. Mein Verstand vergaß Vergangenheit und Zukunft, Tiger und Abgründe, und ich konzentrierte mich nur noch auf eine einzige Sache: den Punkt, auf dem ich landen sollte. Dann sprang ich.

Während ich durch die Luft schwebte, hatte ich einen Moment lang das Gefühl, daß ich es vielleicht doch nicht schaffen würde. Wie im Zeitlupentempo glitt ich durch Zeit und Raum. Dann spürte ich, wie die Schwerkraft ihr Recht forderte und an meinen Beinen zog. Ich begann abwärts zu stürzen. Aber in diesem Augenblick geschah etwas. Vielleicht geschah es auch nur in meiner Phantasie: Ich nahm alle meine Kräfte zusammen und überquerte den Abgrund mit Hilfe meiner *Willenskraft*. Es war ein Gefühl, als flöge ich.

Ein paar Sekunden später landete ich mit einem dumpfen Aufprall, der mir sehr wirklich vorkam, auf der anderen Seite des Abgrunds. Ich rollte in die flache Vertiefung in der Felswand hinein und schlug gegen den Felsen. Der Tiger rannte auf Sachi und mich zu. Noch benommen taumelte ich an den Rand des Abgrunds, streckte die Hände aus und zog Sachi hinauf. Dann – gerade in dem Augenblick, als der Tiger zum Sprung ansetzte – zog ich sie durch die Tür.

Der Aufprall muß ziemlich heftig gewesen sein. Kaum waren wir durch die Tür, verlor ich das Bewußtsein.

Momente später erwachte ich wieder. Um mich herum war es ziemlich dunkel. Ich hatte blaue Flecken an den Armen, und der Kopf tat mir weh. Mein ganzer Körper schmerzte. Ich warf einen Blick auf mein Handgelenk. Es war verkrümmt – gebrochen. Doch dann streckte es sich langsam wieder, die blauen Flecken verschwanden, und der Schmerz legte sich. Ich schloß für ein paar Sekunden die Augen.

Als ich sie wieder aufschlug, saß ich aufrecht auf einem alten Laken neben einem offenen Grab auf dem heiligen *Kahuna*-Friedhof.

Die Morgensonne schien Mama Chia ins Gesicht und tauchte es in einen rosigen Schimmer. Trotzdem sah sie blaß und mitgenommen aus. Als sie sah, wie ich sie anstarrte, lächelte sie matt und sagte: «Die letzten Tage waren eine ziemlich harte Probe für uns. Wenn du meinst, daß *ich* schlecht aussehe, dann sei froh, daß du dich selbst nicht siehst!»

Sie reichte mir eine Plastikflasche mit Wasser. «Da, trink.»

«Danke.» Meine Kehle war völlig ausgedörrt. Dankbar griff ich nach der Flasche. Seit meinem Erlebnis da draußen auf dem Meer konnte ich Durst nicht mehr gut verkraften. Zumindest diese Angst schien nach wie vor fest in der Tiefe meines Basis-Selbst verankert zu sein.

Als ich ausgetrunken hatte, stand Mama Chia auf. «Komm. Wir haben noch einen weiten Rückweg vor uns.» Ehrerbietig verabschiedeten wir uns von Lanikaula. Obwohl er bei Tageslicht nicht zu sehen war, spürte ich seine Gegenwart und seinen Segen.

Auf dem Rückweg wurde mir bewußt, daß ich zwar im dritten Stockwerk Ordnung geschaffen und genügend Konzentrationsfähigkeit und Selbstdisziplin bewiesen hatte, um das Tor zum vierten Stock durchschreiten zu können, daß meine Vision aber im dritten Stock abgebrochen war. Ich hatte das vierte Stockwerk gar nicht erreicht! Ich ahnte zwar schon, daß ich versagt hatte; trotzdem fragte ich Mama Chia nach ihrer Meinung.

Sie gab mir eine einfache, ehrliche Antwort: «Du bist noch nicht soweit. Deine Psyche hat es abgelehnt. Du bist zurückgekommen.»

«Also habe ich die Chance vertan», sagte ich.

«Das ist sehr simpel ausgedrückt – aber mehr oder weniger stimmt es.»

«Und was soll ich jetzt tun?»

«Tja, Dan, deine Ausbildung bei Socrates hat dir geholfen, durch die ersten drei Stockwerke zu kommen, wie ich dir gesagt habe. An sich bist du bereit, das vierte Stockwerk zu betreten. Das kann jederzeit geschehen. Aber verstehst du: Um den großen Sprung tun zu können, muß dein Bewußtes Selbst, das Ich, seinen Griff lockern. Vielleicht ist es das, was dich noch zurückhält.»

Bald wurde es dunkel. Wir übernachteten im Regenwald. Morgen, dachte ich, haben wir nur noch eine kurze Strecke vor uns. Noch ein paar Stunden, dann sind wir zu Hause.

Doch bald nach unserem Aufbruch am nächsten Morgen gelangten wir zu einem eindrucksvollen Wasserfall, der von einem Felsvorsprung zwölf Meter über uns in die Tiefe hinabdonnerte.

«Weißt du», sagte ich und blickte unverwandt in das tosende Wasser hinein, «Socrates hat mich einmal davor gewarnt, mich zu sehr von inneren Dingen beeindrucken zu lassen – Visionen und so etwas. Er sagte, das könnte manche Menschen – vor allem solche, die keinen allzu festen Boden unter den Füßen haben – zu allen möglichen Illusionen verleiten. Selbst wenn er mich gerade auf eine innere Reise geschickt hatte, pflegte er noch zu sagen, ich solle die Lektion im Kopf behalten, aber die Erinnerung an das Erlebnis wieder abschütteln.

Und deshalb habe ich mir gedacht: Vielleicht beweisen all diese Visionen letzten Endes gar nichts. Im Traum ist es viel leichter, mutig oder hemmungslos oder diszipliniert zu sein als im wirklichen Leben. Ich habe gar nicht das Gefühl, jetzt so völlig anders zu sein als vorher. Woher soll ich denn wissen, ob sich wirklich etwas geändert hat?»

«Was du durchgemacht hast, war viel mehr als ein Traum, Dan. Und sieh das mit dem ‹wirklichen Leben› nicht zu eng.»

«Aber ich glaube immer noch, mir etwas beweisen zu müssen.»

Mama Chia lächelte und schüttelte belustigt den Kopf. Sie blickte mich ein paar Sekunden lang unverwandt an; dann schaute sie in den Wasserfall. «Also gut», meinte sie. «Du mußt dir etwas beweisen? Dann geh und meditiere eine Weile unter dem Wasserfall.»

Ich sah mir den Wasserfall noch einmal an und überlegte. Das war wirklich eine Menge Wasser, die da herunterkam. Es würde etwas anderes sein als nur eine kleine Dusche. «Klar, kann ich machen», sagte ich lässig. So eine ähnliche Szene hatte ich einmal in einem Kung-Fu-Film gesehen. «Okay. Einverstanden. Zwanzig Minuten lang.»

«Fünf Stunden würden viel mehr beweisen», sagte sie sofort.

«Was, *fünf Stunden?* Da würde ich ja ertrinken! Oder einen Dachschaden davontragen!»

«Vielleicht hast du schon einen Dachschaden», schmunzelte sie.

«Also gut – eine Stunde, aber das ist das Höchste. Vielleicht reicht auch das schon zum Ertrinken.» Ich streifte mein Hemd über den Kopf und war schon im Begriff, mir auch die Schuhe auszuziehen; doch dann beschloß ich, sie lieber anzubehalten. Vorsichtig trat ich von einem rutschigen, moosbewachsenen Stein zum nächsten und tastete mich bis unter den Wasserfall.

Die Kraft des herabstürzenden Wassers hätte mich beinahe umgeworfen. Mühsam kämpfte ich mich vorwärts; zweimal wäre ich fast ausgerutscht. Schließlich fand ich einen flachen Stein. Dort setzte ich mich hin und bemühte mich, unter der Kraft der tosenden Fluten in meinem Rücken die Wirbelsäule geradezuhalten. Das Wasser war kalt; doch das war bei diesem Klima erträglich. Ein Glück, daß die Luft wenigstens warm ist, dachte ich, ehe die flüssige Lawine all meine Gedanken auslöschte.

Obwohl mein Kopf zum Zerspringen schmerzte, hielt ich mit eiserner Entschlossenheit durch, bis ich das Gefühl hatte, daß nun eine Stunde herum war. Aber es waren wahrscheinlich höchstens zwanzig Minuten. Ich war schon drauf und dran, «das Spiel wegen Regen abzusagen» – doch etwas hielt mich zurück. Vielleicht war es Mut – oder Entschlossenheit oder Selbstdisziplin. Oder vielleicht war es auch nur sturer, verbohrter Eigensinn.

Früher, wenn der Trainer fünfzehn Liegestütze im Handstand verlangt hatte, hatte ich immer freiwillig zwanzig gemacht. Schon immer war ich so gewesen, so lange ich zurückdenken konnte. Und so hielt mich auch jetzt irgend etwas bei der Stange, obwohl ich nur den einen Wunsch hatte, aufzustehen, fortzugehen, die Sache aufzugeben. Irgendwo in meinem Hinterkopf (der vordere Teil meines Kopfes war bereits wie taub) hallte immer noch Mama Chias Herausforderung nach und wiederholte sich wie ein Mantra: Fünf Stunden, fünf Stunden, fünf Stunden...

Während des Sportstudiums war mein Basis-Selbst darauf gedrillt worden, bei dem Wort «Herausforderung» stets sein Äußerstes zu geben. Ich spürte eine Welle der Energie durch meinen Unterleib und meine Brust emporsteigen, und mir wurde klar, daß ich *tatsächlich im Begriff war, die Herausforderung anzunehmen.* Fünf Stunden – ich war fest entschlossen. Dann versank die Welt in den Fluten, und ich konnte nicht mehr denken.

Irgendwo in dem dröhnenden Tosen, in dem Lärm, der aus immer weiterer Ferne an mein Ohr drang, hörte ich wieder den Wind brausen und sah vor meinem geistigen Auge einen weißen Turm auf mich zufliegen.

Dann fand ich mich in einem winzig kleinen Zimmer wieder. Beißende Gerüche hingen in der Luft, ein Dunst von Abwässern und Verwesung, teilweise von einem intensiven Duft von Räucherstäbchen überlagert. Ich erkannte die Kleidung – bunte Saris selbst inmitten dieser schrecklichen Armut. Es war kein Irrtum möglich. Ich war irgendwo in Indien.

Mir gegenüber versorgte eine Frau, die das Gewand einer Nonne trug, einen bettlägerigen Leprakranken, dessen Gesicht voller offener Wunden war. Mit Abscheu stellte ich fest, daß der Kranke einen tiefen, eiternden Riß in der Wange hatte. Ihm fehlte auch ein Ohr. Er lag im Sterben. Mich schauderte vor seinem Anblick, den üblen Gerüchen und der Krankheit. Entsetzt wich ich einen Schritt zurück und verschwand.

Wieder pfiff mir der Wind um die Ohren. Ich lehnte an einer halbverfallenen Backsteinmauer in Paris in einer Seitengasse der schmalen Rue de Pigalle. Ein Gendarm hob gerade einen Betrunkenen aus dem Rinnstein auf, der über und über mit Erbrochenem bedeckt war und nach Gosse stank, und half ihm in den Polizeiwagen. Angeekelt trat ich zurück. Da verblaßte auch diese Szene vor meinen Augen.

Wieder blies der Wind. Unsichtbar wie ein Geist saß ich am Bett eines Teenagers in einem eleganten Vorstadthaus in Los Angeles. Er schnupfte irgendein weißes Pulver. Dummer Kerl, dachte ich. Nichts wie weg hier.

Im nächsten Augenblick stand ich vor einer Hütte in Afrika und blickte durch den Eingang auf einen sehr alten Mann, der sich nur mühsam bewegen konnte. Er versuchte, einem kleinen Baby mit aufgetriebenem Bauch und aufgesprungenen Lippen, dessen Rippen aussahen, als wollten sie im nächsten Augenblick die Haut durchstechen, etwas Wasser einzuflößen.

«Um Himmels willen, was ist das?» rief ich laut. Ich hatte das Gefühl, in die Hölle zurückgekehrt zu sein. «Was haben diese Menschen mit mir zu tun? Hol mich hier weg! Ich ertrage das nicht! Ich will nichts mehr davon sehen!»

Mit geschlossenen Augen schüttelte ich den Kopf, um die Erinnerung an diese Menschen und ihre Leiden loszuwerden. Da hörte ich eine Stimme nach mir rufen – immer lauter. «Dan! Dan!»

Undeutlich erkannte ich Mama Chia. Sie saß neben mir unter dem Wasserfall, zog mich am Arm und schrie laut: «Dan! Komm, alter Weltmeister! Du hast bewiesen, was du beweisen mußtest.»

Ich war völlig durchnäßt und sah aus wie eine ertrunkene Katze. Halb schwankend, halb kriechend tastete ich mich hinter dem Wasserfall hervor und stammelte: «Ganz hübsch zum Besichtigen – aber wohnen möchte ich dort nicht. Schau mal» – ich wies auf meinen Nacken –, «ich glaube, ich habe Kiemen bekommen!

Brrrrrrr!» Ich schüttelte den Kopf, um wieder klare Gedanken fassen zu können. Ich fühlte mich wie ein triefend nasser Schwamm. Einmal stolperte ich und stürzte. Während ich mich wieder aufrichtete, zeigte ich auf den Wasserfall, stellte mich in Positur wie ein Stuntman und sprach in eine imaginäre Kamera: «Macht mir das zu Hause um Himmels willen nicht nach, Kinder; ich bin ein Experte auf dem Gebiet.» Dann verdrehte ich die Augen, kippte hintenüber und verlor das Bewußtsein.

Als ich wieder zu mir kam, hatte die heiße Sonne mich schon getrocknet. Ich setzte mich auf. «Von heute an dusche ich ein Jahr lang nicht mehr», schwor ich mir.

Ich wandte mich Mama Chia zu, die in der Nähe saß, eine saftige Mango aß und mich beobachtete.

«Damit ist doch wohl einiges bewiesen, oder nicht?» fragte ich.

«Ja», erwiderte sie lächelnd. «Während du dort saßest wie ein Esel und dich vom Wasser beinahe erschlagen und ertränken ließest, bin ich nach Hause gegangen, habe ein Mittagsschläfchen gemacht, eine Freundin besucht, bin zurückgekommen und habe diese Mango gegessen.» Sie warf den Kern ins Gebüsch. «Damit ist tatsächlich etwas bewiesen – nämlich daß einer von uns beiden ein Narr ist.» Dann lachte sie so herzlich, daß ihre Stimme wie Musik klang und ich mitlachen mußte.

«Du hast wirklich Mut, Dan. Das wußte ich von Anfang an. Socrates hat dir tatsächlich geholfen, Ordnung zu schaffen – die Lichter im dritten Stockwerk anzuschalten. Wenn dein Bewußtes Selbst sich jetzt entscheidet, etwas zu tun, dann weiß dein Basis-Selbst, wie ernst es dir ist, und gibt dir die nötige Energie, um es zu schaffen. Eines kann ich dir versichern», sagte sie feierlich, «du bist ein Mensch geworden.»

«Ich bin ein Mensch geworden? Und das ist alles?»

«Das ist schon ein ganz schöner Fortschritt – es bedeutet, daß du in den ersten drei Stockwerken einen ordentlichen Hausputz gemacht hast. Du bist mit deinem Körper, mit der Welt und mit deiner Menschlichkeit in Berührung gekommen.»

«Aber irgend etwas ist unter diesem Wasserfall passiert», erklärte ich ihr. «Ich habe all diese armen Menschen gesehen – die Kranken, die Sterbenden. Irgendwie hatte ich das Gefühl, im...»

«... vierten Stock gewesen zu sein», beendete sie meinen Satz. «Ja, das habe ich auch gespürt – unten in der Hütte, als ich schlief.» Sie nickte, aber ihre Augen blickten ein wenig traurig.

«Und was bedeutet das? Habe ich bestanden?»

«Den Wasserfall ja. Den Durchgang zum vierten Stock – nein.»

«Und warum nicht? Was ist denn schiefgegangen?»

«Komm, gehen wir. Wir reden unterwegs darüber.»

15
Dienen im Geist der Liebe

Ich schlief und träumte, das Leben sei Freude. Ich erwachte und sah, das Leben ist Dienen. Ich diente und entdeckte, Dienen ist Freude.
Rabindranath Tagore

Langsam wanderten wir auf dem Weg, der sich vor uns dahinschlängelte, wieder in den Wald hinab, und ich fragte: «Was ist vorhin eigentlich mit mir geschehen – als ich über den Abgrund sprang und als ich unter dem Wasserfall saß?»

Mama Chia, die vor mir her humpelte, antwortete voller Mitgefühl und Verständnis: «Dan, für dich und viele andere Menschen ist das dritte Stockwerk ein Schlachtfeld. Dort wirst du mit lauter Problemen konfrontiert, die deine Selbstdisziplin, dein Engagement, deine Willenskraft und deine Selbstbeherrschung betreffen, und dein Basis-Selbst lernt seine letzten Lektionen.

Solange wir diese Probleme nicht gelöst und die Herrschaft über uns selbst nicht erlangt haben, ist unser Leben ein ständiger Kampf. Wir müssen einen Abgrund überbrücken zwischen dem Wissen, was wir tun sollen, und dem tatsächlichen Tun. Der Krieger hat sein Basis-Selbst beherrschen gelernt.

Mit deinem Sprung über den Abgrund hast du gezeigt, daß du einen starken Willen hast; sonst wärst du in die Tiefe gestürzt.»

«Und was wäre dann passiert?»

«Dann hättest du mühsam wieder hochklettern müssen!» erwiderte Mama Chia lachend.

«War Sachi eigentlich wirklich da drüben?»

«In deiner Vorstellung war sie wirklich dort», antwortete

Mama Chia und setzte hinzu: «Vielleicht steht sie symbolisch für deine Tochter, die du da drüben in Ohio sitzengelassen hast.»

Ihre Worte gaben mir einen Stich. Ich empfand Reue, ein großes Gefühl der Verantwortung und Liebe, als ich Hollys Gesichtchen vor mir sah. «Ich sollte heimreisen, um sie zu besuchen.»

«Ja, natürlich», stimmte Mama Chia zu. «Aber willst du ihr einen ganzen Vater mitbringen – oder jemanden, der noch viel Unerledigtes mit sich herumschleppt?»

Wieder hallten Socs Worte in mir nach: «Was du angefangen hast, das führe lieber auch zu Ende.»

«Hast du deine Aufgaben hier schon zu Ende geführt?» fragte Mama Chia, als könnte sie meine Gedanken lesen.

«Ich weiß es nicht. Ich verstehe immer noch nicht, was dort unter dem Wasserfall mit mir passiert ist...»

Sie schnitt mir das Wort ab. «Du bist über den Abgrund gesprungen. Das war eine enorme Leistung. Aber dich erwartet noch ein viel größerer Sprung.»

«Zum vierten Stock?»

«Ja – ins Herz hinein.»

«Ins Herz hinein», wiederholte ich. «Klingt ein bißchen sentimental.»

«Mit Sentimentalität hat das nichts zu tun», widersprach sie. «Es ist eine Sache der Physik – der *Meta*physik. Und du *kannst* diesen Sprung schaffen, Dan. Aber du brauchst dazu großen Mut und viel Liebe. Bei den meisten Menschen schlummern diese Eigenschaften ein Leben lang im verborgenen oder entwickeln sich nur teilweise. Bei dir sind sie gerade im Begriff, zum Leben zu erwachen. Es beginnt mit einer Sehnsucht, wie du sie mir beschrieben hast.» Mama Chia hielt inne, dann offenbarte sie mir: «Ich kenne dich besser als du dich selbst, Dan. All deine Abenteuer sind nichts anderes als die Suche des Geistes nach sich selbst. Dein Höheres Selbst wartet voller Liebe auf dich. Die Begegnung steht schon ganz nahe bevor. Ich hoffe nur, daß ich sie noch erlebe...» Sie brach mitten im Satz ab.

«Was soll das heißen: Du hoffst, daß du sie noch erlebst?»

fragte ich. «Werde ich so lange dazu brauchen – oder gibt es da noch etwas, was ich nicht weiß?»

Mama Chia blieb einen Augenblick stehen und sah aus, als wollte sie meine Frage beantworten. Doch dann setzte sie sich hinkend wieder in Bewegung und nahm den vorherigen Gesprächsfaden wieder auf. «Du wirst deinem Höheren Selbst begegnen, sobald dein Bewußtsein sich aus dem Meer der persönlichen Sorgen und Belange erhebt und ins Herz senkt. Du brauchst es nicht in den Bergen von Tibet zu suchen, das Himmelreich liegt *in dir*. In dir und über dir – in deinem Herzen und darüber – ist alles, was du brauchst.»

«Und was ist mit den oberen Stockwerken?»

«Ich habe dir doch schon einmal gesagt: einen Schritt nach dem anderen! Zuerst mußt du zum Herzen finden; dann entdeckst du die höheren Stockwerke ganz von allein. Aber du wirst dann viel zu sehr mit der Liebe und dem Dienst beschäftigt sein, um dir große Gedanken darüber zu machen.»

«Ich bin mir nicht sicher, ob ich das Zeug dazu habe, den ‹Heiligen Dan› zu spielen», wandte ich grinsend ein. «Dazu esse ich viel zu gerne Kuchen.»

«Keine Sorge», entgegnete Mama Chia und lächelte. «Wenn du den Sprung ins Herz hinein wagst, dann wirst du Kuchen wirklich und wahrhaftig *lieben*. Das tue ich auch!» Sie lachte. Dann verstummte sie für eine Weile, als wollte sie mir Gelegenheit geben, ihre Worte erst einmal zu verdauen, so wie ein Gärtner das Wasser tief in den Boden hineinsickern läßt, bis zu den Wurzeln.

Ich blickte auf und sah mich um. Wolken schoben sich vor die Mittagssonne. Mama Chia hatte mit ihren Offenbarungen eine Saite tief in meinem Inneren berührt. Schweigend gingen wir weiter, bis neue Fragen in mir aufstiegen.

«Mama Chia, ich bin schon einigen Menschen begegnet, die außergewöhnliche Kräfte oder Fähigkeiten besitzen. Heißt das, daß sie in den höheren Stockwerken angekommen sind?»

«Manche Menschen erlangen solche Fähigkeiten durch ihre Arbeit in früheren Inkarnationen. Doch meistens – solange sie nicht alle Trümmer in den unteren Stockwerken beiseite geräumt haben – dürfen sie nur vorübergehend in die oberen Stockwerke hinauf, um mit diesen Energiepunkten in Verbindung zu treten und durch die Fenster zu schauen.»

«Und was ist mit spirituellen Meistern?»

«Das Bewußtsein eines wahren Meisters ist schon von Geburt an vorhanden, aber es kann lange verborgen bleiben – selbst in Zeiten der Verwirrung und des inneren Aufruhrs. Und dann beginnt es durch die Einwirkung irgendeines Erlebnisses oder eines Lehrers plötzlich aufzublühen. Große Meister haben Zugang zu den höheren Stockwerken. Sie manifestieren große Liebe, Energie, Klarheit, Weisheit und Ausstrahlung, Mitgefühl, Sensibilität und Macht. Aber wenn sie nicht auch die Aufgaben der unteren Stockwerke gemeistert haben, brennen sie letzten Endes entweder mit dem Geld ihrer Anhänger durch oder gehen mit ihren Schülern ins Bett.»

«Ich würde diese oberen Stockwerke gern einmal kennenlernen.»

«Die Menschheit kennt schon seit Jahrhunderten eine ganze Anzahl geheimer Techniken und Substanzen, mit deren Hilfe man einen Blick in die oberen Stockwerke werfen kann. Man sollte solche Praktiken aber lieber als etwas Heiliges betrachten und nicht als bloße Freizeitbeschäftigung. Sie können einem einen guten Vorausblick auf zukünftige Erlebnisse geben.

Viele wohlmeinende, einsame, gelangweilte oder verzweifelte Menschen verschaffen sich mit Hilfe solcher Methoden spirituelle Erlebnisse», fuhr Mama Chia fort. «Aber was dann? Was haben sie davon? Nach einer Zeit kehren sie wieder in ihren normalen Zustand zurück und sind deprimierter als je zuvor.

Der Geist ist immer hier – immer bei uns, um uns herum und in uns drinnen. Aber zu dieser Erkenntnis gelangt man nicht im Schnellverfahren. Durch mystische Praktiken kann man zwar sein Bewußtsein erweitern, aber wenn diese Erfahrungen nicht in einem verantwortungsbewußten Leben in *dieser* Dimension verankert sind, führen sie zu nichts», sagte Mama Chia und folgte einer Biegung des Weges.

«Menschen, die der Welt mit Hilfe spiritueller Erlebnisse entfliehen wollen, sind auf dem Holzweg. Durch ihre Suche nach spirituellen Erfahrungen wird das Dilemma, das sie zu dieser Suche getrieben hat, nur noch ausweglöser.

Der Wunsch, sich über die Langeweile, Fleischlichkeit und Vergänglichkeit dieser Welt zu erheben, ist völlig natürlich. Aber Leute, die sich ständig mit sich selbst beschäftigen und sich mit Hilfe sogenannter spiritueller Praktiken von den Problemen des täglichen Lebens ablenken wollen, steigen eine Leiter hoch, nur um am Ende festzustellen, daß sie an der falschen Mauer lehnt.

Du begegnest dem Höheren Selbst nicht, indem du dir farbiges Licht vorstellst oder andere schöne Dinge visualisierst, sondern indem du seinen Willen akzeptierst – indem du zum Höheren Selbst *wirst*. Diese Entwicklung läßt sich nicht erzwingen. Sie verläuft nach ihren eigenen Gesetzmäßigkeiten.

Der Trainingsplatz des friedvollen Kriegers ist das tägliche Leben», fuhr sie fort. «Der Geist gibt dir alles, was du brauchst – hier und jetzt. Du entwickelst dich nicht weiter, indem du nach anderen Orten und Erfahrungen strebst, sondern indem du dich auf das konzentrierst und das akzeptierst, was jetzt im Augenblick vor dir liegt. Erst dann kannst du den nächsten Schritt tun – egal, in welchem Stockwerk du gerade arbeitest.

Und dann», sagte sie, blieb stehen und sah mich an, «wenn du Ordnung in die unteren Stockwerke gebracht hast, geschieht etwas ganz Subtiles und doch ungeheuer Faszinierendes: Deine Motive verändern sich grundlegend. Du *suchst* kein Glück mehr, sondern willst Glück *schaffen*.

Und das ist letzten Endes nichts anderes als Dienst. Jesus Christus hat einmal gesagt: ‹Der Größte unter euch soll allen anderen dienen.› Das, Dan, ist der Weg zum Herzen, die Besteigung deines inneren Berges. Und eines kann ich dir versichern: Eines Tages wirst du anderen nicht mehr aus Eigennutz oder Schuldgefühlen oder sozialem Verantwortungsbewußtsein dienen, sondern *weil es nichts gibt, was du lieber tätest*. Es wird dir so einfach und angenehm vorkommen wie ein wundervoller Film im Kino, der dich so glücklich macht, daß du dein Erlebnis mit anderen Menschen teilen möchtest.»

«Ich weiß nicht, ob ich den Dienst an anderen zum Mittelpunkt meines Lebens machen könnte. Das klingt für mich immer noch so, als wäre es eine Last.»

«*Natürlich* klingt es so», erwiderte sie, «weil du es noch von der Warte des dritten Stockwerks aus betrachtest. Aber aus dem Fenster des vierten Stocks, mit den Augen des Herzens gesehen, stehen Bequemlichkeit, persönlicher Komfort und Zufriedenheit nicht mehr im Mittelpunkt deines Lebens. Dann wirst du dich jeden Abend darauf freuen, am nächsten Morgen wieder aufzustehen, nur um einer anderen Seele, einem anderen Teil deines Selbst beistehen zu können.»

Mama Chia verstummte, denn ein heftiger Regenschauer hatte eingesetzt und machte unseren Pfad tückisch. Dazu mußten wir noch über verschlungene Baumwurzeln steigen. Es war schwierig, zu gehen und gleichzeitig zu sprechen. Ich konzentrierte mich auf meine schlammverkrusteten Turnschuhe, die dem nassen Boden im Rhythmus meiner Schritte ein leises Quietschen entlockten, und dachte über Mama Chias Worte nach. Mühsam kämpften wir uns durch den Matsch und den Regen, der den Wald durchtränkte und an den Seiten dieses schmalen, rutschigen Pfades einige kleine, aber malerische Wasserfälle bildete.

Später, als der Weg breiter wurde, drehte Mama Chia sich nach mir um, sah meinen bekümmerten Gesichtsausdruck und sagte: «Sei nicht zu streng mit dir, Dan. Akzeptiere, wo du jetzt stehst. Vertraue auf dein Höheres Selbst. Es ruft schon seit deiner Kindheit nach dir. Es hat dich zu Socrates und zu mir geführt. Akzeptiere dich selbst und diene ganz einfach. Diene so lange aus Pflichtgefühl, bis du aus Liebe dienen kannst – und nimm die Resultate nicht für dich in Anspruch.

Und wenn du so weit bist, daß du gern hundert Leben – oder die ganze Ewigkeit – damit zubringen würdest, anderen zu dienen, dann brauchst du keinem bestimmten Weg mehr zu folgen. Dann bist du selbst *der Weg* geworden. Durch Dienst entwickelst du – das Bewußte Selbst – dich zu einem Höheren Selbst, obwohl du noch in einem menschlichen Körper wohnst.»

«Und woran soll ich erkennen, wenn es passiert?» fragte ich.

«Du wirst es nicht erkennen. Deine Freude wird so groß sein, daß du es gar nicht bewußt registrierst!» antwortete sie mit strahlendem Gesicht. «So wie das Ego sich in den Armen Gottes auflöst, so geht dein Verstand im Willen Gottes auf. Dann versuchst du nicht mehr, dein Leben zu steuern und in bestimmte Bahnen zu lenken – du hörst auf zu leben und fängst an, *gelebt zu werden*. Du gehst in einem umfassenderen Sinn, in den ‹größeren Zusammenhängen›, auf. Du *wirst der Weg,* indem du aus dem Weg gehst!»

«Ich weiß nicht recht», seufzte ich. «Das klingt, als sei es unmöglich.»

«Wann hätte dich das je abgeschreckt?» fragte Mama Chia.

«Du hast gewonnen», lächelte ich.

«Wenn jemand Joseph de Veuster als kleinem Jungen gesagt hätte, daß er als Erwachsener die Leprakranken auf der Insel Molokai pflegen würde», setzte sie hinzu, «hätte er das vielleicht auch für unmöglich gehalten. Und doch wurde Joseph später Pater Damien, und als die Leprakranken hier ausgesetzt wurden, um elend dahinzusiechen und zu sterben, hatte er seine Berufung gefunden und diente ihnen bis an sein Lebensende. Und denk nur an Mutter Teresa und Mahatma Gandhi und...»

«Und dich», warf ich ein.

Wir stiegen den Regenwald hinab in die Richtung meiner Hütte, wo ich mich endlich würde ausruhen können. Ich hatte es bitter nötig. Die Steine und Baumwurzeln gingen in Gras, Laub und feuchte rote Erde über. Wir waren beide erschöpft und wanderten schweigend nebeneinander her. Ich konzentrierte mich darauf, langsam und tief zu atmen, preßte die Zunge an den Gaumen und überließ es meinem Basis-Selbst, die Energien, die mich durchströmten, in meinem Körper zu verteilen und ins Gleichgewicht zu bringen. Ich atmete nicht nur Luft ein, sondern auch Licht und Energie und Geist.

Der Gesang der Vögel kam wieder in mein Gewahrsein. Das allgegenwärtige Rieseln und Rauschen der Bäche und Wasserfälle, die durch die Regenschauer entstanden waren, lenkte meine Aufmerksamkeit erneut auf die geheimnisvolle Schönheit Molokais. Doch die quälende Frage nach dem Dienst stieg trotzdem immer wieder in mir auf und bedrückte mich.

«Mama Chia», brach ich unser Schweigen, «wenn du von Pater Damien oder Mutter Teresa sprichst, wird mir klar, wie weit ich von all dem entfernt bin. Der Gedanke, mit Leprakranken zu tun zu haben und den Armen zu dienen, sagt mir im Augenblick einfach nicht zu, obwohl ich weiß, daß das etwas Gutes wäre.»

«Die meisten Menschen haben ähnliche Gefühle wie du», antwortete sie, ohne sich umzudrehen. «Gutes kann man aus vielen verschiedenen Gründen tun. Im ersten Stockwerk dient jeder Mensch nur sich selbst; im zweiten Stock knüpfen wir unseren Dienst an Bedingungen; im dritten Stock dienen wir aus Pflichtgefühl und Verantwortungsbewußtsein. Ich sage dir noch einmal: Wahrer Dienst beginnt erst auf der vierten Ebene, wenn dein Bewußtsein im Herzen weilt.»

Wir wanderten weiter in den Nachmittag hinein. Einmal blieben wir stehen, um Mangos zu pflücken. Doch sie waren für meinen Hunger nur ein Tropfen auf dem heißen Stein. So freute ich mich über die Nüsse, die Mama Chia noch in ihrem Rucksack hatte. Sie selbst knabberte nur daran und war zufrieden mit diesem kärglichen Mahl.

«Wenn du weiter so wenig ißt», sagte ich, «wirst du bald schlank sein wie ein Model.»

«Was für ein Model?» fragte sie.

«Zum Beispiel das Model einer Heiligen.»

«Ich bin keine Heilige», widersprach sie. «Du solltest mich mal auf Partys erleben.»

«Habe ich doch schon – weißt du nicht mehr? Auf Oahu.» Meine Gedanken kehrten wieder dorthin zurück – war es möglich, daß das erst ein paar Wochen her war? Mir kam es vor, als seien seit meiner Ankunft auf Hawaii schon Jahre vergangen. Ich fühlte mich viel älter und vielleicht auch ein bißchen weiser.

Während wir die letzte Etappe unseres Abstiegs in Angriff nahmen, fragte ich Mama Chia: «Wie soll ich diesen Sprung, von dem du mir erzählt hast, jemals schaffen? Schließlich habe ich einen Beruf, eine Familie, die ich unterstützen muß, und auch noch andere Verpflichtungen. Ich kann nicht einfach durch die Welt gehen und Sachen verschenken oder meine ganze Zeit als freiwilliger Helfer irgendwo verbringen.»

«Wer hat das denn von dir verlangt? Wie kommst du auf diese Idee?» wollte Mama Chia wissen. Dann lächelte sie. «Vielleicht hast du sie aus derselben Quelle wie ich», sagte sie, verlangsamte ihren Schritt und erzählte: «Als ich auf die Universität ging, hatte ich die allerhöchsten Ideale. Ich strebte nach dem Heiligen Gral; mit etwas Geringerem hätte ich mich nicht zufriedengegeben. Es verging kein Tag, an dem ich nicht Gewissensbisse hatte, weil ich eine so gute Universität besuchte, weil ich Bücher lesen und studieren und interessante Filme sehen durfte, während in anderen Kontinenten Kinder verhungerten. Ich schwor mir, daß mein Studium nur dazu dienen sollte, später den Menschen zu helfen, die nicht so viel Glück hatten wie ich.

Dann bekam ich ein Stipendium für ein Semester in Indien, und das wurde ein herber Schock für meine hochfliegenden Ideale. Ich hatte ein bißchen Geld zusammengespart, das ich den Armen geben wollte. Kaum war ich aus dem Zug gestiegen, kam auch schon ein Kind auf mich zu. Es war ein hübsches kleines Mädchen – sauber und ordentlich, mit glänzenden weißen Zähnen, trotz der Armut. Sie bat mich um eine kleine Gabe, und ich war glücklich, ihr ein Geldstück geben zu können. Wie ihre Augen aufleuchteten! Mir wurde richtig warm ums Herz.

Dann rannten schon die drei nächsten Kinder auf mich zu. Ich lächelte huldvoll und gab wieder jedem ein Geldstück. Im Nu war ich von fünfzehn Kindern umringt. Und es sollte noch schlimmer werden! Überall standen bettelnde Kinder herum. Bald hatte ich kein Kleingeld mehr. Also verschenkte ich meine Reisetasche und meinen Regenschirm; ich verschenkte fast alles außer den Kleidern, die ich am Leib trug, und meinen Flugtikkets. Wenn ich so weitergemacht hätte, hätte ich bald selbst betteln gehen müssen! Irgendwie mußte das aufhören. Ich mußte lernen, nein zu sagen, ohne daß mein Herz sich verhärtete. Es tat mir weh, aber es mußte sein. Schließlich hatte ich kein Armutsgelübde abgelegt – ebensowenig wie du.

Ja, es stimmt: Diese Welt braucht mehr Mitgefühl. Aber jeder Mensch hat eine andere Berufung. Manche arbeiten an der Börse, andere im Gefängnis. Manche leben im Luxus, andere haben kein Dach über dem Kopf. Manche denken darüber nach, mit welchem Marmor sie ihren Swimmingpool auslegen lassen sollen, andere verhungern auf der Straße. Sind die Reichen deshalb böse und die Armen Heilige? Ich glaube nicht. Hier sind komplizierte karmische Zusammenhänge am Werk. Jeder Mensch spielt seine Rolle. Jeder wird in die Lebensumstände hineingeboren, die eine Aufgabe für ihn darstellen und ihm die Möglichkeit geben, sich weiterzuentwickeln. Wer in diesem Leben ein Bettler ist, war in einem früheren Leben vielleicht wohlhabend. Es hat schon immer Ungleichheit auf der Welt gegeben, und solange das Bewußtsein der Menschheit nicht mindestens bis ins dritte Stockwerk aufgestiegen ist, wird es sie auch weiterhin geben.

Mit der Zeit bin ich so weit gekommen, daß ich meine Schuld, im Wohlstand zu leben und genug zu essen zu haben, akzeptieren konnte. Wie könnten wir sonst je einen Bissen zu uns nehmen, während andere Menschen verhungern?»

«Und wie wirst du mit deiner Schuld fertig?» fragte ich sie.

«Schon diese Frage zeigt, daß dein Herz dabei ist zu erwachen», sagte sie. «Ich werde damit fertig, indem ich gut zu den Menschen in meiner unmittelbaren Umgebung bin. Ich akzeptiere die Rolle, die mir bestimmt ist. Und ich schlage dir vor, das gleiche zu tun. Es ist gar nichts dagegen einzuwenden, daß ein friedvoller Krieger gut verdient, tut, was ihm oder ihr Spaß macht, und dabei gleichzeitig anderen Menschen dient. Alle drei Elemente sind wichtig! Es ist *völlig in Ordnung,* für sein Wohl zu sorgen, zu lieben, glücklich zu sein – trotz all der Probleme dieser Welt.

Du mußt dein eigenes Gleichgewicht finden. Tu, was du kannst; aber nimm dir auch Zeit, zu lachen und das Leben zu genießen. Deine Lebensweise wird sich ganz von selbst ändern, wenn dein Bewußtsein im Turm des Lebens höher emporsteigt. Deine Ansprüche ans Leben werden dann einfacher, und deine Prioritäten – wie du deine Zeit, dein Geld und deine Energie einsetzen sollst – ändern sich.»

«Ich habe hohe Ideale, Mama Chia. Und ich möchte ihnen näherkommen. Ich *will* mich verändern.»

«Der erste Schritt zur Veränderung», sagte sie, «besteht darin, anzunehmen, wo du im Augenblick stehst. Nimm deinen Entwicklungsprozeß *voll und ganz* an. Solange du negativ über dich urteilst, erreichst du nur, daß deine alten Verhaltensmuster so bleiben, wie sie sind, denn dein Basis-Selbst nimmt dann eine Abwehrhaltung ein und kann sehr störrisch werden. Aber wenn du dich selbst akzeptierst, so wie du bist, gibst du dem unbewußten Kind in dir den Spielraum, den es braucht, um zu wachsen. Aber *wann* das geschieht, das liegt einzig und allein in der Hand Gottes – nicht in deiner.»

16
Dunkle Wolken am strahlenden Himmel

Hier sind die Tränen aller Dinge;
Die Sterblichkeit berührt das Herz.
Vergil, Hirtengedichte (Eklogen)

Ich hatte alles in mich aufgenommen, was ich im Augenblick erfassen konnte; das spürte Mama Chia genau. Während der letzten paar Kilometer ruhte ich meinen Kopf und mein Herz aus – aber meine Füße konnte ich leider noch nicht ausruhen. Mittlerweile lief ich auf dem Zahnfleisch; mich zog eher die Schwerkraft bergab, als daß meine Energiereserven mich in Gang gehalten hätten. Wieder konnte ich es kaum glauben, daß diese alte Frau all die vielen Kilometer Schritt für Schritt hinkend zurückgelegt hatte.

Als wir nur noch etwa einen guten Kilometer von meiner Hütte entfernt waren, schlug Mama Chia einen anderen Weg ein als sonst. Ein paar Minuten später kamen wir zu einer kleinen Hütte neben einem Bach, der über Felsen in einen Abgrund stürzte. Wir näherten uns der Hütte von oben, und ich sah einen japanischen Steingarten mit einem einzigen großen Felsblock in der Mitte – einer Insel in einem Meer aus Kieselsteinen, die mit dem Rechen sorgfältig zu Wellen geformt waren. Auf dem Felsen erhob sich ein Bonsai mit gewundenem Stamm, der sich in vollkommener Harmonie mit der gesamten Gartenanlage befand. Darüber lag ein weiterer terrassenförmig angelegter Garten mit Gemüse und Blumen.

Die Hütte war auf Pfählen über dem Boden errichtet. «Manchmal bekommen wir ziemlich viel Wasser ab», erklärte

Mama Chia, ohne daß ich sie danach gefragt hätte, während wir die drei Holzstufen hinaufgingen und die Hütte betraten. Die Einrichtung war typisch für Mama Chia: eine lange, niedrige Futon-Liege, grüne Teppiche, die an das Laub im Wald erinnerten, ein paar Gemälde an den Wänden, einige Zafus – Meditationskissen – und verschiedene andere Kissen in zueinander passenden Farben.

«Soll ich dir einen Eistee machen?» fragte sie.

«Ja, gern», sagte ich. «Kann ich dir helfen?»

Sie lächelte. «Der Tee ist zwar für zwei gedacht; aber man braucht nicht zwei Leute, um ihn zu machen. Das Badezimmer ist dort drüben.» Sie zeigte nach links, während sie in die Küche ging. «Mach es dir gemütlich. Wenn du Lust hast, leg eine Platte auf.»

Als ich aus dem Badezimmer kam, sah ich mich suchend nach dem Plattenspieler um. Aber ich entdeckte nur ein altes Grammophon – eine Antiquität.

Als Mama Chia den Tee und ein paar Papayascheiben aus der Küche brachte, wirkte sie so friedlich und gelöst – geborgen in ihrer gewohnten Umgebung –, als sei sie die ganze Zeit hier gewesen. Von der strapaziösen Wanderung quer über die Insel sah man ihr nichts mehr an.

Als wir unseren Tee ausgetrunken hatten, trug ich das Geschirr in die Küche zurück und wusch ab. «Wir sind nur noch etwa anderthalb Kilometer von deiner Hütte entfernt», sagte sie. «Ich nehme an, du kannst eine kleine Ruhepause gebrauchen.»

«Ja», stimmte ich zu. «Du sicher auch.»

Mama Chia kniete sich wie eine Japanerin vor mir auf ein Kissen und sah mir direkt in die Augen. «Ich habe das Gefühl, dich in den letzten Tagen gut kennengelernt zu haben.»

«Das beruht auf Gegenseitigkeit», erwiderte ich. «Du bist ein erstaunlicher Mensch! Socrates hat wirklich eine Gabe, sich die richtigen Freunde auszusuchen!» lächelte ich.

«Ja, die hat er», stimmte sie zu. Wahrscheinlich meinte sie, daß er auch bei mir die richtige Wahl getroffen hatte.

«Merkwürdig – wir kennen uns erst seit ein paar Wochen, aber eigentlich kommt es mir viel länger vor.»

«Es ist, als hätte die Zeit gar keine Bedeutung mehr», bestätigte sie.

«Ja, genau – und es wird noch eine Weile dauern, bis ich alles verdaut habe, was du mir beigebracht hast», sagte ich.

Sie schwieg einen Augenblick. Dann sagte sie: «Vielleicht ist das der Sinn des Lebens – es gibt uns Zeit, das zu verarbeiten, was wir gelernt haben.»

Wir saßen eine Weile schweigend da, genossen die heitere Stille ihres Hauses und freuten uns, beisammen zu sein. Einem plötzlichen Impuls folgend, sagte ich: «Ich bin dir so dankbar, Mama Chia.»

«*Mir* dankbar?» Sie lachte. Offenbar fand sie das lustig oder gar absurd. «Das freut mich für dich. Dankbarkeit ist ein schönes Gefühl, das jedem Menschen guttut. Aber wenn du Durst hast und dir jemand Wasser gibt – bist du dann dem Glas dankbar oder der Person, von der du das Wasser bekommen hast?»

«Natürlich der Person», antwortete ich.

«Ich bin nur das Glas», sagte sie. «Sende deine Dankbarkeit an die Quelle.»

«Das will ich tun, Mama Chia, aber ich weiß auch das Glas zu schätzen!»

Wir lachten. Dann verblaßte ihr Lächeln ein wenig.

«Ich glaube, ich sollte dir etwas sagen, Dan, nur für den Fall eines Falles...» Sie zögerte einen Augenblick. «Ich neige zu Blutgerinnseln – da ist die Gefahr eines Gehirnschlags sehr groß. Seit meinem letzten Schlaganfall hinke ich, meine Hand zittert, und auf dem einen Auge sehe ich nicht mehr so gut. Der nächste Schlag wird tödlich sein.»

Sie sagte das in ganz nüchternem Ton. Ich spürte, wie eine Welle des Entsetzens meinen Körper durchfuhr. «Der Arzt, der die erste Diagnose gestellt hat», fuhr sie fort, «und der Spezialist, der sie später bestätigte, sagten beide, ich könnte ein ganz normales Leben führen – abgesehen von den üblichen Vorsichtsmaßnahmen –, aber ich hätte dadurch eben keine sehr hohe Lebenserwartung. Die Ärzte können nicht viel machen – sie geben mir Medikamente, aber...»

Sie saß schweigend da, während ich diese Neuigkeit zu verkraften versuchte. Ich sah ihr in die Augen, dann zu Boden, dann wieder in ihre Augen. «Gehören zu diesen ‹üblichen Vorsichtsmaßnahmen›, die die Ärzte dir empfohlen haben, auch Gewaltmärsche, die deine Kräfte bis aufs äußerste erschöpfen?»

Mama Chia lächelte mich mitfühlend an. «Jetzt verstehst du vielleicht, warum ich dir vorher nichts davon gesagt habe.»

«Ja – weil ich dann nie mitgegangen wäre!» Gemischte Gefühle überwältigten mich – Zorn, Besorgnis, Kummer, Angst, Gewissensbisse und das Gefühl, hintergangen worden zu sein.

Ein bedrückendes Schweigen senkte sich über uns. «Du hast gesagt, der nächste Schlaganfall wird tödlich sein. Meinst du damit nicht, er *könnte* tödlich sein?»

Mama Chia zögerte; dann sagte sie: «Ich habe das Gefühl, daß ich bald sterben werde. Ich spüre das. Ich weiß nur nicht genau, wann.»

«Kann ich irgend etwas für dich tun?» fragte ich schließlich.

«Ich werde es dich wissen lassen», sagte sie mit einem tröstenden Lächeln.

«Aber bei allem, was du weißt – deiner engen Beziehung zum Basis-Selbst –, kannst du dich da nicht selbst heilen?»

«Diese Frage habe ich mir auch schon oft gestellt, Dan. Ich tue, was ich kann. Alles andere liegt in der Hand des Geistes. Es gibt Dinge, die man akzeptieren muß. Selbst mit dem positivsten Denken kann man ein fehlendes Bein nicht zum Nachwachsen bringen. Mit meinem Problem ist es so ähnlich.»

«Das erinnert mich an meinen Freund, von dem ich dir erzählt habe – der Mann, der gestorben ist», sinnierte ich. «Als er erfuhr, daß er krank war, empfand er, was wohl alle Menschen in dieser Situation fühlen – den Schock, das Nicht-glauben-Wollen, den Zorn auf sein Schicksal und schließlich die Annahme. Ich glaube, er hätte die Möglichkeit gehabt, seine Krankheit entweder zu besiegen – all seine Zeit, Energie und Willenskraft auf den Heilungsprozeß zu konzentrieren – oder wirklich ganz tief innerlich zu akzeptieren, daß er sterben mußte. Dann hätte er sich in sein Schicksal ergeben, seinen Frieden mit der Welt schließen, seine Angelegenheiten ordnen und diese ganze Erfahrung irgendwie so verarbeiten müssen, daß sie ihm bei seiner weiteren Entscheidung geholfen hätte. Aber das hat er nicht getan», sagte ich traurig. «Er tat das, was wahrscheinlich die meisten Menschen in dieser Lage tun. Er war wankelmütig, gab sich mit halbherzigen Bemühungen zufrieden und schaffte es bis zum Schluß nicht, den Tod wirklich zu bekämpfen *oder* aber ihn zu akzeptieren. Ich war... enttäuscht von ihm.» Das war das erste Mal, daß ich diese Empfindungen jemandem anvertraute.

Mama Chias Augen strahlten. «Socrates wäre stolz auf dich, wenn er das hören würde, Dan. Das war eine sehr kluge Erkenntnis! Ich habe schon erlebt, daß Menschen sich völlig dem Tod ergaben, und durch diese Ergebung wurden sie geheilt.

Was mich betrifft, so kämpfe ich um mein Leben *und* akzeptiere gleichzeitig den Tod. Und ich werde leben, wirklich intensiv leben, bis ich sterbe – egal, ob es heute, morgen oder nächstes Jahr passiert. Das ist das einzige, was man tun kann.»

Sie sah mich an. Ich glaube, sie spürte, wie bedrückt ich war und wie gern ich ihr geholfen hätte. «In diesem Leben gibt es keine Sicherheiten», sagte sie. «Wir alle leben so, wie wir es eben am besten wissen. Ich höre auf die Botschaften meines Basis-Selbst und vertraue ihnen. Aber manchmal – trotz allem...» Sie brach ab und zuckte die Achseln.

«Und wie wirst du damit fertig – mit dem Wissen, daß du jederzeit...»

«Ich habe keine Angst vor dem Tod; dazu begreife ich ihn viel zu gut. Aber ich liebe das Leben! Und je mehr ich lache und mich freue, um so mehr Energie gibt mir mein Basis-Selbst, um weiterzuleben.» Sie drückte mir die Hände. «An dir habe ich in den letzten Tagen auch meine Freude gehabt. Wir haben viel miteinander gelacht!» sagte sie. Meine Augen begannen zu brennen. Eine Träne lief mir die Wange hinunter, und wir umarmten uns.

«Komm», erbot sie sich, «ich begleite dich nach Hause.»

«Nein!» wehrte ich ängstlich ab. «Ich meine – ich finde den Weg schon allein. Ruh dich lieber aus.»

«Das klingt wirklich verlockend», stimmte sie zu, streckte sich auf der Couch aus und gähnte.

Als ich mich zum Gehen wandte, rief sie mich noch einmal zurück und sagte: «Jetzt, wo du es angeboten hast, fällt mir etwas ein – du kannst tatsächlich noch etwas für mich tun.»
«Was denn?»
«Es gibt noch ein paar Gänge, die ich erledigen muß – Leute, die ich besuchen sollte. Du kannst mir dabei helfen, wenn du willst – meinen zweiten Rucksack tragen, und andere Sachen. Hast du morgen etwas vor?»
«Ich muß mal in meinem Terminkalender nachsehen», scherzte ich, glücklich über die Einladung.
«Also gut!» antwortete sie. «Dann also bis morgen. Und bitte, Dan, mach dir meinetwegen keine Sorgen.» Sie winkte mir zu und wandte sich ab. Langsam ging ich die Treppe hinunter und suchte den Weg zurück zu meiner Hütte. Als ich durch den Wald wanderte, fragte ich mich, ob ich wohl je so empfinden würde wie sie – ob ich jemals den Wunsch haben würde, anderen Menschen einfach nur aus Freude zu dienen, ohne an mich selbst zu denken. Dann kam mir ein anderer Gedanke. War es möglich, daß Socrates mich nicht nur zu Mama Chia geschickt hatte, damit sie mir half, sondern auch, damit ich ihr half?
Als ich meine Hütte erreichte, waren mir zwei Dinge klar: Erstens, daß Socrates mich tatsächlich hierhergeschickt hatte, um das Dienen zu lernen; und zweitens, daß ich viel zu vergelten hatte.

Am nächsten Morgen hörte ich schon in aller Herrgottsfrühe einen Vogel direkt neben meinem Ohr zwitschern und spürte ein federleichtes Gewicht auf meiner Brust. Vorsichtig schlug ich die Augen auf und sah Redbird, Mama Chias Freund, den Apapane. «Hallo, Redbird», sagte ich leise, ohne mich zu rühren. Der Vogel legte nur den Kopf schief, zwitscherte wieder und flog aus dem Fenster.
Dann trat Mama Chia ein. «Morgenstund hat Gold im Mund. Mein kleiner Vogel ist früher aufgestanden als ich!» sagte sie und wies auf einen Baum vor dem Fenster, wo der Vogel saß und sang.

«Ich bin soweit», sagte ich, band mir die Schuhe zu und erinnerte mich noch einmal daran, daß ich mir geschworen hatte, in ihrer Gegenwart nicht schwarzseherisch und sentimental zu werden. «Was machen wir als erstes?»

«Erst einmal wird gefrühstückt.» Sie gab mir ein Stück frisches Brot, das noch warm war.

«Danke!» sagte ich, setzte mich aufs Bett und mampfte vor mich hin. «Was ich dich schon lange einmal fragen wollte, Mama Chia ... Gehört dir diese Hütte?»

«Ich habe sie geschenkt bekommen. Sachis Vater hat sie vor ein paar Jahren gebaut.»

«Ein nettes Geschenk», sagte ich mit vollem Mund.

«Er ist auch ein sehr netter Mensch.»

«Wann werde ich ihn endlich kennenlernen?»

«Er ist nicht da – er hat woanders einen Auftrag an einer Baustelle bekommen. Auf Molokai wird zur Zeit nicht viel gebaut. Aber vielleicht ergibt sich trotzdem einmal die Gelegenheit...» Sie zuckte die Achseln.

«Was ist eigentlich aus Sachi geworden?»

«Oh, sie müßte eigentlich jeden Augenblick hier sein. Ich habe ihr gesagt, daß sie mitkommen darf.»

«Das freut mich. Ich habe wirklich eine Schwäche für diese junge Dame.» Während ich noch sprach, kam Sachi herein. Sie errötete bei meinen Worten.

Mama Chia nahm jetzt ihren Rucksack und machte mir klar, daß ich den anderen tragen sollte. Ich bückte mich danach. «Gott, ist der schwer», sagte ich. «Da sind wohl lauter Steine drin?»

«Du hast es erraten!» sagte sie. «Ich wollte Fuji und Mitsu ein paar besonders schöne Steine für ihren Steingarten bringen. Und dir tut die körperliche Betätigung nur gut.»

«Wenn es dir zu schwer wird, kann ich ihn ja tragen», erbot Sachi sich mit einem Lächeln und zeigte ihre Grübchen.

«Wenn es mir zu schwer wird, kannst du *mich* tragen», grinste ich zurück und fragte, zu Mama Chia gewandt: «Ist Fuji nicht der Fotograf, von dem du mir erzählt hast? Dessen Frau gerade ein Baby bekommen hat?»

«Ja. Jetzt arbeitet er als Landschaftsgärtner auf der Molokai Ranch. Er ist sehr geschickt.»

Fuji und Mitsu begrüßten uns sehr herzlich und zeigten uns ihren neugeborenen Sohn Toby, der unbeeindruckt von dem Besuch dalag und fest schlief. «Er ist erst vor ein paar Wochen gekommen; Mama Chia hat dabei geholfen», erklärte Fuji.

«Da geht es ihm wie mir. Ich hoffe nur, seine Anreise war weniger beschwerlich als meine», sagte ich, grinste Mama Chia an und ließ den mit Steinen gefüllten Rucksack von meinen Schultern gleiten und mit einem dumpfen Schlag auf den Boden fallen.

«Steine für deinen Garten», sagte Mama Chia zu Fuji, während ich erleichtert meine Arme und Schultern streckte. Dann setzte sie hinzu, um mich ein bißchen zu ärgern: «Wenn sie nicht ganz deinen Vorstellungen entsprechen, nehmen wir sie natürlich gern wieder mit.»

Ein Blick auf mein Gesicht, und alle fingen an zu lachen.

Fujis und Mitsus Hütte war voller Antiquitäten und Souvenirs, die sie fein säuberlich auf Regalen aufgereiht hatten. Mir fielen auch einige schöne Fotos auf, die die Meeresbrandung, Bäume und Himmel zeigten – wahrscheinlich hatte Fuji sie gemacht. Das Haus war von Bäumen umgeben, und Hängepflanzen zierten die Wände – es war ein schönes Haus, ein Haus, in dem das Glück wohnte. Wir hörten das Baby schreien. Es war aufgewacht und hatte Hunger.

Während Mama Chia sich um Mitsu und ihren kleinen Sohn kümmerte, erbot Fuji sich, uns durch den Garten zu führen. «Mitsu und Fuji haben einen wunderschönen Garten!» rief Sachi begeistert.

Das hatten sie wirklich: Kohl, Mais, Bohnen und Kürbisse. Ich sah junge Taroblätter aus dem Boden sprießen. Auf der einen Seite des Gartens stand ein Avocadobaum, auf der anderen ein Feigenbaum. Sie sahen aus, als wollten sie Wache halten. «Wir haben auch gute Kartoffeln!» sagte Fuji stolz.

Ich spürte überall die Gegenwart von Naturgeistern. Mir fiel auf, daß mein Basis-Selbst in der letzten Zeit deutlicher zu mir sprach – oder vielleicht hörte ich ihm einfach nur aufmerksamer zu.

Nach unserem Rundgang saßen wir auf der Veranda und sprachen über Landschaftsgärtnerei, Fotografie und andere Dinge, bis Mama Chia wiederkam.

Als wir uns voneinander verabschiedeten, schüttelte Fuji mir die Hand, als wollte er sie nie wieder loslassen. «Wenn ich irgend etwas für dich tun kann, Dan, brauchst du es mir nur zu sagen.»

«Danke», sagte ich. Dieser Mann war mir aufrichtig sympathisch, aber ich rechnete nicht damit, ihn je wiederzusehen. «Alles Gute für deine Familie!»

Mitsu winkte vom Haus herüber, das Baby an der Brust. Wir wandten uns ab und gingen die Straße hinunter.

«Wir fahren in die Stadt», verkündete Mama Chia. «Ich leihe mir dazu immer Fujis Lieferwagen, wenn er ihn gerade nicht braucht.»

Sie zwängte sich hinter das Lenkrad des kleinen Lastwagens und stellte den Sitz so weit zurück, daß sie wenigstens atmen konnte. Ich rutschte auf den Beifahrersitz; Sachi sprang hinten auf die Ladefläche. «Um Himmels willen, halt dich fest!» rief Mama Chia der Kleinen zu, die vor Vergnügen quietschte, als wir die Schotterstraße entlangrumpelten, die auf die zweispurige Hauptstraße führte.

In die Stadt, dachte ich. Wie das klingt! Seit meinem Strandspaziergang zum Makapuu Point vor ein paar Wochen hatte ich kaum mehr etwas von der Zivilisation zu sehen bekommen. Es kam mir zwar ein bißchen albern vor – aber ich war tatsächlich aufgeregt.

Die Stadt Kaunakakai an der Südküste der Insel erinnerte mich an eine Hollywood-Filmkulisse: drei kleine Straßen mit Geschäften aus Holz, Backsteinen und verblichener Farbe. Auf einem Schild stand: «2200 Einw.» Ein Kai zog sich etwa anderthalb Kilometer ins Hafenbecken hinein.

Mama Chia ging in einen Laden, um einzukaufen. Ich wartete draußen mit Sachi, die in den Anblick eines Schaufensters versunken war. Während wir da standen, fielen mir kurz vier achtzehn- oder neunzehnjährige Hawaiianer auf, die auf uns zugeschlendert kamen und neben uns stehenblieben. Ich ignorierte die Stimme meines Basis-Selbst, die mir zuflüsterte: «Vorsicht – hier stimmt was nicht!» und beachtete die Burschen nicht weiter – bis einer von ihnen Sachi plötzlich ihre Blume aus dem Haar riß.

Sachi drehte sich um. «Gib mir die Blume wieder!» rief sie empört.

Er achtete nicht auf sie und begann nacheinander die Blütenblätter abzureißen: «Sie liebt mich, sie liebt mich nich', sie liebt mich, sie liebt mich nich'...»

«Is' doch egal», sagte einer der anderen Jungen. «Sie is' sowieso noch zu klein, aber...»

«Los, gib mir die Blume», befahl ich mit gespielter Tapferkeit. Oder war es Dummheit? Die Burschen drehten sich um und starrten mich wütend an. Jetzt war es passiert! Ich hatte sie auf mich aufmerksam gemacht.

«Was willst'n du? Die Blume?» fragte der kräftigste der Jungen. Er war fünfzehn Zentimeter größer und mindestens hundert Pfund schwerer als ich, hatte einen Bierbauch, und wie ich fürchtete, verbargen sich unter der schwammigen Fettmasse ganz beachtliche Muskeln. «Hol sie dir doch!» sagte er provozierend und grinste seinen Freunden zu.

Die anderen Schläger umringten mich. «Willste sie dir ins Haar stecken, oder was?» höhnte der mit dem Bierbauch.

«Nee», sagte ein anderer mit Irokesenschnitt. «Das is' kein Schwuler. Ich glaub', der mag lieber kleine Mädchen.» Er machte eine Kopfbewegung zu Sachi hinüber, die jetzt verlegen und ein bißchen ängstlich wirkte.

«Jetzt gib mir endlich die Blume!» herrschte ich den Burschen mit dem Bierbauch an. Das war ein großer Fehler.

Er ging einen Schritt auf mich zu und schubste mich nach hinten. «Hol sie dir doch, *haole*», stieß er zwischen zusammengebissenen Zähnen hervor.

Ich umklammerte mit der einen Hand sein Handgelenk und versuchte mit der anderen die Blume zu erwischen. Er warf sie weg und holte mit der Faust aus.

Ich duckte mich, so daß sein Schlag nur mein Haar streifte. Ich wollte mich nicht mit diesem Burschen schlagen, ich wollte Sachi nur hier herausholen. Aber ein Rückzug war nicht mehr möglich, dazu war die Auseinandersetzung schon zu weit gegangen. Ich stieß den Kerl mit dem Bierbauch mit aller Kraft von mir fort. Er trat einen Schritt zurück, stolperte über eine Bierdose und stürzte unbeholfen nach hinten. Einer seiner Freunde lachte. Wütend sprang er wieder auf – zornig genug, um mich zu töten, und auch durchaus in der Lage dazu. Doch in diesem Augenblick kam glücklicherweise der Ladenbesitzer herausgelaufen und rettete mich.

«He!» schrie er. Es klang, als kannte er die Burschen. «Hier wird nicht gerauft, oder ihr kommt mir in Zukunft nicht mehr hierher, verstanden?»

Der Kerl mit dem Bierbauch hielt inne und warf dem Ladenbesitzer einen unsicheren Blick zu. Dann funkelte er mich wütend an. Er ahmte mit dem Finger die Bewegung eines zustechenden Messers nach und drohte: «Das nächste Mal, Freundchen, mach' ich Hackfleisch aus dir!»

Die Halbstarken schlenderten davon. «Da haben Sie sich einen üblen Burschen zum Feind gemacht», sagte der Ladenbesitzer zu mir. «Weshalb habt ihr euch denn gestritten?»

«Deswegen», antwortete ich, hob die Blume auf und pustete den Straßenstaub von ihr weg. «Vielen Dank, daß Sie die Kerle weggejagt haben.»

Kopfschüttelnd ging der Ladenbesitzer wieder hinein. «Verrückte Touristen», murmelte er vor sich hin.

Erst als Sachi mich am Arm berührte, merkte ich, daß ich zitterte.

«Alles in Ordnung?» fragte sie.

«Ja. Alles okay», sagte ich, aber ich wußte, daß das nicht ganz stimmte. Mein Bewußtes Selbst hatte zwar Ruhe bewahrt, doch mein Basis-Selbst war ganz aufgewühlt. Seit meiner Kindheit hatte meine Mutter – eine Idealistin in einer leider nicht so idealistischen Welt – mir immer eingebläut: «Laß dich nie auf Raufereien ein!» Ich hatte keine Brüder und wußte einfach nicht, wie ich mich bei körperlichen Auseinandersetzungen verhalten sollte. Ich wünschte mir, Socrates hätte mich in seine Kampfsportkünste eingeweiht!

«Mit mir ist alles in Ordnung», wiederholte ich. «Und wie geht es dir?»

«Ganz gut», sagte sie.

Ich reichte ihr die Blume. «Hier – fast so schön wie neu.»

«Danke.» Sie lächelte. Aber als sie den Rowdys nachblickte, verblaßte ihr Lächeln. «Die habe ich schon öfter gesehen, das sind richtige Schlägertypen. Komm, gehen wir hinein. Ich glaube, Mama Chia ist fertig.»

Während ich Mama Chias Lebensmittel zum Lieferwagen trug, hielt ich Ausschau nach den Burschen. Ich nahm mir vor zu lernen, mich zu verteidigen und auch andere zu schützen, falls es notwendig sein sollte. Die Welt ist manchmal ziemlich gefährlich, dachte ich, es gibt nicht nur nette Menschen. Ob es nun ein Schläger war oder irgendein anderer Krimineller, der mir über den Weg lief – ich konnte diesen Bereich des Lebens nicht einfach ignorieren. Wenn dieser Ladenbesitzer nicht herausgekommen wäre... Ich schwor mir, daß mir so etwas nie wieder passieren würde.

«Na, habt ihr zwei euch gut amüsiert ohne mich?» fragte Mama Chia, als wir in den Lieferwagen stiegen.

«Klar», sagte ich und warf Sachi einen vielsagenden Blick zu. «Ich habe sogar ein paar neue Freunde gefunden.»

«Wie schön», lächelte sie. «Wenn wir diese Einkäufe heimgebracht haben, will ich dich mit ein paar ganz besonderen Menschen bekannt machen.»

«Das freut mich», sagte ich mechanisch. Ich hatte nicht die leiseste Ahnung, wer das sein konnte.

Am Spätnachmittag, als wir alle Besorgungen erledigt hatten, brachten wir Fuji seinen Lieferwagen zurück. Sachi hüpfte von der Ladefläche. «Bis morgen!» rief sie und rannte davon.

«Die Schlüssel sind im Wagen!» rief Mama Chia Fuji zu und winkte. Dann machten wir uns auf den Weg zu ihrer Hütte. Ich bestand darauf, ihr die meisten Lebensmittel – drei große Einkaufstüten – zu tragen, aber eine kleine Tüte ließ ich ihr. «Ich finde es ein Unding, daß ich diese Tüte tragen soll», beschwerte sie sich lauthals. «Schließlich bin ich eine bedeutende *Kahuna*-Schamanin und älter als du – und du könntest die Tüte doch mühelos zwischen die Zähne nehmen oder zwischen den Beinen mitschleifen.»

«Ja, ich bin ein fauler Mensch», gab ich zu, «aber du wirst mir meine Trägheit schon noch austreiben!»

«Der träge Krieger», sagte sie vor sich hin. «Das gefällt mir; es klingt nicht schlecht.»

Ich half ihr, die Lebensmittel einzuräumen. Dann ging ich. «Ich hole dich in etwa einer Stunde in deiner Hütte ab», rief Mama Chia mir nach.

17
Der Mut der Geächteten

Wenn ich nicht für mich da bin,
Wer soll dann für mich dasein?
Und wenn ich nur für mich da bin,
Was bin ich dann?
Und wenn nicht jetzt – wann dann?
Hillel, Sayings of the Fathers

Wie sich herausstellte, war diese Wanderung fast genauso lang wie die vorige, aber sie führte in die entgegengesetzte Richtung. Diesmal konnten wir einen Teil der Strecke mit einem Farmer mitfahren, der auf Molokai wohnte – eine lange, unbefestigte Straße, die fast bis zum Berg hinaufführte. Von dort gingen wir zu Fuß weiter. Wir blieben auf dem Weg, der erst steil abfiel und dann wieder anstieg.

Jedesmal, wenn Mama Chia vor Anstrengung zu keuchen begann, fragte ich sie voller Sorge, wie es ihr ging. Beim vierten oder fünften Mal wandte sie sich zu mir um – dem Zorn so nahe, wie ich sie noch nie gesehen hatte – und sagte: «Wenn du mich noch ein einziges Mal fragst, wie es mir geht, schicke ich dich mit einem Fußtritt zurück nach Hause! Verstanden?»

Am Spätnachmittag, als wir gerade die letzte Steigung bewältigten, blieb Mama Chia plötzlich stehen und streckte den Arm aus, um mich zu stoppen. Hätte sie das nicht getan, so hätte mir wahrscheinlich eine kurzlebige Karriere als Vogel bevorgestanden. Wir standen am Rand einer Klippe, die dreihundert Meter tief abfiel. Vor uns lag eine phantastische Aussicht: Über einem endlosen blaugrünen Meer zogen die Wolken dahin, und tief unter uns schwebte ein Albatros über der Brandung. Ich folgte dem Vogel mit den Augen. Da sah ich unten eine Art Siedlung, von hohen Palmen umgeben. Mama Chia zeigte darauf.

«Kalaupapa», sagte sie.
«Was ist das?» fragte ich.
«Ein Schlüssel zum Fahrstuhl in die oberen Stockwerke.»

Ich hatte nur ein paar Sekunden Zeit, um darüber nachzudenken, denn Mama Chia hatte sich schon umgewandt und stieg in ein Erdloch. Ich folgte ihr und fand mich auf einer Art Treppe im Inneren der Felswand wieder. Sie war steil und dunkel. Wir sprachen kein Wort. Ich mußte meine ganze Aufmerksamkeit darauf konzentrieren, den Halt nicht zu verlieren.

Nach einer Zeit verließen wir das Innere des Felsens wieder, traten hinaus ans Sonnenlicht und setzten unseren Abstieg außen an der Felswand fort. Wir hielten uns dabei an Griffen fest, die am Felsen angebracht waren. Ein Sturz auf die Klippen unter uns wäre tödlich gewesen. «Diesen Weg benutzen nur wenige Leute», erklärte Mama Chia.

«Das kann ich verstehen. Bist du noch in Ordnung?»

Sie warf mir einen wütenden Blick zu. Dann erklärte sie: «Es gibt auch einen Maultierpfad, aber der führt im endlosen Zickzack nach unten. Auf diesem Weg hier geht es viel schneller.»

Schweigend kletterten wir weiter nach unten. Nach einer letzten steilen Biegung wanderten wir in ein weites Tal hinab, das zwischen Bergen, Klippen und Meer eingebettet war. Vor uns lag eine kleine, von üppigem Grün und Baumreihen eingerahmte Siedlung. Dahinter war nur Sand und Wasser zu sehen. Inmitten von Palmen standen in ordentlichen Reihen barackenähnliche Häuser, einfach und schmucklos, und ein paar kleine Hütten. In ihrer geschützten kleinen Bucht wirkte die Siedlung eher spartanisch als luxuriös – mehr wie ein militärischer Außenposten als wie ein Ferienparadies.

Als wir näherkamen, sah ich draußen ein paar Leute. Einige ältere Frauen arbeiteten auf einem Stück Land, das wohl ein Garten war. Ein Mann, der auch schon älter war, saß allein an einer Art Schleifmaschine – ich konnte aus der Ferne nicht genau erkennen, was es war.

Als wir die Siedlung durchstreiften, blickten die Leute zu uns empor – mit freundlichen, vielfach zernarbten Gesichtern. Die meisten nickten und lächelten Mama Chia zu, die hier offenbar allen bekannt war. Andere beachteten uns kaum und konzentrierten sich auf ihre Arbeit. «Das sind die Leprakranken von Molokai», flüsterte Mama Chia mir leise zu. «Im Jahr 1866 wurden die ersten Leprakranken hier ausgesetzt – weil ihre Mitmenschen in ihrer Unwissenheit Angst vor ihnen hatten. Sie mußten hier unter Quarantäne leben und einsam sterben. 1873 kam Pater Damien hierher, um der Gemeinde zu dienen. Schließlich bekam er auch Lepra. Sechzehn Jahre später ist er gestorben», erklärte sie.

«Was – er ist an der Krankheit gestorben? Ist die denn ansteckend?»

«Ja, aber man steckt sich nicht so leicht an. Du brauchst dir deshalb keine Sorgen zu machen.» Aber ich machte mir Sorgen! Leprakranke! Die hatte ich bisher nur in Bibelverfilmungen gesehen, wenn Jesus seine Wunderheilungen vollbrachte. *Er* hatte keine Angst, sich irgendwo anzustecken; aber schließlich war er ja auch *Jesus*. Ich war nur ich, und ich *hatte* Angst.

«Diese Leute werden von konventionellen Ärzten behandelt», erklärte Mama Chia leise, als wir ins Dorf hineingingen. «Die Leprakranken sind zwar zum größten Teil reinblütige Hawaiianer; aber viele sind Christen und glauben nicht an die *Huna*-Medizin. Es gibt allerdings auch ein paar Leute, die ich berate – Leute, die ungewöhnliche Träume oder Erlebnisse gehabt haben. Sachen, von denen ihre Ärzte nichts verstehen.»

Ich sah ein paar Menschen mit deutlich erkennbaren Verunstaltungen und bemühte mich, nicht hinzustarren: Eine Frau saß auf einem Stuhl und las; sie hatte nur noch einen kurzen Beinstumpf. Einem Mann fehlten beide Hände; was ihn aber nicht daran hinderte, mit einem elektrischen Werkzeug irgend etwas abzuschleifen. «Er macht schönen Schmuck – silberne Delphine», sagte Mama Chia.

Allmählich verbreitete sich die Nachricht von unserer Ankunft, und immer mehr Leute kamen aus ihren Bungalows. Der jüngste Einwohner, den ich sah, war etwas über Vierzig. Er trug einen Verband um den Kopf. Eine ältere Frau mit zottigem Haar kam lächelnd auf uns zu. Sie hatte wunde Stellen im Gesicht, und ihr fehlten auch ein paar Zähne.

«Aloha», sagte sie zuerst zu Mama Chia, dann zu mir. Ihr Lächeln war heiter, freundlich und neugierig. Sie deutete mit dem Kopf auf mich und fragte Mama Chia: «Wer sein der *kane* (Mann)?»

«Er gekommen *kokua* machen (helfen)», antwortete Mama Chia in ihrem besten Kauderwelsch. «Mein Packesel», setzte sie stolz hinzu, was der Alten ein strahlendes, zahnloses Lächeln entlockte. «Er wird vielleicht ein paar Tage bleiben, mithelfen – anders wird man diese gutaussehenden jungen Männer ja nicht los», sagte sie. Die Greisin lachte und sagte etwas auf hawaiianisch. Mama Chia begann ebenfalls herzlich zu lachen.

Verblüfft sah ich Mama Chia an. «Habe ich richtig gehört – wir bleiben ein paar Tage hier?» Das war mir neu.

«Nicht *wir;* du.»

«Was – ich soll hierbleiben? Muß das wirklich sein?»

Mama Chia sah mich ein wenig traurig an, sagte aber nichts. Ich schämte mich; aber ich hatte absolut kein Bedürfnis danach, hierzubleiben.

«Ich weiß ja, daß du es gut meinst, und es wäre vielleicht auch lehrreich für mich... Es gibt sicher Menschen, die so etwas gern machen – wie dieser Pater Damien –, aber ehrlich gesagt, ich bin noch nie gern in Krankenhäusern oder bei armen Leuten gewesen. Ich habe großen Respekt vor Menschen, denen so etwas Freude macht. Aber ich fühle mich einfach nicht dazu berufen, verstehst du?»

Wieder warf sie mir diesen Blick zu und bestrafte mich mit Schweigen.

«Mama Chia», versuchte ich zu erklären. «Schon wenn jemand auch nur in meine Richtung *niest,* gehe ich in Deckung. Ich bin nicht gern in der Nähe kranker Menschen. Und du erwartest von mir, daß ich hier, mitten unter Leprakranken, bleibe?»

«Ja, unbedingt», sagte sie und steuerte auf eine Hütte am Strand zu. Ich folgte ihr. Es war der gemeinsame Speisesaal der Kolonie.

Ehe wir hineingingen, ermahnte sie mich: «Abgesehen von Ärzten und Priestern kommen hier keine Besucher her. Deine

Augen sind eine Art Spiegel für diese Leute; sie reagieren sehr sensibel. Wenn du sie mit Angst oder Abscheu anschaust, werden sie sich selbst auch so sehen. Verstehst du?»

Noch ehe ich antworten konnte, waren wir von mehreren Männern und Frauen umringt, die sich von ihren Tischen erhoben hatten und sich offensichtlich freuten, Mama Chia zu sehen. Sie nahm mir ihren Rucksack ab und holte ein Päckchen Nüsse und eine Art Obstkuchen heraus, den sie gebacken hatte. «Das ist für Tia», sagte sie. «Wo ist denn Tia?»

Es kamen auch ein paar Leute auf mich zu. «Aloha», sagte eine Frau und berührte mich leicht an der Schulter. Ich bemühte mich, nicht zusammenzuzucken, und stellte fest, daß ihre Hände beide normal aussahen. «Aloha», erwiderte ich ihren Gruß und brachte ein Lächeln zustande.

In diesem Augenblick sah ich, wie die Menschen zur Seite wichen, um einer Frau Platz zu machen, der jüngsten, die ich bisher hier gesehen hatte – ich schätzte sie auf Ende Dreißig. Sie war wohl im sechsten Monat schwanger. Es war wirklich ein unvergeßlicher Anblick, wie Mama Chia und sie, eine runder als die andere, versuchten, sich zu umarmen. Sie sahen aus wie zwei manövrierende Zeppeline.

Tia war eigentlich eine sehr hübsche Frau, obwohl sie eine verkrüppelte Hand hatte und einen Verband um den Arm trug. Mama Chia gab ihr den Kuchen. «Der ist für dich – und das Baby», sagte sie.

«Mahalo!» bedankte Tia sich lachend. Dann wandte sie sich mir zu. «Das ist wohl dein neuer Freund?» fragte sie Mama Chia.

«Nein!» wehrte Mama Chia ab. «Meine Freunde sehen besser aus – und sind jünger, das weißt du doch!» Wieder lachten sie herzlich.

«Er hat darauf bestanden, herzukommen und ein paar Tage im Garten zu helfen. Er ist ein kräftiger Bursche. Die Vorschrift, daß freiwillige Helfer bis zum Einbruch der Dunkelheit arbeiten müssen, ist ihm gerade recht.» Mama Chia stellte mich mit einer eleganten Handbewegung vor: «Tia, das ist Dan.»

Tia umarmte mich herzlich. Dann wandte sie sich wieder

Mama Chia zu. «Ich freue mich so, daß du da bist!» Wieder umarmten sie sich – inzwischen hatten sie den Bogen heraus –, und dann schlenderte Tia davon, um den anderen Mama Chias Kuchen zu zeigen.

Wir setzten uns zu Tisch. Eine Frau bot mir frisches Obst auf einem Tablett an. Sie war sehr liebenswürdig, aber ich konnte einfach nicht ignorieren, daß sie ein zernarbtes Gesicht und nur noch ein Auge hatte. Ich hatte keinen großen Hunger und wollte es ihr gerade sagen. Da blickte ich in ihr eines Auge, und zwischen uns beiden entstand eine Art Kontakt. Ihr Auge war so hell, so strahlend – ein paar Sekunden lang hatte ich das Gefühl, ihre Seele darin zu erkennen, und die sah genauso aus wie meine. Ich nahm die Früchte, die sie mir anbot. «Mahalo», sagte ich.

Später, als Mama Chia und ich allein auf zwei alten Holzstühlen im Speisesaal saßen, fragte ich sie: «Warum war diese Tia dir eigentlich so dankbar für den Kuchen?»

Sie lachte. «Das war nicht wegen des Kuchens – obwohl ich wunderbaren Kuchen backe! Sie war dankbar, weil ich ein Zuhause für ihr Baby gefunden habe.»

«Was hast du?»

Sie sah mich an, als sei ich schwer von Begriff. «Ist dir noch nicht aufgefallen, daß es hier keine Kinder gibt? Hier dürfen keine Kinder leben – wegen der Krankheit. Kinder von Leprakranken kommen im allgemeinen nicht mit Lepra auf die Welt; aber sie sind besonders anfällig dafür, und deshalb können sie nicht hier wohnen. Das ist vielleicht das Traurigste von allem, denn diese Menschen haben Kinder ganz besonders gern. Zwei Monate vor der Geburt muß die Frau die Leprakolonie verlassen, ihr Kind woanders zur Welt bringen und ihm Lebewohl sagen.»

«Das heißt, Tia wird ihr Kind gar nicht sehen – sie muß es hergeben?»

«Ja, aber ich habe eine Familie für das Kind gefunden, die nicht zu weit weg wohnt. So kann sie ihr Kind wenigstens besuchen; deshalb ist sie so glücklich.» Mama Chia erhob sich abrupt. «Aber ich muß noch andere Leute besuchen und habe vieles zu erledigen. Komm, ich führe dich ein bißchen herum.»

«Moment mal! Ich habe noch nicht gesagt, daß ich hierbleibe.»

«Und? Bleibst du?» Ich antwortete nicht gleich. Schweigend gingen wir weiter, hinunter zu ein paar Bungalows und dem Strand, der ein paar hundert Meter weiter anfing. «Kommst du hierher, um ihnen etwas beizubringen?» fragte ich.

«Nein – um von ihnen zu lernen.» Sie hielt inne und suchte nach Worten. «Das sind ganz normale Menschen, Dan. Wenn sie nicht krank wären, würden sie auf den Zuckerrohrfeldern arbeiten, Versicherungen verkaufen oder als Ärzte oder Bankangestellte arbeiten – genau wie alle anderen Leute. Ich will sie nicht idealisieren. Sie haben die gleichen typischen Probleme und Ängste wie jeder andere auch.

Aber Mut ist wie ein Muskel. Wenn man ihn trainiert, wird er stärker. Die meisten Menschen stellen ihren Mut erst auf die Probe, wenn sie in Not geraten. Diese Leute hier hatten die schwersten physischen und psychischen Kämpfe zu bestehen: Verstoßen, weil man Angst vor ihnen hat, müssen sie abseits in einem Dorf leben, ohne sich an dem Lachen ihrer Kinder freuen zu dürfen. Das Wort ‹Leprakranker› ist zu einem Synonym für jemanden geworden, von dem man sich abwendet, den man meidet – ein Paria, von der ganzen Welt verlassen. Nur wenige Menschen haben so viel durchmachen müssen, und wenige haben so viel Mut bewiesen.

Ich fühle mich zu allen Menschen hingezogen, die viel Mut haben. Deshalb interessiere ich mich ganz besonders für diese Leprakranken – nicht als Heilerin, sondern als gute Freundin.»

«Ist das nicht dasselbe?»

«Ja», lächelte sie. «Wahrscheinlich schon.»

«Ich glaube, ich könnte ihnen auch ein Freund sein. Ich bleibe – aber nur ein paar Tage.»

«Wenn du nur die Zähne zusammenbeißt und wartest, bis die Tage herum sind, ist es Zeitverschwendung. In dieser Woche bei den Leprakranken sollst du dein Herz öffnen – so weit du es eben kannst.»

«Eine Woche? Du hast gesagt, ein paar Tage!»

«Aloha», rief sie, warf mir eine Flasche Sonnencreme zu und machte sich auf den Weg zu einer benachbarten Siedlung. Kopfschüttelnd drehte ich mich um und ging zu den Hütten zurück. Ich dachte über die Not nach – und über den Mut.

Ich fand das Hauptgebäude, trat ein und stellte fest, daß es die Krankenstation war – voll seltsamer Gerüche und Menschen in Betten und hinter Vorhängen. Ein ausgezehrt aussehender Mann, ungefähr so alt wie Mama Chia, faßte mich am Arm. «Komm», sagte er. Als wir die Krankenstation verlassen hatten, ließ er meinen Arm los und forderte mich mit einer Handbewegung auf, ihm zu folgen.

Dann zeigte er auf ein anderes, größeres barackenartiges Gebäude. «Da drüben Essen. Später.» Dann zeigte er auf sich und sagte: «Ich – Manoa.»

«Aloha», begrüßte ich ihn. «Schön, dich kennenzulernen, Manoa.» Da ich nicht sicher war, ob er mich verstanden hatte, zeigte ich auf mich und sagte: «Dan.»

Er reichte mir eine verstümmelte Hand mit drei Fingern. Ich zögerte nur einen kleinen Augenblick, dann ergriff ich sie. Er lächelte freudig und nickte, als verstünde er mich. Dann bedeutete er mir mit einem Wink mitzukommen.

Wir gingen zu einem großen Stück Land, das gerade umgegraben wurde. Ein anderer Mann begrüßte mich, reichte mir eine Hacke und zeigte mir das Stück, das ich bearbeiten sollte. Das war alles.

Den Rest des Tages bis zum Einbruch der Dunkelheit arbeitete ich in dem Garten. In meiner Verwirrung war ich froh, eine klar umrissene Aufgabe zu haben – zu helfen – zur Abwechslung einmal etwas geben zu können, statt immer nur zu nehmen.

Manoa zeigte mir meine Schlafstelle. Wenigstens hatte ich ein Zimmer für mich allein. Ich schlief fest. Als ich aufwachte, hatte ich Hunger.

Die Leute, die mir im Speisesaal gegenübersaßen, lächelten mich an, sprachen aber hauptsächlich auf hawaiianisch miteinander und streuten nur hin und wieder einige Brocken Englisch ein. Alle an meinem Tisch waren freundlich und reichten mir immer wieder Schalen mit Essen. Ich bemühte mich, nicht auf ihre Wunden zu schauen.

An diesem Tag machten wir – die Mannschaft, die gemeinsam mit mir zur Gartenarbeit eingeteilt war – große Fortschritte. Wir gruben den Boden um und lockerten ihn, während sich immer wieder heftige Platzregen über uns ergossen. Ich achtete darauf, immer wieder meine Sonnenschutzcreme aufzutragen. Außerdem hatte mir jemand einen breitkrempigen Hut geliehen.

Die ersten Tage waren am schwersten für mich – es war ein eigenartiges Gefühl, allein in dieser fremden Welt zu sein. Die Bewohner hier schienen das zu verstehen. Und so verging ein Tag nach dem anderen in diesem Garten. Allmählich gewöhnte ich mich an den Tagesablauf. Äußerlich änderte sich zwar nichts, aber innerlich hatte ich mich gewandelt. Genau wie die Bewohner dieser Kolonie gelernt hatten, ihr Leben zu akzeptieren, so akzeptierte ich jetzt sie – nicht als «Leprakranke», sondern als Menschen. Ich war kein bloßer Beobachter mehr, sondern begann ein Gefühl der Verbundenheit mit ihnen zu entwickeln.

Ich lernte, mich auf die besondere, aus der Isolation geborene Kameradschaft einzustimmen, die die Menschen hier verband. Ihr eigenes Leiden hatte in ihnen Verständnis und ein tieferes Mitgefühl für alle Schmerzen dieser Welt geweckt.

Solange, bis das Saatgut kam, gab es im Garten jetzt nichts mehr zu tun. Aber ich fand genügend andere Arbeit – ich war von morgens bis abends beschäftigt. Ich trug Wasser und half Verbände wechseln. Einer bat mich sogar, ihm die Haare zu schneiden, und ich ruinierte ihm seine Frisur. Aber das schien ihm gar nichts auszumachen.

Und immer plauderten und lachten wir miteinander, obwohl wir uns nur halb verstanden. Während ich das hier schreibe, steigen mir die Tränen in die Augen. So merkwürdig es auch klingen mag: Diese Tage gehörten zu den befriedigendsten meines Lebens. Es war eine ganz normale und sehr menschliche Erfahrung. Ich half einfach. Für diese paar Tage gehörte ich zu ihnen.

Am fünften Tag überkam mich ein so intensives Mitleid, wie ich es noch nie erlebt hatte – noch nie in meinem ganzen Leben. Und ich begriff, warum Mama Chia mich hierhergeschickt hatte. Von diesem Tag an machte ich mir keine Gedanken mehr darüber, daß ich mich «anstecken» könnte. Ich wollte einfach helfen, wo ich nur konnte – ich hatte wirklich das Bedürfnis danach.

Mein Herz ging auf. Ich überlegte, was ich noch für diese Menschen tun konnte. Sport konnte ich nicht mit ihnen treiben. Die meisten waren zu alt dazu. Und soweit ich wußte, hatte ich keine anderen besonderen Fähigkeiten, mit denen ich ihnen hätte nützen können.

Als ich durch eine stille, friedliche Gegend in der Nähe des Zentrums der Leprakolonie streifte, kam mir der rettende Gedanke: Ich würde ihnen helfen, einen Teich anzulegen. Das war die Lösung! So konnte ich ihnen wenigstens etwas Schönes hinterlassen.

Ich hatte einmal einen Sommer lang bei einem Landschaftsgärtner ausgeholfen und mir dabei einige Grundkenntnisse angeeignet. Ich stellte fest, daß ein paar Säcke mit Beton in einem Schuppen lagerten und auch alle Werkzeuge vorhanden waren, die wir brauchten. Ein Bild erstand vor meinem geistigen Auge: die Vision eines schönen, stillen Teiches – ein Ort, an dem man sitzen und meditieren oder sich einfach einmal ein paar Minuten lang ausruhen konnte. Zwar war das Meer nur ein paar hundert Meter entfernt; aber dieser Teich sollte trotzdem etwas ganz Besonderes werden.

Ich machte eine Skizze und gab sie Manoa. Er zeigte sie ein paar anderen. Sie hielten das mit dem Teich auch für eine gute Idee, und gemeinsam mit ein paar Männern begann ich eine Grube auszuheben.

Am nächsten Tag – gerade, als wir im Begriff waren, den Beton zu mischen – tauchte Mama Chia auf: «Die Woche ist um, Dan. Ich hoffe, du hast hier keinen Unsinn angestellt!»

«Nein! Das kann unmöglich schon eine ganze Woche gewesen sein!» rief ich fassungslos.

Sie lächelte. «Doch, es war eine Woche.»
«Weißt du – wir sind gerade mitten in einem Bauprojekt. Kannst du nicht in ein paar Tagen wiederkommen?»
«Ich weiß nicht», sagte sie und schüttelte den Kopf. «Wir haben auch noch anderes zu tun – deine Ausbildung...»
«Ja, ich weiß, aber ich möchte das hier wirklich gern fertigmachen.»
Mama Chia seufzte und zuckte die Achseln. «Aber dann habe ich vielleicht keine Zeit mehr, dir eine ganz spezielle Technik beizubringen, mit der man...»
«Nur noch ein paar Tage!»
«Also gut, wie du willst», sagte sie, drehte sich um und steuerte auf einen der Bungalows zu. Ich warf einen Blick auf ihr Gesicht. Sie sah sehr zufrieden aus. Aber ich dachte nur ein paar Sekunden darüber nach, dann hievte ich den nächsten Sack Beton hoch.

Mama Chia kam gerade rechtzeitig wieder, um zuzusehen, wie wir die Betonauskleidung des Teiches fertigstellten. Und in dem Augenblick, als sie fertig war, wußte ich, daß es nun Zeit für mich war zu gehen. Ein paar Männer kamen auf mich zu, um mir zum Abschied die Hand zu drücken. In dieser Zeit, in der wir an einem gemeinsamen Ziel gearbeitet und gemeinsam geschwitzt hatten, war ein enges Band zwischen uns entstanden – ein Band, das die Menschheit sicherlich schon seit Jahrtausenden kennt. Es war ein schönes Gefühl.

Ich würde sie alle vermissen. Diesen Außenseitern der Gesellschaft fühlte ich mich enger verbunden als meinen Kollegen am College in Ohio. Vielleicht lag das daran, daß ich mich auch immer als Außenseiter gefühlt hatte. Oder es lag an unserer gemeinsamen Aufgabe oder an der Offenheit, Geradlinigkeit und Ehrlichkeit der Leprakranken. Diese Menschen hatten nichts mehr zu verbergen. Sie gaben sich keine Mühe, einen guten Eindruck zu machen oder ihr Gesicht zu wahren. Sie hatten die Masken fallenlassen und mir dadurch die Möglichkeit gegeben, auch meine Maske abzulegen.

Als Mama Chia und ich uns zum Gehen wandten, kam Tia

herüber und umarmte uns beide. Ich drückte sie liebevoll an mich. Ich spürte ihren Kummer und den Mut, mit dem sie das Wissen ertrug, daß nun bald der Tag kommen würde, an dem sie ihr Baby hergeben mußte.

Während Mama Chia mich zum Strand hinunterführte, stiegen auch noch andere Gefühle in mir auf: All die Dankbarkeit, der Schmerz und die Liebe gegenüber Mama Chia, die ich in den letzten Tagen beiseite geschoben hatte, überwältigten mich wieder. Ich wandte mich ihr zu, legte ihr die Hände auf die Schultern und sah ihr in die Augen.

«Du warst so gut zu mir», sagte ich. «Ich wünschte, ich könnte mehr für dich tun...» Ich mußte langsam und tief atmen, damit der Schmerz mich nicht übermannte. «Du bist so ein lieber Mensch, Mama Chia – es ist einfach ungerecht, daß du so krank bist! Und ich habe das Gefühl, das alles gar nicht zu verdienen – die Zeit, die Energie, das Leben, das du mir geschenkt hast. Wie kann ich dir je danken – wie kann ich dir das alles vergelten?»

Statt einer Antwort umarmte Mama Chia mich lange Zeit schweigend. Ich drückte diese alte Frau so liebevoll an mich, wie ich Socrates nie hatte umarmen können, und weinte.

Dann trat sie einen Schritt zurück und schenkte mir ein strahlendes Lächeln: «Ich habe *Freude* an dem, was ich tue – eines Tages wirst du das verstehen. Und ich tue es nicht für dich, nicht einmal für Socrates – also ist Dank weder nötig noch angebracht. Ich tue es für eine größere Sache, eine wichtigere Mission. Dadurch, daß ich dich unterstütze, helfe ich vielen anderen Menschen, für die du eines Tages dasein wirst. Komm», forderte sie mich auf, «laß uns einen Strandspaziergang machen.»

Ich warf noch einen letzten Blick auf das Dorf, in dem jetzt wieder der normale Alltag herrschte. Die Herzlichkeit und Offenheit dieser Menschen begeisterte mich. Ich sah sie jetzt mit ganz anderen Augen. Viele andere Erinnerungen würden verblassen, aber diese würde mir stets lebhaft im Gedächtnis bleiben – wirklicher und nachhaltiger als jede Vision.

18
Die gefangenen Seelen

Wir tragen den Samen Gottes in uns:
Birnenkerne werden zu Birnbäumen,
Haselnüsse zu Haselnußsträuchern
und Gottessamen zu Gott.

Meister Eckhart

Wir sagten beide nicht viel, als wir auf dem weißen Sandstrand entlangwanderten. Wir lauschten nur dem Rauschen der Wellen und den schrillen Schreien des Albatros, der über der Küste kreiste. Mama Chia ließ ihre Augen am Horizont entlangwandern und beobachtete die langen Schatten, die die Spätnachmittagssonne warf. Sie nahm Dinge wahr, die für die meisten Sterblichen unsichtbar waren. Ich untersuchte das Treibholz, das die Wellen während des Sturms in der vorigen Nacht weit an den Strand hinaufgespült hatten. Und ich suchte den Sand nach Muscheln ab. Sachi würden die Muscheln zwar nicht beeindrucken, aber Holly würden sie gefallen. Ich dachte an meine kleine Tochter, sah in Gedanken Hollys liebes Gesicht vor mir und vermißte sie. Ich dachte auch an Linda und fragte mich, ob es uns vielleicht von vornherein bestimmt gewesen war, daß wir eines Tages getrennte Wege gehen würden.

Ich warf einen Blick zurück und sah lange Schatten über die Schlangenlinie unserer Fußspuren im nassen Sand fallen. Dann heftete ich meine Blicke wieder auf den Boden und suchte nach weiteren Andenken des Meeres, und Mama Chia suchte weiterhin mit den Augen den Horizont und den Strand ab, der vor uns lag.

Wir umrundeten einen Felsvorsprung und mußten dabei bis zu den Knien in die Brandung hineinwaten. Mama Chia holte tief Luft. Ich dachte, sie wollte mir etwas sagen; aber das tiefe Einatmen war nur ihre Reaktion auf einen der traurigsten und merkwürdigsten Anblicke, die ich je gesehen habe: Der Strand war von *Tausenden* von Seesternen übersät, die der Sturm in der letzten Nacht an Land gespült hatte. Schöne fünfarmige Seesterne, rosa und hellbraun, lagen im heißen Sand, vertrockneten und starben.

Ich blieb wie angewurzelt stehen, schockiert vom Anblick dieses großen Meeresfriedhofs. Ich hatte zwar schon von gestrandeten Walen und Delphinen gelesen, aber noch nie welche gesehen. Jetzt, beim Anblick von Tausenden sterbender Kreaturen, war ich hilflos und wie betäubt.

Doch Mama Chia verlor keine Sekunde. Sie humpelte sofort zum nächsten Seestern hinüber, bückte sich, hob ihn auf und trug ihn ins Wasser hinein. Dann kam sie zurück, hob einen anderen kleinen Stern auf und gab ihn dem Ozean zurück.

Überwältigt von der Unmenge dieser Seesterne, sagte ich: «Mama Chia, es sind so viele – du kannst doch nichts ändern!»

Sie war gerade dabei, den nächsten Seestern ins Wasser zu setzen, und sah nur einen Augenblick zu mir auf: «Doch – für diesen einen hier kann ich etwas ändern», erwiderte sie.

Natürlich hatte sie recht. Ich bückte mich ebenfalls, nahm in jede Hand einen Seestern und folgte ihrem Beispiel. Den ganzen Nachmittag und noch bis in den Abend hinein, beim Licht des Mondes, trugen wir Seesterne ins Wasser. Viele starben trotzdem. Aber wir taten, was wir konnten.

Mama Chia bückte sich, immer und immer wieder. Ich konnte sie nicht davon abbringen. Solange sie lebte, würde sie intensiv leben und jede Sekunde nutzen. Und solange ich hier auf der Insel war, würde ich ihr helfen. Wir arbeiteten bis spät in die Nacht hinein. Schließlich legten wir uns todmüde, aber zufrieden in den weichen Sand und schliefen ein.

Als ich erwachte, setzte ich mich sofort auf. Ich dachte, es sei schon Morgen. Aber das Licht, das vor meinen Augen flackerte, war ein knisterndes Feuer. Mama Chia saß daneben und wandte mir den Rücken zu.

Ich kam näher und sprach sie an, damit sie nicht erschrak. «Konntest du nicht schlafen?» erkundigte ich mich.

«Ich bin schon ausgeschlafen», sagte sie und ließ das Feuer nicht aus den Augen.

Ich stellte mich hinter sie und massierte ihr Schultern und Rücken. «Was siehst du denn in dem Feuer?» fragte ich sie, ohne eine Antwort zu erwarten.

«Was würdest du eigentlich sagen, wenn du erführest, daß ich nicht von diesem Planeten stamme?» fragte sie.

«*Was?*»

«Und Socrates auch nicht? Und du auch nicht?»

Ich wußte nicht, was ich sagen sollte – ob ihre Worte ernst gemeint waren oder nicht. «Hast du das in dem Feuer gesehen?» Das war das einzige, was mir einfiel.

«Setz dich», forderte sie mich auf. «Schau selbst hinein.»

Ich setzte mich und starrte in die tanzenden Flammen.

Langsam erhob Mama Chia sich und begann mit ihren kräftigen Händen meine Rückenmuskeln zu kneten. «Du hast mich gefragt, warum ich das alles für dich tue. Ich tue es, weil wir eine Familie sind», offenbarte sie mir. «Wir gehören zur selben spirituellen Familie.»

«Was soll das heißen...» Ich konnte meinen Satz nicht beenden, denn in diesem Augenblick versetzte Mama Chia mir einen heftigen Schlag in den Nacken. Ich sah Sterne und dann nur noch das Feuer... tiefer... immer tiefer...

Ich sah den Anfang von Zeit und Raum, als der Geist sich in die «zehntausend Dinge» verwandelte: Sterne, Planeten, Berge und Meere und die großen und kleinen Lebewesen, die auf unserer Erde entstanden.

Doch es waren keine Menschen da. Auf der Erde entwickelten sich die Tiere aus ihren Vorgängern, den einfacheren Lebewesen. Aber es existierte noch keine menschliche Seele auf unserem Planeten.

Ich sah eine Vision des Universums, wie es ursprünglich gewesen war, als auf der Himmelswölbung Engelsseelen in einem Reich der Freiheit und Glückseligkeit lebten und spielten. Diese

Erinnerung, die zu den ältesten der Psyche gehört, wurde zum Archetyp für den Ort, den wir als Himmel bezeichnen.

Etliche dieser Seelen kamen auf die Erde hinunter, weil sie neugierig waren, wie es im Reich der Materie aussah. Sie wollten die verschiedenen Tiergestalten und die sexuell-kreative Energie kennenlernen – sie wollten wissen, wie es ist, in einem Körper zu leben.

Also kehrten sie in die primitiven Tierformen ein, die auf der Erde lebten; sie sahen das Leben durch ihre Augen, spürten es durch ihre Haut und lernten das Reich der Materie und das Leben auf der Erde kennen.

Ich sah diese Seelen und spürte, wie sie sich darauf vorbereiteten, die Gastkörper der Tiere, in denen sie wohnten, zu verlassen und wieder in ihre Heimat zurückzukehren. Aber diese Seelen hatten die magnetische Anziehungskraft des Reichs der Materie unterschätzt. Sie waren gefangen, hatten sich mit dem tierischen Bewußtsein identifiziert. So begann ein großes Abenteuer auf diesem Planeten.

Denn diese Seelenenergien und ihr menschenähnliches höheres Bewußtsein, das in den Tierkörpern gefangen war, wirkten auf die Struktur der DNS der Tiere ein und verursachten sehr plötzliche und drastische Sprünge in der Evolution. Das wurde mir in Visionen offenbart, bei denen ich einen direkten Einblick in die Chromosomenspiralen bekam.

Die nächste Generation von Lebewesen bildete die Grundlage für die griechische Mythologie: Zentauren, Meerjungfrauen, Satyre und Nymphen; halb Tier, halb Mensch, waren sie die Quelle jener Legenden, in denen die olympischen Götter sich mit Tieren und Menschen paarten und Nachkommen zeugten.

Die ersten Engelsseelen, die auf die Erde gekommen waren, hatten schon vergessen, daß sie ursprünglich Geist waren und nicht Fleisch. Sie hatten sich absolut mit den Geschöpfen identifiziert, in deren Körper sie wohnten. Also kam eine neue Gruppe von Seelen als Missionare auf die Erde herab, um diese Seelen zu retten, sie aus ihrer Gefangenschaft herauszuholen. Doch auch sie gerieten in die Falle.

Die Zeit huschte blitzartig an mir vorbei – Jahrhunderte in

einem einzigen Augenblick. Eine zweite Rettungsmission wurde auf die Erde entsandt. Diesmal waren nur die stärksten Seelen dabei. Und doch entkamen nur wenige. Die meisten blieben auf der Erde; sie ließen sich vom Machthunger verführen. Das wurden die Könige und Königinnen, die Pharaonen und Anführer – die Herrscher der Länder dieser Erde. Manche waren wie König Artus, andere wie der Hunnenkönig Attila.

Da wurde eine dritte und letzte Rettungsmission auf die Erde geschickt. Diese Seelen waren die mutigsten von allen – die friedvollen Krieger –, denn sie wußten, daß sie nicht zurückkehren würden. Sie wußten, daß es ihr Schicksal war, viele Zeitalter in einem menschlichen Körper zuzubringen – zu leiden, geliebte Menschen zu verlieren und die Angst und die Schmerzen der Sterblichen zu ertragen, so lange, bis alle Seelen befreit waren.

Diese besonderen Seelen kamen freiwillig auf die Erde, um alle anderen daran zu erinnern, wer sie sind. Unter ihnen sind Schreiner, Studenten, Ärzte, Künstler, Sportler, Musiker und Taugenichtse – Genies und Verrückte, Verbrecher und Heilige. Die meisten haben ihre Mission inzwischen längst vergessen; doch in den Herzen und im Gedächtnis jener, die dazu ausersehen sind, sich ihrer ursprünglichen Bestimmung als Diener der Menschheit bewußt zu werden und auch andere Menschen wachzurütteln, glüht immer noch ein Funke.

Diese Retter sind keine «besseren» Seelen – es sei denn, die Liebe macht sie zu besseren Menschen. Manche geraten auf Irrwege; andere finden ihren Weg. Aber sie alle sind jetzt allmählich im Begriff zu erwachen. Hunderttausende von Seelen auf diesem Planeten, die zu einer großen spirituellen Familie zusammenwachsen!

Plötzlich kehrte ich mit einem Schlag in mein normales Bewußtsein zurück. Nur mit Mühe wandte ich meine Augen von den Flammen ab und richtete den Blick auf Mama Chia, die immer noch neben mir saß und ins Feuer starrte.

«Meine Seele gehört zu dieser letzten Rettungsmission», erklärte sie. «Das gilt auch für Socrates und dich. Und für Hunderttausende anderer Menschen – alle, die in sich die Berufung spüren, anderen zu dienen. Stell dir das nur einmal vor! Hunderttausende... Und es kommen immer mehr, sie werden in die Körper unserer Kinder hineingeboren – und all diesen Seelen wird jetzt bewußt, wer sie sind und wozu sie auf der Erde leben.

Uns allen ist eines gemeinsam: das Gefühl, irgendwie *anders* zu sein als die anderen Menschen, Sonderlinge, Fremde in einem fremden Land zu sein, die nirgends so recht hineinpassen. Und dieses Gefühl läßt uns fast das ganze Leben lang nicht los. Manchmal erfaßt uns eine Sehnsucht, ‹nach Hause› zurückzukehren; aber wir wissen nicht genau, wo das ist. Die meisten dieser Seelen sind selbstlose, aber ziemlich unsichere Menschen.

Wir sind auch gar nicht hier, um ‹hineinzupassen› – auch wenn wir es noch so gern täten. Wir sind da, andere Menschen zu belehren, zu führen, zu heilen und an ihre Bestimmung zu erinnern, wenn auch nur durch unser Beispiel.

Die meisten menschlichen Seelen erhalten ihre Schulung auf der Erde, aber unsere Seelen gehören noch nicht ganz zu diesem Planeten. Wir sind woanders ausgebildet worden. Es gibt Dinge, die wir ganz einfach wissen, ohne daß uns klar ist, woher wir sie wissen – Dinge, die wir wiedererkennen, als hätten wir sie schon einmal gewußt und müßten unser Wissen nur wieder auffrischen. Und wir sind eindeutig auf der Welt, um zu dienen.

Du wirst stets nach Möglichkeiten suchen, auf dieser Welt etwas zu verändern, Dan. Erst einmal wirst du dich bemühen, innerlich zu erwachen, und dann wirst du nach der richtigen Hebelwirkung suchen, der Berufung, mit der du andere Menschen auf dem natürlichsten und wirksamsten Weg erreichen kannst. So ist es mit allen friedvollen Kriegern, die diese Mission haben. Der eine wird vielleicht Friseur; der andere arbeitet als Lehrer, ein dritter als Börsenmakler oder Tierpfleger oder Rechtsanwalt. Manche dieser Seelen werden berühmt; andere bleiben anonym. Jeder spielt die Rolle, die ihm bestimmt ist.»

Eine Zeitlang – ich weiß nicht, wie lange – saßen wir schweigend da und starrten aufs Meer hinaus. Dann sprach Mama Chia weiter: «Hier bist du nun – eine von vielen gleichgesinnten Seelen in sehr unterschiedlicher ‹Verkleidung› – und mühst dich ab, dich im Ozean des Karmas über Wasser zu halten; aber es ist ein

Rettungsboot in der Nähe. Du bist viel näher dran als viele andere Menschen. Ehe du anderen hineinhelfen kannst, mußt du erst einmal selbst einsteigen.

Und darum geht es bei deiner Vorbereitung. Deshalb bist du Socrates begegnet, und deshalb arbeite ich jetzt mit dir. Nicht, weil du etwas Besonderes bist oder spezielle Verdienste hast, sondern weil du in dir den unaufhaltsamen Drang spürst, anderen Menschen etwas zu geben.» Sie hielt inne. Dann sagte sie: «Eines Tages wirst du schreiben, lehren und noch ganz andere Dinge tun, um mit deiner spirituellen Familie in Kontakt zu treten, um sie an ihre Mission zu erinnern, ein Signal zu geben.»

Das Gewicht dieser Verantwortung traf mich wie ein Schlag. «Andere Menschen das alles lehren? Ich kann mich nicht einmal mehr an die Hälfte von alldem erinnern, was du mir erzählt hast. Und ich habe kein Talent zum Schreiben», protestierte ich. «Ich war nicht so gut in Englisch...»

Mama Chia lächelte nur. «Ich sehe, was ich sehe.»

In ein paar Stunden würde es hell werden. Das Feuer war schon bis zur Glut heruntergebrannt. Nach langem Schweigen sprach ich weiter: «Aber du hast doch gesagt, es gibt viele Seelen, die so sind wie ich...»

«Ja, aber du vereinigst ganz besondere Talente und Eigenschaften in dir, die dich zu einem guten Übermittler von Botschaften machen. So hast du zu Socrates gefunden, und er hat dich zu mir geschickt.»

Mit diesen Worten legte Mama Chia sich hin, rollte sich zusammen und schlief ein. Ich blieb sitzen und starrte aufs Meer hinaus, bis der erste Sonnenschimmer den Himmel an der Westspitze der Insel erhellte. Erst dann übermannte mich der Schlaf.

Dann kam der Morgen. Es war ein seltsames Gefühl, am Strand aufzuwachen – die warme tropische Luft war meine einzige Decke. Hier war die Luft schon im Morgengrauen angenehm mild – es war wie ein Sommermorgen im Mittelwesten.

Das Schlafen an der frischen Luft hatte meinen Appetit geweckt. Mein Frühstück – ein Geschenk aus Mama Chias Rucksack, der nie leer zu werden schien – war einfach und doch unvergeßlich: eine Handvoll Feigen, ein paar Macadamia-Nüsse, eine Apfelsine und eine Banane. Eine Nacht voller Erkenntnisse lag hinter mir; ich fragte mich, was der neue Tag wohl bringen würde.

Doch er blieb ereignislos. Den größten Teil des Tages brauchten wir, um nach Hause zurückzuwandern. Am Abend tranken wir Tee und hörten Musik von Mama Chias altem Grammophon. Mama Chia ging zeitig ins Bett. Ich schlief in ihrem Wohnzimmer auf dem Fußboden.

19
Freunde

Nimm dir Zeit nachzudenken;
aber wenn die Zeit zum Handeln gekommen ist,
hör auf zu denken und handle!

Andrew Jackson

Am nächsten Tag geschah es aus heiterem Himmel, wie es mit Überraschungen eben so ist. Die Samen, die in der Vergangenheit ausgesät worden waren, gingen jetzt auf. «Ich dachte mir, vielleicht hast du Lust, Sachis Familie kennenzulernen», sagte Mama Chia. Wir wanderten auf einem Weg, den ich noch nicht kannte, in den Wald hinein. Warum lächelte sie nur die ganze Zeit so spitzbübisch in sich hinein?

Nachdem wir einen knappen Kilometer gegangen waren, kamen wir zu einer Lichtung, auf der ein hübsches Haus stand, größer als das von Mama Chia, aber in einem ähnlichen Stil erbaut, mit einem Garten an der Seite.

Ein kleiner Junge, etwa fünf Jahre alt, kam heraus, sprang die zwei Treppenstufen hinunter und lief direkt auf mich zu. «Hi, Dan!» rief er und fiel mir lachend um den Hals, als kenne er mich schon seit seiner Geburt.

«Hi...»

«Ich heiße Socrates», sagte er stolz.

«Wirklich?» fragte ich erstaunt. «Was für ein bedeutender Name!» Ich blickte auf und sah eine kleine, schlanke, sehr hübsche Frau in einem dunkelblauen geblümten Sarong, die ihrem Sohn folgte. Sie fiel mir leider nicht um den Hals.

Aber sie lächelte mich liebenswürdig an und streckte mir die Hand hin. «Hallo, Dan. Ich bin Sarah.»

«Hallo, Sarah. Nett, dich kennenzulernen.» Ich warf Mama Chia einen fragenden Blick zu. «Kennen mich hier eigentlich alle Leute?» fragte ich.

Da begannen Mama Chia, Sarah, Sachi und der kleine Socrates vergnügt zu lachen. Ich begriff nicht, was daran so lustig sein sollte.

«Sachi und Socrates' Vater haben eine Menge von dir erzählt», erklärte Mama Chia.

«Wer ist denn Socrates' Vater...?» fragte ich.

Da hörte ich hinter mir eine tiefe Stimme: «Hallo, Dan.»

Ich drehte mich um, und mein Kinn klappte herunter. Sah ich einen Geist? Aber er war es tatsächlich – groß und schlank, mit einem weichen blonden Bart, tiefliegenden Augen und seinem alten warmen Lächeln. «Joseph, bist du's wirklich?»

Er packte mich einfach und drückte mich so fest an sich, wie mich schon seit Jahren keiner mehr umarmt hatte. Als er mich wieder losließ, trat ich einen Schritt zurück. «Aber... aber Socrates hat mir doch gesagt, daß du gestorben bist – an Leukämie!»

«Habe ich nicht!» protestierte der kleine Junge.

Wieder lachten wir herzlich. «Nicht du, Socrates – ein älterer Mann, der auch Socrates heißt. Das ist schon Jahre her», erklärte ich.

«Gestorben?» fragte Joseph immer noch lächelnd. «Na ja, ich bin tatsächlich ein bißchen müde, aber du weißt ja, wie Socrates manchmal übertreibt!»

«Was ist denn passiert?» fragte ich. «Wie...»

«Macht doch einen kleinen Spaziergang miteinander!» schlug Sarah vor. «Ihr habt sicher viel nachzuholen!»

Während wir langsam durch den Wald wanderten, erklärte Joseph mir das Rätsel seines angeblichen Todes.

«Ich hatte tatsächlich Leukämie», bestätigte er. «Ich leide noch immer daran, aber mit Mama Chias Hilfe wird mein Körper ganz gut mit der Krankheit fertig.

Doch in gewisser Hinsicht hat Socrates die Wahrheit gesagt. Für die anderen Menschen war ich tatsächlich tot. Und zwar mehrere Monate lang. Ich wurde ein Asket, ein Einsiedler. Ich erklärte Socrates, ich wollte in den Wald gehen und fasten und beten, bis ich entweder geheilt würde oder starb. Aber ich sollte meine Geschichte wohl lieber ein paar Jahre früher beginnen, damit du auf dem laufenden bist.

Ich bin in einer Familie im Mittelwesten aufgewachsen, die mir immer fremd geblieben ist. Ich werde diesen Leuten immer dankbar dafür sein, daß sie all die Kinderkrankheiten mit mir durchgemacht haben – all die vielen Nächte, in denen sie meinetwegen nicht schlafen konnten – und daß sie mir Essen und ein Dach über dem Kopf gegeben haben. Aber ich hatte nie das Gefühl, zu ihnen zu gehören. Irgendwie spürte ich, daß ich anders war als sie, verstehst du, was ich meine?»

«Ja», antwortete ich. «Das Gefühl kenne ich auch.»

«Also machte ich mich aus dem Staub, sobald sich die erste Gelegenheit dazu bot. Ich jobbte mich durch ganz Amerika, hauptsächlich als Gelegenheitsarbeiter, immer in Richtung Westküste. Und als ich dann in Los Angeles angelangt war, zog es mich noch weiter nach Westen. Schließlich landete ich auf Molokai. Ich hatte hier einen Freund. Er riet mir, mich auf der Insel niederzulassen. So wurde ich ein junger ‹Farmer›. Ich baute Cannabis an...»

«Was – du hast dein Geld mit Marihuana verdient?»

«Ja. Das war 1960 – damals schien das genau das Richtige zu sein. Jetzt tue ich es nicht mehr, denn – na ja, inzwischen ist es halt nicht mehr das Richtige.

Jetzt baue ich Schränke, Kommoden und mache Zimmermannsarbeiten. Davon kann ich leben und habe alle Hände voll zu tun, so daß ich nicht auf dumme Gedanken komme.» Er lächelte. «Aber damals habe ich mit dem Marihuana eine Menge Geld verdient. Dann heiratete ich Sarah. 1964 kam Sachi zur Welt, und dann...» – an dieser Stelle hielt Joseph inne. Ich glaube, die Erinnerung schmerzte ihn. «...Dann bin ich einfach abgehauen. Ich...» Joseph suchte nach Worten. «Dan, du weißt doch, wie das mit den drei Selbsten ist, nicht wahr?»

Ich nickte. «Ja. Mein Basis-Selbst kenne ich inzwischen; aber zu meinem Höheren Selbst habe ich irgendwie den Kontakt verloren», antwortete ich.

«Bei mir war es genau umgekehrt», erklärte Joseph. «Ich habe mein Basis-Selbst abgelehnt. Ich wollte nur noch weg hier. Mit den Mühen des täglichen Lebens auf unserem Planeten Erde konnte ich mich einfach nicht abfinden. Ich sagte mir, ich sei schließlich ein ‹spirituelles Wesen›, ein ‹kreativer Künstler›, der es nicht nötig hat, sich mit der ‹Realität› zu befassen. Meistens meditierte ich, hielt Zwiesprache mit der Natur oder las – und hoffte dabei immer, ‹irgendwo anders› hinzukommen – irgendwo, wo ich mich nicht mit der Mühsal, dem Kleinkram, den *physischen Dingen* des Reichs der Materie auseinandersetzen mußte. Und als dann Sachi auf die Welt kam... Ich war einfach noch nicht bereit dafür, Kinder zu haben, an einer Beziehung zu arbeiten, Verantwortung zu übernehmen. Ich wußte nicht, wie ich damit fertigwerden sollte. So trennten wir uns, und ich nahm die Hälfte unserer Ersparnisse mit. Ich wußte nicht, wo ich hin sollte; aber irgendwie landete ich in Berkeley, Kalifornien, und ein paar Wochen später lief mir dieser alte Bursche über den Weg...»

«An einer Tankstelle», beendete ich Josephs Satz und lachte.

«Alles weitere kannst du dir vorstellen. Socrates bestand darauf, daß ich mir erst einmal eine Arbeit suchte und lernte, Verantwortung zu tragen. Erst dann war er bereit, mir etwas beizubringen. Also eröffnete ich dieses Café. Wir trafen ein Abkommen. Ich gab ihm immer etwas Gutes zu essen, und dafür krempelte er mein Leben um.»

«Ein fairer Tausch», grinste ich.

«Mehr als fair», stimmte Joseph zu. «Ich bekam, was ich brauchte. Er hat mir wirklich einen Tritt in den Hintern gegeben. Aber ich habe ihn schon seit mindestens fünf Jahren nicht mehr gesehen. Vor zwei Jahren war ich in Kalifornien, um ihn zu besuchen; aber da war er nicht mehr da. Er hat mal etwas davon gesagt, daß er in die Berge gehen wollte, vielleicht irgendwo in die Sierra Nevada – ich weiß nicht genau. Wahrscheinlich werden wir ihn nicht so bald wiedersehen.»

«Und wie hast du das hier alles geschafft? Ich meine, immerhin bist du hierher zurückgekommen, hast deine Ehe in Ordnung gebracht – du baust Schränke, hast ein Geschäft...»

Joseph lächelte, als ich ihm all die verantwortungsbewußten Dinge aufzählte, die er inzwischen tat. «Es fällt mir immer noch nicht leicht», sagte er. «Aber weißt du noch, woran Soc uns immer wieder erinnert hat? Du weißt schon – daß eine Kette stets an ihrem schwächsten Glied reißt. Tja, und da habe ich eben beschlossen, an meinen schwachen Gliedern zu arbeiten. – Und was hast du inzwischen gemacht?»

«Ich habe immer noch jede Menge Arbeit mit mir», sagte ich. «Aber ich weiß leider nicht, wie ich ‹daran arbeiten› soll, in mein Herz zu gelangen. Mama Chia hat gesagt, das müsse von selber kommen.»

Joseph schwieg nachdenklich. Dann sagte er: «Ich glaube, es hängt einfach damit zusammen, daß man immer bewußter wird. Schon allein diese Bewußtheit kann alle möglichen Heilungsprozesse in Gang setzen – physische, geistige oder emotionale –, und zwar ganz automatisch.»

Wir saßen eine Weile schweigend da. «Du hast gesagt, daß du krank warst», erinnerte ich ihn.

«Ja – und ich wollte mich in die Berge zurückziehen, um zu fasten und zu beten, wie ich dir gesagt habe. Doch dann fiel mir ein, was Socrates ständig sagte: daß das Leben immer schwer sei, egal, ob man aufgibt oder kämpft. Und das habe ich mir zu Herzen genommen. Mir wurde klar: Wenn ich mich zurückziehe und als Einsiedler in den Bergen lebe, dann ist das auch nur wieder ein Versuch, aus meinem Körper herauszukommen – zu fliehen. Wenn ich das getan hätte, wäre ich wahrscheinlich gestorben.

So beschloß ich, nach Molokai zurückzukehren – komme, was da wolle – und dort weiterzumachen, wo ich aufgehört hatte. Aber diesmal richtig – solange ich noch Zeit hatte. Vorausgesetzt, daß Sarah mich wiederhaben wollte.

Sie empfing mich mit offenen Armen», erzählte Joseph. «Alles funktionierte so unglaublich gut. Sobald ich mich *wirklich entschlossen* hatte, zurückzukommen und um meine Ehe zu kämpfen, ging alles wie von selbst. Damals fing ich auch an, mit Mama Chia zusammenzuarbeiten. Sie hat mir vieles beigebracht und mir geholfen, gesund zu werden.»

«Das ist ihr wirklich gelungen», meinte ich. «Das sieht man auch an deiner Familie.»

Joseph warf mir einen Blick zu, aus dem vollkommene Zufriedenheit sprach – einen Blick, um den ich ihn beneidete. Und ich dachte traurig über das Chaos nach, in dem meine eigene Ehe und mein Familienleben geendet hatten. Aber das sollte sich ändern, das schwor ich mir.

Langsam erhob Joseph sich. «Es ist schön, dich wiederzusehen, Dan.»

«Das Schönste, was mir seit langem passiert ist», bestätigte ich. «Und dabei habe ich in der letzten Zeit sehr viele schöne Dinge erlebt.»

«Das kann ich mir vorstellen», lächelte er.

«Das Leben ist schon erstaunlich, nicht?» sagte ich, während wir wieder zurückgingen. «Wie wir beide zu Mama Chia gefunden haben.»

«Ja, das ist wirklich erstaunlich», stimmte er zu. «Und sie ist auch ein ganz bemerkenswerter Mensch.»

«Deine Tochter übrigens auch.» Dann fiel mir ein, was vor ein paar Tagen in der Stadt passiert war. «Aber vor kurzem ist ihr doch ein kleiner Schrecken in die Glieder gefahren.»

«Ich weiß; sie hat mir davon erzählt. Aber wenn ich sie richtig verstanden habe», sagte Joseph mit ironischem Grinsen, «war nicht *sie* in Schwierigkeiten, sondern du.»

«Da hast du recht», gab ich zu. «Aber ich habe aus dem Zwischenfall etwas gelernt: Ich muß mich ein bißchen mit Kampfkunst beschäftigen.»

«Es wundert mich, daß Socrates dir das nie beigebracht hat. Er war nämlich ziemlich gut darin.»

«Ja», lächelte ich, «ich weiß. Aber mein Spezialgebiet war Turnen, weißt du nicht mehr?»

«Ach ja, richtig.» Joseph blickte nachdenklich drein; dann sagte er: «Fuji hat mal so eine Art Karate gelernt. Er ist ein netter Mann. Vielleicht kann er dir weiterhelfen.

Ich kenne diese Jungen. Sie sind eigentlich gar keine so schlechten Kerle. Einmal haben sie mir geholfen, mein Auto fast einen Kilometer weit bis zur nächsten Tankstelle zu schieben.

Sie sind einfach nur frustriert und langweilen sich. Hier gibt es nicht viele Arbeitsmöglichkeiten – es ist immer dasselbe.» Er seufzte.

«Ja, ich weiß», sagte ich.

Als wir aus dem Wald kamen und auf Josephs Haus zugingen, kam der kleine Socrates herausgelaufen und sprang Joseph in die Arme. Dann umfaßte er sein Gesicht mit den Händen und drehte es zu sich, so daß ihre Nasen sich berührten. Es war deutlich zu erkennen, daß er jetzt die ungeteilte Aufmerksamkeit seines Vaters für sich beanspruchte.

Joseph gab Soc einen Kuß auf die Nase und wandte sich zu mir. «Morgen fahre ich zurück nach Oahu, um eine Arbeit fertigzumachen, und nun muß ich noch ein bißchen Zeit für meine Familie haben.»

«Ja – natürlich», sagte ich. «Vielleicht sehen wir uns, wenn du wieder hier bist.»

«Worauf du dich verlassen kannst», lächelte er. Sarah kam jetzt auch aus dem Haus und legte den Arm um ihren Mann. Sie winkten mir nach, als ich mich umwandte und den Weg hinabging. «Das Essen ist fertig!» hörte ich Sachiko aus der Hütte rufen.

Auf dem Weg zu meiner Hütte gab es mir einen Stich, als ich an Linda und Holly dachte. Ich fragte mich, ob ich wohl je eine glückliche Familie haben würde.

An diesem Nachmittag streifte ich durch den Wald und fand Sei Fujimotos Haus. Mitsu kam an die Tür. «Ich habe gerade den Kleinen hingelegt», flüsterte sie. «Fuji ist nicht da, aber er müßte bald zurückkommen. Möchten Sie drin auf ihn warten?»

«Danke, Mrs. Fujimoto...»

«Sagen Sie doch Mitsu zu mir!»

«Danke, Mitsu, aber ich möchte lieber ein bißchen draußen im Garten sitzen, wenn es Ihnen recht ist.»

«Und mit den Geistern des Gartens spielen, hm?» sagte sie lächelnd.

«Ja, so etwas Ähnliches», erwiderte ich.

Ich hatte schon immer eine besondere Beziehung zu Gärten

gehabt; ich saß gern, von Pflanzen umgeben, auf der Erde. Ich legte mich auf die Seite, spürte, wie die Wärme der schweren, fruchtbaren Erde in Brust und Bauch überging, und blickte nach oben. Direkt über mir hing eine gelbe Kürbisblüte, zart und ganz leicht duftend, und schaukelte in der sanften Brise hin und her.

Und ich spürte tatsächlich die Gegenwart der Gartengeister – eine deutlich spürbare Energie, ganz anders als der kalte Beton der Städte und Bürgersteige, als die starre Silhouette der endlosen Häuserblöcke. Hier empfand ich Frieden...

Das Hupen von Fujis Lieferwagen erinnerte mich wieder an mein Vorhaben. Ich ging zu Fuji hinüber, winkte ihm zu und half ihm, ein paar Säcke mit Dünger auszuladen; denn sein Komposthaufen reichte nicht aus. «Nett, dich zu sehen, Dan, und danke für die Hilfe.»

«Eigentlich bin ich gekommen, um *dich* um Hilfe zu bitten, Fuji», sagte ich.

Er blieb stehen und sah mich neugierig an. «Was kann ich für dich tun?»

«Joseph hat gesagt, daß du früher einmal Karate konntest.»

Ein Lächeln der Erinnerung huschte über sein Gesicht. «Ach so. Ja, ich kann von allem ein bißchen. Aber jetzt bin ich nicht mehr so flink. Wenn mir jetzt böse Buben in die Quere kommen, muß ich ihnen schon meine Düngerbeutel um die Ohren schlagen», scherzte er. «Wieso interessiert dich Karate – soll ich jemanden verprügeln?» Sein Lächeln wurde noch breiter, und er stellte sich in Kampfpose auf.

«Nein», lachte ich. «So etwas ist es nicht. Ich meine nur... Eigentlich sollte ich lernen, wie man sich verteidigt.»

«Keine schlechte Idee. Man weiß nie, wann man so etwas gebrauchen kann», meinte Fuji. «In der Stadt gibt es eine ganz gute Karateschule – ich habe schon ein paarmal hereingeschaut und zugesehen.»

«Oh, ich glaube nicht, daß ich im Augenblick Karateunterricht in der Stadt nehmen kann. Ich habe keine Zeit.»

«Was willst du dann machen – eine Selbstverteidigungspille nehmen?» fragte er.

«Nein», antwortete ich und mußte wieder lachen. «Aber ich habe gedacht, vielleicht kannst du mir etwas beibringen.»

«Ich?» Er schüttelte den Kopf. «Das ist schon zu lange her, Dan. Ich habe das meiste schon wieder vergessen.» Er ging in Kampfstellung, hieb mit der Faust in die Luft und hielt sich dann in gespieltem Schmerz den Rücken. «Siehst du?»

«Fuji, ich meine es ernst. Es ist mir wichtig.»

Er zögerte. «Ich würde dir wirklich gern helfen, Dan, aber du solltest lieber bei einem richtigen Lehrer lernen. Außerdem muß ich jetzt zur Ranch, einen Zaun flicken.»

«Ich habe gerade nichts anderes zu tun; wie wäre es, wenn ich dir dabei helfe?»

«Einverstanden. Ich muß Mitsu nur noch Bescheid sagen, daß wir gehen.»

«Und denk bitte noch einmal über meine Bitte nach, ja?»

Er drehte sich um und rief: «Ich denke ungern zu lange über etwas nach.»

Den Rest des Tages brachten wir damit zu, Zäune zu flicken. Es war Schwerstarbeit: Wir mußten Löcher für die Pfosten graben, sie in den Boden rammen, Holz hacken und sägen. Fuji lieh mir ein Paar Handschuhe, damit ich keine Blasen an den Händen bekam. Das erinnerte mich an alte Zeiten, als ich noch Turner war. Mitsu lud mich danach zu einem vegetarischen Abendessen aus dampfendem Reis, Gemüse und Tofu ein. Dann schrie das Baby. Das war das Signal für Mitsu, uns gute Nacht zu sagen.

«Du hast heute gute Arbeit geleistet, Dan», sagte Fuji und gab mir einen Zehndollarschein – seit einiger Zeit das erste Geld, das ich verdiente.

«Ich kann dir doch dein Geld nicht wegnehmen, Fuji.»

«Nicht mein Geld – deins. Ich arbeite nicht umsonst, also sollst du es auch nicht tun», beharrte er und drückte mir den Schein in die Hand.

«Also gut. Vielleicht kann ich dir eines Tages eine Stunde Kampfsportunterricht davon bezahlen.»

Fuji zog nachdenklich die Augenbrauen zusammen. Dann antwortete er: «Wenn ich dir eine Stunde Unterricht im Malen

geben würde, würde das noch keinen Maler aus dir machen.»
«Doch, natürlich!» lächelte ich. «Nur noch keinen sehr guten.»

Fuji kratzte sich am Kopf, als schmerzte ihn der Gedanke, mir Karate beizubringen. «Ich werde darüber nachdenken», versprach er.

«Das ist immerhin schon etwas. Gute Nacht!»

Am nächsten Morgen weckte Fuji mich. «Also gut», sagte er. «Ein oder zwei Sachen kann ich dir zeigen. Ich warte draußen auf dich.»

Ich sprang aus dem Bett, ging rasch auf die Toilette und trat dann mit Shorts und einem Hemd in der Hand aus der Hütte.

Er führte mich zu einer ebenen Fläche etwa sechs Meter vor meiner Hütte. Dann drehte er sich um und sagte: «Bleib hier stehen. Mit dem Gesicht zu mir.»

«Hmmm... Sollten wir uns nicht erst ein bißchen warm machen?» fragte ich. Das war ich von meinem Sport her so gewohnt.

«Auf Hawaii braucht man sich nicht warm zu machen», sagte Fuji. «Hier ist es doch warm genug. Außerdem braucht man für das, was wir vorhaben, keine Aufwärmphase. Es wird einem ganz von selber warm. Okay? – Jetzt will ich dir eine sehr gute Bewegung zeigen.» Er stellte sich bequem hin und forderte mich auf: «Tu genau das gleiche wie ich.» Er ließ beide Arme herabfallen. Dann winkelte er langsam den rechten Arm an. Ich tat das gleiche. Langsam streckte er die Hand zu mir hin. Ich ahmte alle seine Bewegungen so genau nach, wie ich konnte.

Dann ergriff er meine Hand und schüttelte sie. «Guten Tag», sagte er grinsend, «schön, dich kennenzulernen. Laß uns Freunde sein, ja?»

«*Fuji*», sagte ich und ließ seine Hand enttäuscht wieder los. «Hör auf, Witze zu machen. Mir ist es ernst!»

«Mir auch», versicherte er mir. «Das ist einer meiner Lieblingsgriffe. Er heißt ‹Freundschaft schließen›. Das bringe ich den Leuten immer zuerst bei.»

«Dann gibt es also noch mehr?» fragte ich hoffnungsvoll.

«Ja, sicher. Aber wenn die erste Strategie funktioniert,

brauchst du die anderen nicht mehr. Ich kenne auch einen Griff, der heißt: ‹dem Dieb die Brieftasche geben›. Damit kann man sich und anderen manchen Schmerz ersparen.»

«Fuji, wenn diese Schlägertypen aus der Stadt mir wieder über den Weg laufen, habe ich vielleicht gar keine Gelegenheit mehr, ihnen die Hand zu geben. Und sie wollen nicht meine Brieftasche; sie wollen mir ans Leben!»

«Also gut», sagte er jetzt ganz ernst. «Ich werde dir ein paar Sachen zeigen.»

«Tritte und Fausthiebe?»

«Nein – damit tut man anderen nur weh.»

Allmählich wurde es mir zu dumm. «Was bist du denn für ein Kampfsportler?»

«Ein pazifistischer», erwiderte er. «Man bereitet anderen Menschen so oft Schmerzen. Irgendwann wird man es leid, Blut zu sehen. Aber ich kann dir beibringen, wie man sich *verteidigt*, statt anzugreifen.»

In den nächsten Stunden zeigte er mir eine Reihe von Ausweichmanövern: Drehungen, Wendungen und kreisförmige Armbewegungen, mit denen ich mich abschirmen konnte – schlicht und elegant. «Ich halte es mehr mit den einfachen Bewegungen», erklärte er. «Die lassen sich leichter ausführen.»

Er forderte mich auf, mir wirkliche Angreifer vorzustellen – größere und bösartigere, als mir wahrscheinlich je begegnen würden. Bald entwickelten meine Selbstverteidigungsbewegungen ein Eigenleben; es schien alles wie von selbst zu gehen.

Zum Schluß griff ich in meine Tasche und wollte ihm seine zehn Dollar wiedergeben.

«Nein», winkte er ab. «Das war kein Unterricht – das war nur ein Spiel. Ich habe dabei ein paar Erinnerungen aufgefrischt, die mir selber nützen können. Behalte dein Geld – irgendwann brauchst du es vielleicht.»

«Danke, Fuji.»

«Ich danke dir auch, Dan.»

Wir reichten uns die Hand. «Das ist immer noch meine Lieblingstechnik», sagte er.

«Fuji», fragte ich, als ich ihn zu seiner Hütte zurückbegleitete, «ist eigentlich jemals ein lebhafter älterer Mann mit weißem Haar hiergewesen, ein Freund von Mama Chia? Er heißt Socrates.»

Fuji runzelte nachdenklich die Stirn; dann huschte ein Lächeln über sein Gesicht. «Ich glaube ja – aber das ist schon Jahre her –, kurzes weißes Haar und ein Hawaii-Hemd in den schreiendsten Farben, die ich je gesehen habe. Er muß aus Kalifornien gewesen sein», setzte er mit einem Grinsen hinzu. «Ein sehr interessanter Mann.»

Ich konnte mir Socrates lebhaft in einem Hawaii-Hemd vorstellen. Ob ich meinen alten Freund und Lehrer wohl je wiedersehen würde?

DRITTES BUCH
Der große Sprung

Man kann fast alles in kleinen, wohlüberlegten Schritten erreichen. Aber manchmal braucht man auch den Mut, einen großen Sprung zu wagen; einen Abgrund überquert man nicht mit zwei kleinen Sprüngen.

David Lloyd George

20
Der mysteriöse Schatz

Das Geheimnis des Erfolgs im Leben: Lerne, die Gelegenheiten zu ergreifen!

Benjamin Disraeli

Als wir uns Fujis Haus näherten, gingen gerade die Sterne auf, und es war fast Vollmond. Außer dem Zirpen der Grillen und dem leisen Rauschen des Windes schwieg der Wald und schlief.

«Bist du sicher, daß du nicht zum Abendessen bleiben willst?» fragte Fuji. «Mitsu deckt den Tisch immer gern für eine Person mehr.»

«Nein, wirklich nicht. Ich habe noch etwas zu erledigen», sagte ich. Doch in Wirklichkeit wollte ich der jungen Familie mit dem Baby einfach nicht zur Last fallen.

Lächelnd wandte Fuji sich zum Gehen. Doch dann blieb er plötzlich wie erstarrt stehen. Er lächelte nicht mehr. Genau im selben Moment hatte ich eine beunruhigende Vorahnung.

«Was ist los, Fuji? Spürst du auch etwas?»

«Ja», sagte er.

Unwillkürlich fiel mir Mama Chia ein. «Mama Chia?» fragte ich. «Meinst du...»

Fuji sah mich an. «Ich schaue mal bei ihr vorbei – für alle Fälle.»

«Ich komme mit», sagte ich.

Rasch gingen wir den Weg zu ihrer Hütte hinauf.

Je näher wir kamen, desto unruhiger wurden wir. «Vielleicht ist es ja gar nichts», sagte ich und versuchte mir einzureden, daß sicherlich alles in Ordnung war.

Wir wollten schon in die Hütte hineingehen, da sah Fuji sie: Sie lehnte zusammengesunken an einem Baum neben ihrem Garten. Sie sah so friedlich aus, so still. Der Mond schien auf ihre geschlossenen Augen. Fuji eilte zu ihr und fühlte ihr den Puls.

Erschrocken ließ ich mich neben ihm auf die Knie sinken und streichelte Mama Chias silbernes Haar. Tränen stiegen mir in die Augen. «Ich möchte dir danken, Mama Chia», sagte ich. «Ich möchte dir auf Wieder...»

Aber wir zuckten zusammen, als Mama Chia plötzlich hochfuhr und ungehalten ausrief: «Kann eine Frau heutzutage nicht einmal mehr ein Schläfchen unter freiem Himmel machen?»

Erleichtert sahen Fuji und ich uns an. «Wir dachten, du – du...», stammelte ich.

«Ich wollte nur mal deinen Puls fühlen...» Fuji fiel auch nichts Besseres ein.

Da wurde Mama Chia klar, was wir vermutet hatten. Sie mußte lachen. «Ihr habt wohl gedacht, ich sei hinüber, wie? Nein, keine Sorge – ich habe nur geübt, damit dann auch alles beim ersten Mal klappt! Vielleicht müssen wir das jetzt jeden Tag proben – damit ihr zwei euch nicht mehr wie Idioten aufführt und Unsinn faselt!»

Fuji strahlte vor Glück und verabschiedete sich dann; das Abendessen wartete. Doch bevor er ging, gab er mir noch einen guten Rat. «Dan, was diese Jungen in der Stadt angeht...»

«Ja?»

«Manchmal kann man einen Kampf am besten gewinnen, indem man ihn verliert.»

«Was soll das heißen?»

«Denk darüber nach», sagte er. Dann drehte er sich um und ging nach Hause, wo Mitsus vegetarisches Mahl auf ihn wartete.

An diesem Abend saßen wir in Mama Chias Wohnzimmer und stießen mit einigen Gläsern *Sake* auf unsere Gesundheit an. Mein Körper war durch die viele Bewegung und die einfache Ernährung so gereinigt, daß der *Sake* eine verheerende Wirkung auf mich hatte – das heißt, ich wurde noch rührseliger, als ich ohnehin schon war. Mit feuchten Augen schwor ich Mama Chia ewige Treue und Ergebenheit und sagte ihr «für alle Fälle schon einmal Lebewohl».

Sie tätschelte mir nachsichtig die Hand, lächelte und schwieg.

Irgendwann muß ich wohl auf dem Fußboden eingeschlafen sein, denn dort wachte ich am nächsten Morgen auf. In meinen Ohren läutete es wie die Glocken von Notre Dame. Ich hatte nur den verzweifelten Wunsch, meinem brummenden Kopf zu entfliehen – aber ich wußte nicht, wohin.

Dann stand Mama Chia auf. Sie machte einen abscheulich munteren Eindruck und mixte mir eine ihrer «speziellen Arzneien, mit denen man Tod und Teufel austreiben kann».

«Apropos Tod», sagte ich – bei jedem Wort fuhr mir ein stechender Schmerz durch den Kopf – «ich glaube, nicht *du* wirst bald sterben, sondern ich. Das spüre ich. Ich hoffe nur, es dauert nicht mehr allzu lange.» Ich verdrehte die Augen. «O Gott, ist mir schlecht.»

«Hör auf, die Augen zu verdrehen», riet sie mir. «Dann wird dir gleich besser werden.»

«Danke. Ich wußte gar nicht, daß ich sie verdreht habe.»

Nach einer Stunde fühlte ich mich schon viel besser, viel klarer im Kopf, und mit dieser Klarheit kehrte auch meine Sorge um Mama Chia wieder.

«Du hast mir gestern abend wirklich einen Schrecken eingejagt. Ich war wie erschlagen. Ich kam mir vollkommen hilflos vor. Ich konnte ja nichts für dich tun.»

Mama Chia setzte sich auf ein Kissen auf dem Fußboden und sah mich an. «Laß uns das ein für allemal klarstellen, Dan: Du sollst gar nichts tun. Wenn du deine Ruhe und deinen Seelenfrieden haben willst, dann solltest du deinen Job als Generaldirektor des Universums an den Nagel hängen. Ich sage dir, Dan, mit mir geht es zu Ende – da kannst du machen, was du willst. Vielleicht morgen, vielleicht auch erst in ein paar Monaten – aber bald. Ich habe meine Sachen gepackt und bin bereit.»

«Mama Chia», gestand ich ihr, «ursprünglich, als ich nach Hawaii kam, wollte ich von dir nur wissen, wo ich die Schule in Japan finde.»

Darüber mußte sie lächeln.

«Aber jetzt weiß ich gar nicht mehr, was ich eigentlich noch lernen soll. Es gibt doch nichts, was ihr mir nicht schon beigebracht habt, Socrates und du.»

Sie sah mich an. «Man lernt nie aus. Eine Erfahrung bereitet den Boden für die nächste.»

«Diese Schule in Japan – wo du Socrates kennengelernt hast – ist das meine nächste Station?»

Sie antwortete nicht.

«Was ist – hast du nicht genug Vertrauen zu mir, um mir das zu sagen?»

«Das sind alles ganz berechtigte Fragen, Dan. Ich verstehe dich sehr gut. Aber ich kann dir nicht einfach einen Namen und eine Adresse in die Hand drücken.»

«Und warum nicht?»

Mama Chia holte tief Luft und dachte nach, ehe sie antwortete. «Sagen wir, das gehört zu den Geschäftsbedingungen. Man könnte es auch als eine Art Sicherheitsmaßnahme bezeichnen – eine Initiation. Nur die Menschen, die sensibel und offen genug sind, sollen den Weg dorthin finden.»

«Socrates war ungefähr genauso hilfreich wie du, wenn es um Einzelheiten ging. Er hat mir damals einfach gesagt, wenn ich den Weg zu dir nicht fände, dann sei ich eben noch nicht bereit dafür.»

«Dann verstehst du ja, was ich meine.»

«Ja – aber das heißt noch lange nicht, daß ich es gut finde.»

«Ob du es gut findest oder nicht – hier geht es um größere Zusammenhänge», erinnerte sie mich. «Es geht um mehr Menschen als nur dich und mich und Socrates. Wir sind nur ein paar Fäden in einer großen Decke. Es gibt Geheimnisse, die zu ergründen ich nicht einmal versuche; ich freue mich einfach, daß es sie gibt.»

«Socrates hat mir einmal eine Visitenkarte von sich gegeben», erzählte ich ihr. «Unter seinem Namen steht: ‹Spezialisiert auf Humor, Paradoxes und Veränderung›.»

Lächelnd sagte Mama Chia: «Ja – genau so ist das Leben. Socrates hatte schon immer die Gabe, den Nagel auf den Kopf zu treffen.» Dann faßte sie mich am Arm und sagte: «Du siehst, es geht nicht darum, ob *ich* Vertrauen zu dir habe oder nicht, Dan, sondern eher darum, ob du zu dir selbst Vertrauen hast.»

«Ich verstehe nicht ganz, was du meinst.»

«Auch auf dein Verständnis mußt du mehr vertrauen!»

«Aber Socrates hat gesagt, du würdest mir den Weg zeigen.»

«Ja, *den Weg zeigen* – aber kein Telegramm schicken, auf der eine Adresse steht. Um die verborgenen Schulen zu entdecken, mußt du die *Inneren Aufzeichnungen* finden. Die Geschäftsbedingungen verbieten mir, es dir direkt zu sagen. Ich kann dich nur so weit bringen, daß du es selbst siehst, kann nur helfen, dich darauf vorzubereiten. Die Landkarte liegt im Inneren.»

«Im Inneren? Wo?»

«Die verborgenen Schulen liegen oft mitten in einer großen Stadt oder in einem kleinen Dorf – vielleicht sogar in deiner unmittelbaren Nachbarschaft. Sie sind gar nicht unsichtbar. Aber die meisten Menschen gehen daran vorbei. Sie sind zu beschäftigt damit, in den Höhlen von Nepal und Tibet die Erleuchtung zu suchen. Solange wir Krieger nicht die Höhlen und schattigen Plätze in unserem eigenen Inneren erforschen, sehen wir überall nur unser eigenes Spiegelbild – und die Worte der Meister klingen wie Narrheiten, weil nur Narren ihnen zuhören.

Jetzt», fuhr sie fort, «ist die Zeit gekommen, wo das Unsichtbare wieder sichtbar wird und Engel sich in die Lüfte schwingen. Du bist einer von ihnen. Es war meine Pflicht – meine beglückende Pflicht –, dir auf deinem Weg weiterzuhelfen. Ich führe die Menschen genau wie Socrates zu ihrer Seele hin. Wir sind da, um euch zu unterstützen – aber nicht, um es euch leichtzumachen. *Du selbst* mußt den Weg vorwärts finden, so wie du mich gefunden hast. Ich kann dir nur die richtige Richtung zeigen, dich drängen weiterzugehen und dir eine glückliche Reise wünschen.

Zieh die Stirn nicht so kraus, Dan», sagte sie, als sie mein Gesicht sah. «Und versuche nicht immer alles herauszufinden. Du brauchst nicht unbedingt alles über das Meer zu wissen, um darin schwimmen zu können.»

«Glaubst du, daß ich bereit bin, den nächsten Schritt zu tun?»
«Nein, noch nicht. Wenn du jetzt fortgingest...» Sie sprach den Satz nicht zu Ende. «Du hast es fast geschafft – vielleicht dauert es nur noch eine Stunde, vielleicht ein paar Jahre. Ich hoffe, daß ich noch lange genug hier bin, um mitzuerleben, wie du...»
«Wie ich den Sprung wage», beendete ich ihren Satz.
«Ja. Denn ich habe dir ja schon gesagt, wenn du erst einmal im vierten Stock bist, ist der Rest wie eine Fahrt im Aufzug ohne Zwischenhalt nach oben.»
«Ich würde den Sprung heute noch wagen, jetzt in diesem Augenblick, wenn ich nur wüßte, wie», sagte ich frustriert. «Ich würde alles für dich tun, Mama Chia. Du mußt mir nur sagen, *was* ich tun soll.»
«Es wäre schön, wenn es so einfach wäre, Dan. Aber es muß aus deinem eigenen Inneren kommen – so wie sich aus einem Samen die Blume entfaltet. Du kannst es nicht beschleunigen. Wie lange es dauert, liegt nicht in deiner Hand. In der Zwischenzeit tue einfach, was du gern tun möchtest und wobei du ein gutes Gefühl hast. Kümmere dich um die Dinge, die vor dir liegen. Nutze jede Gelegenheit, um zu wachsen und auf eine höhere Ebene zu gelangen. Und befasse dich mit allen unerledigten Aufgaben in den unteren Stockwerken. Sieh deinen Ängsten ins Auge; tue das Nötige, um deinen Gesundheitszustand und deine Energie auf Höchstform zu bringen. Beherrsche deine Energie, und lenke sie in die richtigen Bahnen. Du mußt zuerst Meisterschaft über dich selbst erlangen, bevor du über dich hinauswachsen kannst.»
Sie hielt inne und holte noch einmal tief Luft. «Ich habe dir alles gezeigt, was du wissen mußtest», sagte sie dann. «Vielleicht hilft es dir, vielleicht auch nicht – es kommt darauf an, was du damit anfängst.»
Niedergeschlagen blickte ich zu Boden und sagte mit gedämpfter Stimme, mehr zu mir selbst als zu ihr: «Immer verliere ich meine Lehrer. Erst hat Socrates mich weggeschickt, und jetzt sagst du mir, daß du bald fortgehen wirst.»
«Man soll sich nie zu sehr an einen Lehrer hängen», ermahnte

sie mich. «Du darfst das Geschenk nicht mit der Verpackung verwechseln. Verstehst du, was ich meine?»

«Ich glaube ja», antwortete ich. «Das heißt, daß mir wieder so eine aussichtslose Jagd nach einem Hirngespinst bevorsteht – die Suche nach einem Lehrer ohne Gesicht an einem Ort ohne Namen.»

Mama Chia lächelte. «Wenn der Schüler bereit ist, erscheint der Lehrer.»

«So etwas Ähnliches habe ich schon einmal gehört», sagte ich.

«Aber verstehst du auch wirklich, was damit gemeint ist? In Wirklichkeit bedeutet dieser Satz: Wenn der Schüler bereit ist, taucht der Lehrer von selbst auf, und zwar *überall* – am Himmel, in den Bäumen, in Taxis und Bankgebäuden, in der Praxis eines Psychotherapeuten oder an einer Tankstelle, in Gestalt deiner Freunde und auch deiner Feinde. Wir sind alle Lehrer füreinander. In jeder Siedlung, jeder Stadt, jedem Staat, jedem Land gibt es Lehrer – Lehrer für Menschen auf den verschiedensten Bewußtseinsebenen. Wie überall hat der eine vielleicht einen besonders hohen Grad an Bewußtsein erreicht und ist besonders begabt, der andere weniger. *Aber das spielt im Grunde gar keine Rolle.* Denn eigentlich ist *alles* eine Offenbarung; alles hängt miteinander zusammen. Jedes kleine Teilchen spiegelt das Ganze wider, wenn du nur Augen hast, um zu sehen, und Ohren, um zu hören.

Im Augenblick kommt dir das wahrscheinlich sehr abstrakt vor, aber eines Tages – und der Tag ist vielleicht nicht mehr sehr fern – wirst du das alles begreifen. Und wenn du es begriffen hast», sagte sie und hob einen glänzenden Stein auf, «dann wirst du dir diesen Stein anschauen oder die Adern dieses Blattes betrachten oder einen Pappteller im Wind davonfliegen sehen und darin die verborgenen Prinzipien des Universums erkennen.»

Ich dachte über ihre Worte nach. «Was ist eigentlich gegen menschliche Lehrer einzuwenden?» fragte ich.

«Sehr viel! Denn jeder Lehrer in menschlicher Gestalt ist zwangsläufig mit irgendeiner Schwäche, Absonderlichkeit oder Unzulänglichkeit behaftet. Vielleicht sind es große Probleme, die er mitbringt – vielleicht auch nur kleine. Vielleicht ist es Sex oder Essen oder Macht – oder noch schlimmer: Vielleicht stirbt der Lehrer dir einfach unter den Händen weg.» An dieser Stelle hielt sie inne, um den Effekt noch ein bißchen zu verstärken. «Aber für die meisten Menschen», fuhr sie dann fort, «ist ein Lehrer in Menschengestalt trotzdem das Beste, was ihnen passieren kann – ein lebendes Beispiel, ein Spiegel. Es ist einfacher, die geschriebenen oder gesprochenen Worte eines Menschen zu verstehen als die Sprache von Wolken oder Katzen oder von einem Blitz am rosa Abendhimmel.

Auch Menschen haben ihre Weisheit, die sie dir vermitteln können.

Doch sobald du die Inneren Aufzeichnungen aufschlägst, siehst du das alles *direkt* vor dir, von innen, und der Lehrer des Universums spricht zu dir.»

«Was kann ich denn im Augenblick tun, um mich vorzubereiten?» fragte ich.

Da wurde Mama Chia sehr still und blickte eine Weile ins Leere. Schließlich wandte sie sich wieder zu mir: «Ich habe bereits alles getan, um dich vorzubereiten.»

«Worauf?» fragte ich.

«Auf das, was kommt.»

«Rätsel habe ich noch nie leiden können.»

«Vielleicht hat dir das Leben deshalb so viele aufgegeben», schmunzelte sie.

«Und woher soll ich wissen, ob ich bereit bin?»

«Du könntest es erkennen, indem du ganz einfach vertrauensvoll in dich hineinhorchst», sagte sie. «Aber du besitzt eben nicht genug Vertrauen zu dir. Deshalb brauchst du immer wieder eine Herausforderung – eine Prüfung –, die dir beweist, was du bis jetzt gelernt hast und was noch nicht.»

Mama Chia erhob sich und begann im Zimmer auf und ab zu gehen. Schließlich blieb sie stehen und sagte: «Auf dieser Insel gibt es einen Schatz – gut verborgen vor Augen, die ihn nicht sehen sollen. Ich möchte, daß du ihn findest. Gelingt es dir, dann bist du bereit, die Insel zu verlassen und mit meinem Segen weiterzuziehen. Wenn nicht...» Sie beendete ihren Satz nicht, sondern sagte nur noch: «Wir treffen uns heute abend bei Sonnenuntergang im Wald; dann erkläre ich dir alles.»

Plötzlich sah ich Redbird draußen auf dem Fenstersims. Ich betrachtete ihn nachdenklich. Dann sagte ich: «Gut. Ich komme. Wo wollen wir uns denn treffen?» Doch als ich aufblickte, war Mama Chia schon verschwunden. «Mama Chia?» rief ich. «*Mama Chia*?» Keine Antwort. Ich suchte in der Hütte und hinter der Hütte nach ihr, aber ich wußte jetzt, daß ich sie erst bei Sonnenuntergang finden würde. Nur wo? Und wie? Ich ahnte, daß das meine erste Aufgabe sein würde.

Den größten Teil des Nachmittags verbrachte ich damit, mich auszuruhen – man konnte ja nie wissen, was mir nach Sonnenuntergang bevorstand. Ich lag auf meinem Bett und war zu aufgeregt, um schlafen zu können. Ein Teil meines Ichs blätterte in meiner Erinnerung alles durch, was ich bisher über die drei Selbste und die sieben Stockwerke im Turm des Lebens gelernt hatte. Bilder und Empfindungen zogen an meinem inneren Auge vorüber.

Ich ließ in Gedanken all die wahrscheinlichen und unwahrscheinlichen Orte an mir vorüberziehen, an denen sie vielleicht auf mich wartete. Doch bald kam ich zu dem Schluß, daß es keinen Sinn hatte, darüber nachzudenken.

Dann fiel mir ein: Eigentlich stehen doch alle Basis-Selbste miteinander in Verbindung. Also müßte mein Basis-Selbst auch wissen, wo ihres ist. Ich brauchte meine Intuition – jene Eingebungen, die «aus dem Bauch heraus» kamen – nur auf die Botschaften ihres Basis-Selbst zu konzentrieren. Dann würde ich sie mit ebenso unfehlbarer Sicherheit finden, wie ein Geigerzähler radioaktive Strahlen entdeckt! Jetzt wußte ich, wie es ging; aber konnte ich es auch durchführen?

Ich wußte, daß ich meinen Körper entspannen und Klarheit in mein Bewußtes Selbst bringen mußte, um die Botschaften meines Basis-Selbst spüren zu können. Also setzte ich mich am Spätnachmittag auf einen kleinen Erdhügel am Waldrand und begann zu meditieren. Ich ließ meinen Atem in seinem eigenen Rhythmus kommen und gehen. Ebenso ließ ich meine Gedanken, Sinneswahrnehmungen und Gefühle kommen und gehen wie die Wogen des Meeres. Von den Strömungen meines Geistes unbeirrt, sah ich sie heranrollen und ließ sie wieder abebben, ohne mich an sie zu hängen.

Kurz vor Sonnenuntergang stand ich auf, streckte mich, tat ein paar tiefe Atemzüge, um alle Spannung und Sorge auszuatmen, die mich vielleicht beeinträchtigen könnten – und trat mitten auf die Lichtung. Bleib zuversichtlich, ermahnte ich mich. Vertraue auf dein Basis-Selbst. Es weiß, was zu tun ist.

Zuerst versuchte ich mir vorzustellen, wo Mama Chia war. Ich entspannte mich und wartete darauf, daß ein Bild vor meinem inneren Auge auftauchte. Und ihr Gesicht erschien auch tatsächlich vor mir, aber es wirkte wie ein Bild, das ich mir aus der Erinnerung zusammengebastelt hatte. Die Umgebung, in der sie sich befand, konnte ich nicht erkennen. Dann lauschte ich mit meinen inneren Ohren auf irgendeinen Hinweis, vielleicht gar ihre Stimme. Doch auch das funktionierte nicht.

Als ausgebildeter Sportler hatte ich ein besonders feines Bewegungsempfinden entwickelt – ich war mir meines Körpers sehr bewußt. Also setzte ich diese Fähigkeit ein: Ich bewegte mich langsam im Kreis und versuchte die Richtung zu erfühlen, in die ich gehen mußte. Doch da schaltete mein Verstand sich ein: Vielleicht sitzt sie ganz einfach auf der Veranda vor ihrem Haus! Nein – wahrscheinlich ist sie am Froschteich. Oder vielleicht im Wald in der Nähe der Hütte von Joseph und Sarah oder Fuji und Mitsu. Oder sie schleicht sich heimlich in meine Hütte und wartet, bis ich die Suche aufgebe!

Plötzlich wurde mir bewußt, daß sich mein Verstand verselbständigte, und ich schob diese Gedanken weit von mir. Das war nicht der richtige Zeitpunkt für logische Überlegungen.

Du mußt es einfach fühlen! sagte ich mir. Stumm bat ich mein Basis-Selbst, es mir zu verraten. Ich drehte mich weiter langsam im Kreis und wartete. Und plötzlich kam mir die Eingebung: «Ja!» In meiner Aufregung schrie ich es laut in den Wald hinein. Mein Arm zeigte in eine bestimmte Richtung. Ich spürte dabei eine Art innerer Bestätigung, so wie bei anderen Ahnungen «aus dem Bauch heraus», die ich früher schon gehabt hatte, nur viel intensiver. Mein Bewußtes Selbst meldete sofort alle möglichen Zweifel an: Das ist doch albern. Das ist nur eine Ausgeburt deiner Phantasie. Das kannst du gar nicht wissen, du bildest es dir nur ein.

Doch ich ignorierte meine Gedanken und ging in die Richtung, in die mein Arm zeigte – links vom Weg weg auf den Bergrücken zu. Das Gefühl war immer noch genauso intensiv wie vorher. Immer tiefer ging ich in den Wald hinein. Schließlich blieb ich stehen und drehte mich um. Ich kam mir vor wie ein Blinder, der sich nur noch auf sein inneres Gespür verläßt. Ich hatte das Gefühl, daß Mama Chia mir jetzt näher war als vorher, dann kamen mir wieder Zweifel.

Aber das Gefühl war stärker als alle meine Zweifel, und es sagte mir, daß sie in der Nähe war. Wieder drehte ich mich im Kreis herum, blieb stehen und ging weiter. Plötzlich stieß ich mit einem Baum zusammen. Zu meiner Verblüffung begann dieser mit lauter Stimme zu sprechen: «Das war zu einfach. Das nächste Mal mußt du mich mit verbundenen Augen suchen!»

«Mama Chia!» rief ich begeistert, ging um den Baum herum und sah sie darunter sitzen. «Ich hab's geschafft! Es hat tatsächlich geklappt!» Ich hüpfte vor Freude. «Mein Basis-Selbst hat mich zu dir geführt!»

Ich half Mama Chia auf die Beine, nahm sie in die Arme und drückte sie fest an mich. «Danke! Das hat wirklich Spaß gemacht.»

«Das Basis-Selbst liebt Spaß», sagte sie. «Deshalb spürst du jetzt so viel Energie in dir.»

Doch bald beruhigte ich mich wieder und erklärte ihr: «Ich werde diesen Schatz – oder was immer es auch sein mag – schon finden, wenn das die Aufgabe ist, die du für mich hast. Aber eigentlich brauche ich nicht weiter zu suchen – *du* bist ja schon der Schatz. Ich will hier bei dir bleiben, solange ich kann.»

«Dan», sagte sie und faßte mich sanft an den Schultern, «das verrät mir, daß du nahe daran bist, den Sprung zu wagen – ganz, ganz nah. Aber mir sollst du nicht dienen. Ich bin nur eine Zwischenstation. Wenn du willst, denke später einmal dankbar an mich zurück. Aber nicht mir zuliebe – dir selbst zuliebe. Denn

Dankbarkeit öffnet das Herz.» In den letzten rosa Strahlen der sinkenden Sonne sah ihr Gesicht so glücklich aus, als sie mich anlächelte. In ihren Zügen spiegelte sich die ganze Liebe wider, die ich für sie empfand.

«Und jetzt», bestimmte sie, «ist es Zeit für dich, auf die Suche zu gehen.» Sie setzte sich wieder, nahm Notizblock und Kugelschreiber aus ihrem Rucksack und schloß die Augen. Ich beobachtete sie. Sie saß einfach nur da, wartete und atmete. Dann begann sie mit ihrer zitterigen Handschrift etwas auf den Block zu schreiben – erst langsam, dann immer schneller. Als sie fertig war, reichte sie mir den Zettel. Darauf stand:

Unter Wasser, über See
Und tief in den Wald hinein geh.
Vertrau deinem Instinkt im Meer,
Und bring den Schatz zu mir her.
Willst du ihn finden, hab nur acht,
Mußt du reisen Tag und Nacht.
Wenn du ihn siehst, wirst du wissen und erkunden,
wie oben so unten.
Hast du begriffen, dann bist du bereit
Zu reisen über den Ozean weit.

Ich las den Zettel noch einmal. «Was soll denn das heißen?» fragte ich und blickte auf. Doch da war sie schon wieder verschwunden. «*Verdammt noch mal!* Wie *machst* du denn das?» rief ich in den Wald hinein. Dann setzte ich mich seufzend hin und fragte mich, was wohl als nächstes kommen würde.

Ich sollte mich also auf eine Schatzsuche begeben – eine Art Odyssee. Wahrscheinlich war es vernünftiger, wenn ich mich erst am nächsten Morgen auf den Weg machte. Aber in dem Rätsel hieß es, ich müsse «Tag und Nacht» reisen! Andererseits hatte es ja keinen Zweck, aufzubrechen, bevor ich überhaupt wußte, wo ich hin sollte. Ich las mir das Rätsel noch einmal durch. Daraus ging eindeutig hervor, daß ich an verschiedenen Orten suchen mußte: «Unter Wasser, über See» – dieser Teil verblüffte mich am meisten – und auch im Wald. Am rätselhaftesten aber war der vorletzte Satz: «Wenn du ihn siehst, wirst du wissen und erkunden, wie oben so unten.»

Einem plötzlichen Impuls folgend, beschloß ich, bergauf in den Wald hineinzuwandern, um mir einen besseren Überblick zu verschaffen. Im Osten ging schon der Vollmond auf. Er stand noch tief am Horizont, reichte aber aus, um meinen Weg zu beleuchten.

«Vollmond in der Nacht hält über mir Wacht», sang ich im Takt meiner Schritte laut vor mich hin und stapfte in gleichmäßigem Rhythmus den feuchten, mondbeschienenen Waldweg hinauf. Ich fühlte mich frisch, wach und sehr lebendig. Der Wald sah nachts eigentlich nicht viel anders aus als tagsüber, aber mir war anders zumute als sonst. Bei dieser geheimnisvollen, ungewohnten Tätigkeit stieg mein Basis-Selbst an die Oberfläche. Ich genoß die Aufregung.

In meinem Unterleib breitete sich ein warmes Glühen aus und stieg prickelnd durch meine Brust nach oben wie eine langsam anschwellende Energie. Ich mußte einen lauten Schrei ausstoßen wie ein Vogel, um ihr Luft zu machen. «Iiiaaahh!» kreischte ich mit hoher Stimme. Ich fühlte mich tatsächlich wie ein Vogel und dann wie ein Puma, der auf leisen Pfoten durch die Nacht schleicht. Eine solche Herausforderung wie diese hatte ich noch nie zu bestehen gehabt.

Ich stieg immer höher hinauf. Ein leichter Schweißfilm bildete sich auf meinem Gesicht und meiner Brust, denn die Nacht war warm. Ich dachte darüber nach, wie geheimnisvoll dieses Leben doch war. Diese märchenhafte Nacht kam mir unwirklich vor – oder besser gesagt, so wirklich wie ein Traum. Vielleicht träumte ich tatsächlich. Vielleicht war ich damals von diesem Surfbrett ins Meer gestürzt, vielleicht befand ich mich im Delirium in einem anderen Körper, einem anderen Leben oder in meinem Bett zu Hause in Ohio.

Ich blieb stehen und ließ meine Blicke über den Wald wandern, der unter mir lag. Der Schimmer des Mondes erhellte die Umrisse der Bäume, als hätte ein Maler sie mit ein paar silbernen Pinselstrichen hinskizziert. Nein, das war kein Traum. Ich schwitzte wirklich, das war wirklich der Mond, und ich war wirklich müde. Bald würde der Morgen dämmern. Der Bergkamm lag direkt über mir – vielleicht noch eine halbe Stunde, dann würde ich oben sein. Also hastete ich weiter, mit dem Morgengrauen um die Wette.

Keuchend vor Anstrengung erreichte ich den Kamm. Ich fand eine geschützte Stelle, legte mich hin und schlief, bis die Sonne ihre ersten Strahlen über die Felsen schickte und mein Gesicht berührte. Ich genoß den Ausblick über Molokai. Und was nun?

Da hörte ich in meiner Erinnerung Socs Stimme. Er hatte mir einmal vom Koan erzählt, einem unlösbaren Zen-Rätsel, das uns die Grenzen unseres bewußten Verstandes deutlich machen soll. Die «Lösung» lag nicht in der «richtigen» Antwort, sondern in einer Erkenntnis, die mit der Aufgabenstellung nicht mehr viel zu tun hatte.

Ich fragte mich, ob Mama Chias Rätsel wohl auch so ein Koan war. In einem Winkel meines Verstandes begann ich über diese Frage nachzugrübeln, und ich wußte, daß sie mich noch viele Stunden lang beschäftigen würde – im Wachzustand und im Schlaf.

Dann dachte ich wieder darüber nach, wie es wohl ist, wenn man seine Form verändert. Mama Chia hatte das als «eine Art tiefer Einfühlung in ein anderes Wesen» bezeichnet. Als ich noch klein war, hatte ich mit Begeisterung das «Was-wäre-wenn...»-Spiel gespielt: Wie wäre es wohl, wenn ich ein Tiger wäre? Oder ein Gorilla? Und auf meine kindliche Art hatte ich diese wilden Tiere dann imitiert, zwar nicht sehr geschickt, aber ich hatte mich dabei wirklich wie ein Tiger oder wie ein Gorilla gefühlt. Vielleicht würde mir das jetzt helfen!

Gerade als mir diese Idee kam, sah ich einen Albatros, der ziemlich niedrig flog. Er schwebte im Aufwind dahin, ganz langsam und schwerelos – er schien fast über mir in der Luft zu stehen. Erschrocken stellte ich fest, daß ich mich tatsächlich für ein paar Sekunden in diesen Albatros verwandelt hatte: Ich hatte durch seine Augen zu mir hinuntergeschaut. Mit einem lauten Krächzen flog der Vogel nun direkt auf die Stadt zu, die unter mir lag, als gleite er eine endlose Rutschbahn hinab. Da wußte ich, wo ich als nächstes hingehen würde – nach Kaunakakai. Was für eine Nacht voller Wunder!

Ehe ich mit dem Abstieg begann, ließ ich meine Blicke noch einmal über die ganze Insel schweifen, die ins erste Morgenlicht getaucht dalag. Es war ganz richtig, daß ich als erstes hierhergegangen war, um mir einen Überblick zu verschaffen, dachte ich. Als ich gehen wollte, sah ich, daß zu meinen Füßen eine Albatrosfeder lag. Ich hob sie auf, und ein uraltes Verlangen stieg in mir auf. Ich war im Begriff, mich auf eine Suche zu begeben – warum sollte ich sie nicht mit einer Zeremonie beginnen?

Ich hob die Feder mit dem linken Arm hoch über meinen Kopf und wies mit dem rechten Arm auf den Boden – als symbolische Verbindung zwischen Himmel und Erde. Ich sah aus wie der Magier auf einer Tarot-Karte und fühlte mich auch so. Dann hob ich grüßend die Hand nach Norden, Süden, Osten und Westen und bat die Inselgeister, mir beizustehen.

Schließlich stieg ich den Berg hinunter, so rasch meine Beine mich trugen. Mein Basis-Selbst gab mir neue Kraft. Nur einmal, am Vormittag, legte ich eine kurze Rast ein, pflückte ein paar Papayas, die am Wegrand wuchsen, riß sie auf, schlang sie hinunter und warf die Schalen als Dünger auf den Boden. Ich marschierte zügig drauflos, wie jemand, der ein Ziel vor Augen hat – obwohl ich eigentlich noch gar keine Ahnung hatte, worin dieses Ziel bestand. Dann fiel es mir wieder ein. Ich wollte ja in die Stadt.

Ein freundlicher Regenschauer wusch mir den klebrigen Papayasaft von Gesicht, Brust und Händen, dann trocknete die Sonne mich wieder, und der Wind fönte meine Haare und meinen Bart.

Ich ließ mich ein Stück von einem Lieferwagen mitnehmen, an dessen Seite «Molokai Ranch» stand, den Rest des Weges bis nach Kaunakakai ging ich zu Fuß. Als ich in die Stadt hineinschlenderte, kam ich mir vor wie ein Urmensch aus den Bergen – und lief direkt meinen neuen Bekannten in die Arme, «Bierbauch» und seinen Freunden.

Ich stand inzwischen nur noch recht wackelig auf meinen

Beinen. Schließlich war ich fast die ganze Nacht unterwegs gewesen, mit ein paar Papayas als einzigem Energiespender. Ich war schon darüber hinaus, müde zu sein, und glitt allmählich in einen Zustand seliger Unbekümmertheit hinüber. Als sich auf dem runden Gesicht Bierbauchs allmählich ein grimmiges Leuchten des Wiedererkennens ausbreitete und er die Fäuste ballte, hörte ich mich mit meiner beeindruckendsten Western-Heldenstimme sagen: «Ich hab' gehört, daß ihr mich sucht, ihr Mistkerle!»

Mit diesen Worten brachte ich ihren Vormarsch für ein paar Sekunden zum Stillstand. «Mistkerle», sagte Bierbauch fassungslos. «Der hat uns ‹Mistkerle› genannt.»

«Ich denke, das is' 'ne Frechheit», meldete einer seiner Freunde, der noch größer war als er, sich zu Wort.

«Ich bezahl' euch nich', damit ihr denkt!» verkündete ihr furchtloser Anführer.

«Du bezahlst uns überhaupt nich'!» erwiderte der Große in einer Anwandlung von Geistesgegenwart. Ich sah, daß selbst der kleinste dieser Typen mich um zwölf Zentimeter überragte und mindestens fünfzig Pfund schwerer war als ich.

Plötzlich erinnerte Bierbauch sich wieder an seine ursprüngliche Absicht und Idee: *Poi*, eine Art Püree, aus mir zu machen. Er trat einen Schritt vor, um endgültig mit mir aufzuräumen.

Dann holte er aus. Ich erinnerte mich an mein Training bei Fuji, und es gelang mir, dem Schlag auszuweichen – auch dem nächsten und dem übernächsten. Der Kerl hieb um sich wie ein Boxweltmeister. Der Gewalt muß man aus dem Weg gehen, dachte ich und duckte mich immer wieder.

Ich war nach dieser einen Unterrichtsstunde bei Fuji natürlich noch kein Kampfkunstmeister. Aber es war eine sehr gute Lektion gewesen. Und um die Wahrheit zu sagen, Bierbauch hatte heute wahrscheinlich schon ein paar zuviel gekippt und war nicht gerade in Höchstform.

Ausdauer hatte der Bursche ja, das mußte man ihm lassen. Schon ganz rot im Gesicht, schnaufend und keuchend, bemühte er sich, diesen lächerlichen Hippie, der wahrscheinlich aus Kalifornien kam, mit seinen Fäusten zu zermalmen. Und er unterlag kläglich – vor den Augen seiner Freunde.

Ich wich weiterhin elegant allen seinen Schlägen aus; ich wippte und tänzelte und kam mir allmählich vor wie Bruce Lee. Ich fand sogar noch Zeit, mich im stillen bei Fuji zu bedanken.

Dann fiel mir plötzlich noch etwas ein, was Fuji mir beigebracht hatte: Manchmal kann man einen Kampf am besten gewinnen, indem man ihn verliert!

Sofort stimmte ich mich innerlich auf diesen jungen Burschen ein. Ich spürte, was er empfand, und wurde traurig. Das hier war sein Reich, in das ich eingedrungen war – und Kämpfen war eine der wenigen Fähigkeiten, die er besaß und auf die er sich etwas zugute hielt. Und jetzt stürzte sein Image vor den Augen der einzigen Freunde, die er hatte, in sich zusammen wie ein Kartenhaus. Ich hatte wie üblich nur an mich selbst gedacht. Fuji hatte recht. Ein wichtiger Aspekt der Selbstverteidigung besteht darin, zu wissen, wann man sich *nicht* mehr zu verteidigen braucht.

Also gab ich meine Deckung auf und neigte mich nur leicht zur Seite, um die Wucht seines nächsten Schlages abzumildern. Er machte noch einen letzten heldenhaften Versuch und holte zu einem Kinnhaken aus, der an meinem rechten Backenknochen landete. Ich hörte einen lauten Gong, und mein Kopf flog zur Seite; dann sah ich Sterne. Als ich wieder zu mir kam, lag ich auf einem Haufen aus verstreutem Abfall.

Ich richtete mich halb auf, rieb mir den Kopf und sagte: «Das war aber ein Mordsschlag. Sind deine Fäuste aus Stahl, oder wie machst du das?»

Er hatte sein Gesicht gewahrt. Ich war der besiegte Feind. Ich sah, wie sein Gesichtsausdruck sich veränderte, als er stolz die Faust in die Höhe reckte.

«Nee. Die sind aus *Eisen*», sagte er.

«Hilf mir aufstehen, ja?» sagte ich und streckte ihm die Hand hin. «Ich lade euch zu einem Bier ein.»

21
Ein Sonnenstrahl in der Meerestiefe

In den Höhlen im Meer
Ist ein Durst, eine Liebe,
Eine Ekstase, hart wie Muscheln –
Du kannst sie in der Hand halten.

Giorgos Seferis

Er zögerte einen Augenblick, dann reichte er mir die Hand und zog mich hoch. «Ich kann 'ne Menge Bier vertragen», prahlte er, lächelte und entblößte dabei zwei Zahnlücken. Während wir zu dem Laden gingen – auf dem Schild über der Tür stand «Spirituosen» –, rieb ich mir den Bluterguß an der rechten Wange und war froh über die zehn Dollar, die Fuji mir gegeben hatte, denn außer denen hatte ich so gut wie kein Geld bei mir. Das ist wirklich eine verdammt originelle Art, Freundschaften zu schließen, dachte ich.

Aber ich hatte tatsächlich Freunde gefunden. Vor allem Bierbauch, der eigentlich Kimo hieß, schien mich zu mögen. Die anderen Burschen verschwanden nach und nach, als ich kein Geld für Bier mehr hatte, aber Kimo blieb. Er erbot sich sogar, mir eins zu spendieren.

«Nein, danke, Kimo, ich hab' genug», sagte ich. Aber dann kam ich auf eine Idee. «Weißt du vielleicht, wo ich hier ein Segelboot finde?» Ich weiß gar nicht, wie ich plötzlich darauf kam. Ich folgte einfach dem Impuls des Augenblicks.

Da erwachte Kimo, der bis dahin schweigend die Theke angestarrt und an seinem Bier genippt hatte, plötzlich zum Leben. Sein Gesicht rötete sich, und er wandte sich mir aufgeregt wie ein Schuljunge zu. «Was, du willst segeln geh'n? Ich hab' 'n Boot! Ich bin der beste Segler hier in der Stadt.»

Im Nu waren wir draußen. Und eine halbe Stunde später segelten wir auch schon aufs Meer hinaus. Es wehte eine steife Brise, und unser Boot hüpfte über die Wellen. «Das hier is' 'n toller Platz zum Angeln. Angelst du gern?» Das war freilich eine rein rhetorische Frage – so als hätte er gefragt: «Atmest du gern?» Sie ließ wenig Spielraum für ein Nein.

«Ich hab' schon seit Jahren nicht mehr geangelt», erklärte ich diplomatisch. Es war auch nur eine Angelrute an Bord; also begann Kimo zu angeln, ganz in seine Welt versunken, während ich mich, froh über seine Gesellschaft, über die Reling lehnte und die Meeresoberfläche mit meinen Blicken zu durchdringen versuchte.

Die Wellen hatten sich gelegt, und das Meer lag glatt wie Glas vor mir. Das Wasser war kristallklar. Ich sah Fischschwärme vorbeischwimmen und versuchte mir vorzustellen, wie es wohl wäre, wenn...

Ohne sich darum bemüht zu haben – vielleicht war das des Rätsels Lösung –, flog mein Bewußtsein plötzlich mit den Fischen mit. Für die Fische ist das Wasser wie Luft, erkannte ich. Ich konnte mich ungewohnt gut in dem feuchten Element bewegen: Ich brauchte es nur zu wollen, und schon war ich eine Rakete oder eine Sternschnuppe, die sich in rasendem Tempo bewegte, und im nächsten Augenblick lag ich wieder vollkommen entspannt und regungslos im Wasser.

Aber ich war immer auf der Hut. Denn hier kam der Tod aus allen Richtungen, und zwar sehr plötzlich. Ich sah einen größeren Fisch zuschnappen, und schon war ein kleinerer nicht mehr da. Das Meer war eine lebendige Maschine voller Bewegung und Fortpflanzung, Fressen und Tod – und doch von großer Schönheit und tiefem Frieden erfüllt.

Mit einem Schlag kehrte ich wieder in meine gewohnte Realität zurück, als Kimo sagte: «Weißte, Dan, dies Boot und dies Meer – das is' mein Leben.»

Ich spürte, daß er mir etwas sehr Persönliches mitteilen wollte, und hörte aufmerksam zu.

«Manchmal is' es ganz friedlich – so wie jetz'. Und dann kommt 'n Sturm. Gegen den Sturm kann ich nix machen. Aber ich kann das Segel nach'm Wind dreh'n und alles festbinden und warten, bis der Sturm vorbei is'. Und dann, wenn man durchgekommen is', fühlt man sich gleich viel stärker – verstehste?»

«Ja, ich versteh', was du meinst, Kimo. Mit meinem Leben ist es auch so ähnlich.»

«Ja?»

«Ja. Wahrscheinlich haben wir alle unsere Stürme durchgemacht», sagte ich.

Er grinste zu mir herüber. «Bist 'n netter Bursche, weißt du das? Zuerst hab' ich ja nix von dir gehalten. Aber jetz' schon.»

Ich grinste zurück. «Ich find' dich auch in Ordnung.» Ich meinte es ehrlich. Kimo schien ein ganz anderer Mensch zu sein – jetzt, wo ich einen Blick unter die Oberfläche geworfen hatte.

Kimo hatte noch etwas auf dem Herzen, das sah ich ihm an. Er zögerte – vielleicht mußte er erst Mut fassen –, dann vertraute er mir an: «Irgendwann mach' ich den High-School-Abschluß und such' mir 'n ordentlichen Job. Dann lern' ich auch besser reden, so wie du.» Er wartete auf eine Antwort. Irgendwie war meine Meinung ihm wichtig.

«Tja», sagte ich, «jemand, der sich so gut mit dem Meer auskennt wie du – ich glaube, der schafft alles, was er sich in den Kopf gesetzt hat.»

Ich sah, wie sich ein Leuchten auf seinem Gesicht ausbreitete. «Meinst du wirklich?»

«Ja. Wirklich.»

Er saß nachdenklich da und sagte eine Weile gar nichts. Ich blickte stumm ins klare Wasser hinein. Dann zog er plötzlich seine Angelschnur ein und setzte die Segel. «Ich will dir was zeigen», sagte er. Wir änderten unseren Kurs und segelten in Richtung Süden, bis wir zu einem Korallenriff kamen, das unter der Wasseroberfläche gerade noch zu erkennen war.

Kimo drehte das Segel nach dem Wind, streifte seinen Lendenschurz ab und glitt ins Wasser wie ein Seehund. Rasch tauchte sein Kopf wieder auf. Hier war er eindeutig in seinem Element. Er nahm sich eine Taucherbrille aus dem Boot, warf mir auch eine zu und forderte mich auf: «Komm rein!»

«Worauf du dich verlassen kannst!» rief ich begeistert. Verschwitzt und schmutzig wie ich war, konnte ich ein Bad gut gebrauchen. Ich zog mein Hemd aus, streifte meine Turnschuhe und Socken ab, setzte die Taucherbrille auf und folgte ihm. Schwerelos glitt er im Wasser dahin, direkt über dem schönen, rasiermesserscharfen Korallenriff, das etwa drei Meter unter der Wasseroberfläche lag.

Kimo schwamm noch ungefähr zwanzig Meter weiter, dann wartete er wassertretend auf mich. Ich war kein sehr guter Schwimmer und spürte die Anstrengung schon jetzt, und als ich ihn erreicht hatte und ungeschickt Wasser zu treten begann, war ich völlig erschöpft. Daher hatte ich meine Bedenken, als er mich aufforderte: «Komm mit runter!»

«Warte doch!» rief ich keuchend und wünschte, ich hätte früher am College öfter mal eine Runde im Swimmingpool gedreht. «Was gibt's denn da unten zu sehen?»

Da das Wasser so ein vertrautes Element für Kimo war, konnte er nicht begreifen, daß ich mich dort vielleicht nicht ganz so wohl fühlte wie er. Doch als er mein skeptisches Gesicht sah, ließ er sich auf dem Rücken treiben wie ein Fischotter und erklärte: «Da is' 'ne Höhle. Außer mir kennt die keiner. Die will ich dir zeigen.»

«Aber die ist doch unter Wasser. Wie sollen wir denn da atmen?»

«Erst mußt du 'n Atem anhalten. Aber wenn wir durch 'n Tunnel durch sind, kommen wir in diese Höhle, und da is' *Luft*», erklärte er mir mit wachsender Begeisterung.

Ich war bedeutend weniger begeistert. «Wie lange müssen wir denn den Atem anhalten?» wollte ich fragen, doch da war Kimo schon kopfüber unter die schimmernde Wasseroberfläche getaucht. «Kimo!» schrie ich hinter ihm her. «Wie lang ist denn der Tunnel?»

Ich hatte nur ein paar Sekunden Zeit, mich zu entscheiden. Sollte ich ihm folgen oder einfach zum Boot zurückschwimmen? Letzteres war sicherer und wahrscheinlich auch klüger. Aber eine innere Stimme, die ich schon so oft gehört hatte, stachelte mich an: «Los – riskier's!»

«Ist ja schon gut!» rief ich laut, atmete mehrmals hintereinander tief ein, tauchte und schwamm Kimo nach.

Die Taucherbrille saß gut. Ich fühlte mich jetzt sogar entspannter als vorher, wo ich krampfhaft versuchen mußte, mich über Wasser zu halten. Die vielen Atemübungen, die ich früher gelernt hatte, und die wenigen, die ich jetzt noch täglich praktizierte, halfen mir. Ich konnte tief einatmen und dann länger ohne Luftholen aushalten als die meisten anderen – aber nicht unbedingt, wenn ich mich fünf Meter unter Wasser befand und durch einen Tunnel schwimmen sollte, von dem kein Mensch wußte, wie lang er war!

Meine Ohren begannen unter dem Druck des Wassers zu schmerzen. Ich gab mir Mühe, Kimo einzuholen, und dachte dabei die ganze Zeit an diese Höhle, in der es Luft gab. Ich sah, wie Kimo in ein großes Loch an der Seite des Riffs hineinschwamm, und folgte ihm in den düsteren Tunnel.

Zu meinem Entsetzen wurde der Tunnel immer enger. Sorgfältig achtete ich darauf, die scharfen Korallenwände nicht zu berühren. Ich sah vor meinem geistigen Auge einen großen, schlangenähnlichen Aal und spähte nach rechts und nach links in all die vielen dunklen Vertiefungen in der Korallenwand, in denen irgendein Meerestier lauern konnte. Meine Lungen sagten mir, daß es Zeit war, wieder Luft zu holen – und zwar *jetzt* –, aber der Tunnel ging immer weiter, so weit ich sehen konnte. Er wurde sogar noch schmaler. In panischer Angst merkte ich, daß ich jetzt nicht einmal mehr Platz hatte, mich umzudrehen und zurückzuschwimmen. Meine Lungen pumpten wie verrückt, aber ich preßte die Lippen zusammen und kämpfte mich weiter vorwärts. Da sah ich Kimos Füße verschwinden. Genau in dem Augenblick, als ich den Mund hätte aufreißen müssen und dadurch an dem hereinströmenden Wasser erstickt wäre, hörte der Tunnel auf, und ich schwamm senkrecht nach oben. Mein Kopf tauchte auf, und ich schnappte nach Luft wie ein neugeborenes Baby. Wir befanden uns in einer Höhle unter Wasser.

Jetzt war mir gleich viel wohler zumute. Keuchend, immer noch halb im Wasser liegend, ruhte ich mich auf einem Felsvorsprung aus.

«Is' doch toll hier, nich'?» fragte Kimo.

Mehr als ein bestätigendes Stöhnen brachte ich nicht hervor. Allmählich erholte ich mich wieder von der Anstrengung. Ich blickte mich um und bestaunte die violetten, grünen und blauen Korallen, die in beeindruckenden Farben leuchteten, als hätte ein Filmarchitekt sie sich als Kulisse für einen Hollywoodfilm ausgedacht. Dann fiel mir etwas Merkwürdiges auf: Durch das Dach der Höhle drang ein Sonnenstrahl. Und dabei befand sich das Riff völlig unter Wasser! Wie konnte da eine Öffnung sein?

«Siehste das Licht da oben?» fragte Kimo. «Da an der Decke – siehste das Glas? Das is' dazu da, daß kein Wasser durch das Loch in der Decke kommt.»

«Aber wie...»

«*Ama* – japanische Taucher, die vor langer Zeit mal hier war'n. Vielleicht haben die die Höhle erforscht und das Glas da reingesetzt», erklärte er und zeigte nach oben.

Ich nickte, immer noch verständnislos. «Aber wie ist die Luft hier reingekommen?»

«Die kommt 'n paarmal im Jahr rein, wenn Ebbe is'. Die Glasplatte is' nich' ganz dicht. Mir is' die Höhle irgendwann mal aufgefall'n, als kleine Bläschen aus'm Wasser hochgestiegen sind.»

Allmählich fühlte ich mich wohler hier. Ich richtete mich auf und genoß das aufregende Gefühl, in dieser geheimnisvollen Grotte zu sitzen, abgeschirmt vom Rest der Welt. Wir grinsten uns verschwörerisch an wie zwei kleine Jungen in ihrem geheimen Versteck. «Glaubst du, daß schon mal jemand hier war?» fragte ich.

Kimo zuckte die Schultern. «Nee. Bloß diese *Ama*-Taucher und ich.»

Dann schwiegen wir, sahen uns ehrfürchtig staunend um und spürten die Energie dieser Höhle unter Wasser, in die das Sonnenlicht hineinströmte.

Kimo lehnte sich zurück, während ich die Höhle zu erkunden

begann. Vorsichtig kroch ich über das scharfkantige Korallengestein. In diesem Gezeitentümpel unter Wasser wuchs ein üppiger Teppich aus Tang und Algen. Sie bedeckten das Korallengestein und verliehen der Höhle einen unheimlichen grünen Schimmer.

Ich wollte gerade zurückkriechen, da rutschte mein Arm ab und tauchte bis zur Schulter in einen Spalt im Gestein hinein. Als ich ihn wieder herausziehen wollte, spürte ich, daß ich etwas Hartes in der Hand hatte. Ich zog meine Hand heraus und betrachtete staunend den kleinen Gegenstand, den ich gefunden hatte. Er sah aus wie eine kleine Statue, war aber so völlig von kleinen Entenmuscheln und Algen überwachsen, daß ich mir nicht sicher war. «Schau mal!» rief ich Kimo zu.

Er kam herüber und sah es sich an, genauso ehrfürchtig wie ich. «Sieht aus wie 'ne Statue oder so was», sagte er.

«Hier», sagte ich, «schenke ich dir.» Eigentlich wollte ich sie gar nicht weggeben, aber irgendwie erschien es mir richtig, es zu tun.

Er betrachtete die Statue. Sicherlich hätte er sie gern genommen, aber auch er hatte seine Prinzipien. «Nee. Du hast sie gefunden. Also sollste sie auch behalten. Als Andenken.»

«Danke, daß du mir diese Höhle gezeigt hast, Kimo.»

«Aber das bleibt unter uns, ja?»

«Ich werde nie jemandem verraten, wo sie ist», versprach ich und steckte die Statue in meine Shorts.

Der Weg zurück durch den Tunnel war nicht mehr ganz so schwierig zu bewältigen wie der Hinweg, denn jetzt wußte ich ja, wie lang er war, und konnte mich vorher richtig entspannen und genug Sauerstoff tanken.

Als wir wieder an Land kamen, wurde es schon dunkel. Kimo bestand darauf, daß ich bei ihm übernachtete. So lernte ich seine drei Schwestern und vier Brüder kennen. Zwei seiner Brüder waren vorhin auf der Straße auch schon dabeigewesen. Sie nickten mir alle zu, manche neugierig, manche achtlos, während sie rasch durch das Zimmer gingen, in dem wir saßen und uns unterhielten. Kimo bot mir ein Bier an, das ich in kleinen

Schlucken trank, und einen stinkenden Tabak, den er als «Maui-Gehirnumnebler» bezeichnete und den ich dankend ablehnte.

Wir redeten bis spät in die Nacht hinein, und ich begann die Seele eines Menschenwesens zu begreifen, das ganz anders war als ich – und doch im Grunde genauso.

Ehe Kimo sich auf sein ungemachtes Bett sinken ließ und ich mich auf ein paar Decken auf dem Fußboden ausstreckte, vertraute er mir noch etwas an. Er erzählte, daß er sein Leben lang immer das Gefühl gehabt hatte, anders zu sein als die anderen, «als ob ich aus 'nem ander'n Land wär' oder so was», setzte er hinzu. «Und irgendwie hab' ich das Gefühl, daß ich was ganz Bestimmtes mit mei'm Leben machen soll – ich weiß bloß nich' was...», sagte er und verstummte.

«Vielleicht erst mal die High School abschließen», schlug ich vor. «Oder über die sieben Meere segeln.»

«Ja», sagte er und schloß die Augen. «Über die sieben Meere segeln.»

Während ich langsam in den Schlaf hinüberdämmerte, ließ ich diesen unglaublichen Tag in Gedanken noch einmal an mir vorüberziehen: Wie meine Reise auf dem Gipfel eines Berges begonnen und gemeinsam mit Kimo in der Höhle unter Wasser geendet hatte. Und wie ich diese von Entenmuscheln überwachsene Statue gefunden hatte, die jetzt sicher verstaut in meinem Rucksack lag. Ich mußte sie mir bei nächster Gelegenheit genauer ansehen.

Am nächsten Morgen verabschiedete ich mich von Kimo und machte mich allein auf den Weg. Ich wollte zurück durch die Regenwälder Molokais ins Pelekunu Valley. Allmählich hatte ich das Gefühl, daß der Schatz, von dem Mama Chia gesprochen hatte, aus lauter kleinen Teilen bestand, die erst alle zusammen einen Sinn ergeben würden. Und wenn ich wachsam und für alles aufgeschlossen blieb und mich immer dorthin wandte, wohin mein Herz mich führte, würde ich den Rest des Schatzes sicherlich finden – ganz egal, worin er bestand.

Während ich in den Wald hineinwanderte, dachte ich über Kimo und all die anderen Menschen aus den unterschiedlichsten

Lebensbereichen nach, die ich in den letzten Wochen kennengelernt hatte. Ich erinnerte mich an die Vision, die ich damals in den Flammen gesehen hatte, und fragte mich, welchen Sinn und welches Ziel ihr Leben wohl hatte und welchen Platz wir alle in den größeren Zusammenhängen einnahmen. Eines Tages würde ich herausfinden, wie man anderen helfen konnte, das alles zu verstehen und den Sinn ihrer Existenz zu entdecken. Das war alles, was ich im Augenblick wußte.

Nach Einbruch der Dunkelheit geriet ich in einen Teil des Regenwaldes, den ich nicht kannte. Ich fand mich nicht mehr zurecht und wurde plötzlich sehr müde. Da ich nicht im Kreis herumirren wollte, beschloß ich, mich hier schlafen zu legen und erst im Morgengrauen weiterzuwandern. Ich legte mich hin und schlief rasch ein, allerdings mit einem vagen Gefühl des Unbehagens, so als stimmte etwas nicht mit diesem Ort – aber es war nur eine ganz leise innere Stimme. Wahrscheinlich lag es daran, daß ich so übermüdet war.

In dieser Nacht hatte ich einen merkwürdigen, verworrenen, aber sehr eindrucksvollen sexuellen Traum: Ein Succubus – eine dämonische Verführerin, bedrohlich und doch von einer ungeheuren erotischen Ausstrahlung – kam zu mir, um mich ... zu Tode zu lieben. Sie trug ein dünnes blaues Kleid, unter dem ihre cremefarbene Haut durchschimmerte.

Ich erwachte halb, bis ich wieder wußte, wo ich war. Ein eiskalter Schrecken packte mich, als ich immer noch die Gegenwart der Dämonin spürte und tatsächlich eine Frauengestalt in blauem, durchsichtigen Gewand sah, die durch die Bäume auf mich zuschwebte. Rasch schaute ich mich um und merkte, daß ich mich auf einen Friedhof verirrt hatte, dessen Gräber nicht markiert waren – einen Ort rastloser Seelen.

Mir sträubten sich die Nackenhaare. Mein Basis-Selbst flüsterte mir zu: Nichts wie weg hier! Und zwar *sofort*.

Als die kalte, wohlgeformte Gestalt näher heranschwebte, spürte ich, daß sie keine Macht hatte außer der, Menschen Angst einzujagen und sie zu verführen. Doch darauf war ich vorbereitet: Ich war durch die Hölle gegangen, und weder Angst noch

Verführung würden je wieder die gleiche Macht über mich haben wie früher. *«Du kriegst mich nicht»*, sagte ich in bestimmtem Ton.

Ich zwang mich, ganz aufzuwachen. Langsam verließ ich den Friedhof, ohne zurückzuschauen. Mir war bewußt, daß die Frauengestalt mir dicht auf den Fersen folgte.

Irgendwann spürte ich, daß sie die Verfolgung aufgab und sich zurückzog. Trotzdem wanderte ich die ganze Nacht weiter. Mich beunruhigte noch etwas anderes. Ich hatte das Gefühl, alle Mosaiksteine bereits zu haben und sie nur noch zusammensetzen zu müssen.

Ein Satz aus Mama Chias Rätsel fiel mir ein: «Wie oben, so unten.» Ich war tatsächlich «oben» im Gebirge und «unten» in der Stadt gewesen, «über der See» und «unter Wasser». Und etwas war überall gleich gewesen. Oben wie unten. Denn es war immer *ich,* der dort war. Der Schatz lag nicht an einem dieser verschiedenen Orte verborgen, sondern *überall*. Mama Chia hatte mir die Antwort schon verraten: *Der Schatz lag in meinem Inneren* – er war mir so nah wie mein eigenes Herz.

Das war mehr als nur eine intellektuelle Einsicht. Es traf mich mit überwältigender Macht – es war eine Erkenntnis, die mich in Ekstase versetzte. Ein paar Sekunden lang war ich mir meines Körpers gar nicht mehr bewußt. Ich sank in mich zusammen und fiel auf das feuchte Laub. Ich hatte den Schatz gefunden – das wichtigste aller Geheimnisse! Eine Energiewelle stieg in mir empor. Am liebsten hätte ich geweint und getanzt!

Doch im nächsten Augenblick wich die Ekstase schon wieder einem anderen Gefühl: der Empfindung, etwas verloren zu haben. Und ich wußte plötzlich, daß Mama Chia im Sterben lag. «Nein!» rief ich in den Wald hinein. «Nein! Noch nicht! Bitte warte auf mich!»

Ich sprang auf und rannte los.

22
Die Fackel des Lebens

Wahre Lehrer sind wie Brücken. Sie fordern ihre Schüler auf, sie zu überqueren; und wenn sie ihnen den Übergang erleichtert haben, stürzen sie freudig in sich zusammen und ermutigen ihre Schüler, sich ihre eigenen Brücken zu bauen.

Nikos Kazantzakis

Ich weiß nicht mehr, wie lange ich rannte, Anhöhen hinaufkletterte, durch dichtes Gestrüpp kroch und wieder rannte. Schlammverkrustet, voller Kratzer und blauer Flecken, näherte ich mich allmählich der Hütte. Ein heftiger Regen wusch mir den Schmutz und den Schweiß vom Körper. Ungefähr zwei Stunden nach dem Sonnenaufgang erreichte ich Mama Chias Hütte, stolperte und fiel am Fuß ihrer Treppe zu Boden.

Fuji, Mitsu, Joseph und Sarah kamen heraus. Joseph half mir hinein. Mama Chia lag friedlich auf ihrem Futonbett, von Blumen eingerahmt.

Meine Freunde stützten mich, dann traten sie ein paar Schritte zurück. Ich ging zu Mama Chia, kniete neben ihrem Bett nieder und senkte den Kopf. Tränen strömten mir über die Wangen. Ich lehnte meine Stirn an ihren Arm. Er fühlte sich kühl an, so kühl.

Zuerst konnte ich nicht sprechen; ich streichelte nur ihr Gesicht, sagte ihr Lebewohl und schickte ein stummes Gebet zum Himmel. Mitsu saß in der Nähe, tröstete Sachi und strich ihr beruhigend über das Gesicht. Socrates lag in der seligen Unwissenheit des Kindseins neben seiner Schwester und schlief.

Joseph sah aus wie ein trauriger Don Quixote. Seine Augen blickten düster; eine Hand hatte er auf Sarahs Schulter gelegt, die sich in ihrem Kummer leise hin und her wiegte.

Stille lag über dem Tal, eine Trauer, die auch aus den Rufen Redbirds, des Apapane, klang. Heute nacht hatte eine ganz besondere Frau diese Erde verlassen. Selbst die Vögel trauerten um sie.

In diesem Augenblick setzte der Apapane sich aufs Fenstersims, legte den Kopf schief und musterte Mama Chia. Vögel stoßen einen ganz besonderen Schrei aus, wenn sie traurig sind. An diesem Morgen hörten wir ihn – ein ungewohnter Klang. Redbird flog zu Mama Chia hin, setzte sich neben sie, gab wieder diesen Ruf von sich und flog dann davon – so wie ihre Seele.

Ich verließ die Hütte und ging einfach in die feuchte Wärme hinein, in Richtung Osten. Joseph begleitete mich. Die aufsteigende Sonne begann den Himmel zu erhellen. Die Umrisse der Berge zeichneten sich scharf vor ihr ab. «Sie muß ganz friedlich in der Nacht gestorben sein», sagte Joseph. «Fuji hat sie erst vor einer Stunde gefunden. Aber wie konntest *du* wissen, daß sie gestorben ist?»

Ich blickte zu ihm auf, und meine Augen verrieten ihm die Antwort.

Joseph nickte verständnisvoll. «Sie hat mir schon vor einiger Zeit ihre Anweisungen gegeben», erklärte er, «wo ich Tias Baby hinbringen soll und wie alle anderen Angelegenheiten zu regeln sind. Sie möchte verbrannt und auf dem *Kahuna*-Friedhof beigesetzt werden. Ich werde mich darum kümmern.»

«Ich würde dir gerne bei alldem helfen», erbot ich mich.

«Ja, natürlich – wenn du willst. Ach ja, und da war noch etwas», setzte er hinzu und hielt ein Stück Papier in die Höhe. «Ich glaube, das hat sie gestern abend noch geschrieben.»

Wir lasen den Zettel. Dort standen in Mama Chias kritzeliger Handschrift nur sechs Worte: «Unter Freunden gibt es kein Lebewohl.»

Mit feuchten Augen blickten wir uns an und lächelten.

Dann ging ich wieder in die Hütte, setzte mich neben Mama Chia und sah sie einfach nur an. Als ich noch jung war, war der Tod mir fremd gewesen – nichts weiter als ein Anruf, ein Brief oder eine Information, eine feierliche Bekanntmachung, die stets nur Leute betraf, die ich kaum kannte. Der Tod besuchte nur andere Häuser – nicht meines. Und die Menschen, die er traf, verblaßten ganz einfach in meiner Erinnerung.

Aber das hier war Realität, und es tat weh wie ein Schnitt mit einer Rasierklinge. Während ich neben Mama Chias Leichnam saß, hauchte der Tod mir seinen kalten Atem ins Ohr und ließ mich meine eigene Sterblichkeit ahnen.

Ich streichelte Mama Chias Wange und fühlte in meinem Herzen einen Schmerz, den keine metaphysische Philosophie heilen konnte. Ich vermißte sie schon jetzt. Ich spürte die Leere, die sie hinterließ. Es war, als sei mir ein Stück von meinem eigenen Leben weggenommen worden. Und ich dachte darüber nach, daß wir letzten Endes keine Kontrolle über dieses Leben haben – keine Möglichkeit, die Wogen aufzuhalten, die über uns hereinbrechen. Wir können nur lernen, wie Surfer auf diesen Wellen zu reiten, alles anzunehmen, was uns begegnet, und es benutzen, um daran zu wachsen.

Ich hing sehr an dieser Frau, die ich doch erst vor kurzem kennengelernt hatte. Meine Bewunderung für Mama Chia – für ihre Güte, ihren Mut und ihre Weisheit – war so groß, daß es gar keine Rolle spielte, wie lange ich sie kannte. Und diese Bewunderung machte ihr Dahinscheiden um so schmerzlicher für mich. Vielleicht hatte ich sie in Wirklichkeit schon viele Leben lang gekannt. Sie gehörte zu den Lehrern, die ich am meisten liebte. Irgendwie hatte sie wohl schon seit meiner Geburt auf mich gewartet.

Joseph setzte sich mit Mama Chias Schwester in Verbindung, und diese informierte die übrige Verwandtschaft. Wir ließen Mama Chias toten Körper zwei Tage lang liegen, wie sie uns gebeten hatte. Dann, am dritten Morgen, trafen wir alle Vorbereitungen für die Fahrt zu ihrer Beerdigung – das Pelekunu Valley hinauf zu dem heiligen Kukui-Hain und der Begräbnisstätte, die darüber lag. Fujis alter Lieferwagen, mit Blumenkränzen und -girlanden geschmückt, war ihr Leichenwagen. Vorsichtig fuhren wir über die behelfsmäßigen Straßen so weit nach Osten, wie es ging – Fuji und ich, gefolgt von ihren Freunden und Verwandten und einer langen Prozession der vielen Inselbewohner, die Mama Chia im Laufe der Jahre kennengelernt und denen sie geholfen hatte.

Als die Straße endete, trugen wir ihre Leiche auf der Pritsche, die ihre Freunde aus der Leprakolonie für sie gebaut hatten, über rutschige, kurvenreiche Pfade, vorbei an Wasserfällen und durch den Kukui-Wald, den sie so geliebt hatte, bis hin zum *Kahuna*-Friedhof. Die Leprakranken durften ihre Kolonie nicht verlassen und konnten uns daher nicht begleiten, aber sie hatten viele Blumen geschickt.

Am Spätnachmittag erreichten wir den Friedhof. Ich spürte, wie der alte *Kahuna*-Geist, Lanikaula, Mama Chia und uns alle hier willkommen hieß – ich hatte gewußt, daß er es tun würde. Von jetzt an würden sie alle beide für immer und ewig Wache über diese Insel halten, die sie liebten.

Als der Abend dämmerte, hatten wir den Scheiterhaufen errichtet, auf dem Mama Chia verbrannt werden sollte. Wir legten sie auf ein Bett aus Laub und Blütenblättern, unter dem viele Holzscheite aufgeschichtet waren, die wir von einem trockenen Teil der Insel geholt hatten.

Als der Scheiterhaufen fertig war, sagten die Menschen, die Mama Chia besonders nahegestanden hatten, ein paar Worte zu ihrem Andenken oder trugen Zitate vor, die sie an Mama Chia erinnerten.

Fuji war so von seiner Trauer überwältigt, daß er nicht sprechen konnte; aber seine Frau Mitsu sagte: «Das habe ich von Mama Chia gelernt: Wir können im Leben nicht immer große Dinge tun, aber wir können kleine Dinge mit großer Liebe tun.»

Joseph zitierte Buddha: «Gaben sind etwas Großes; Meditationen und religiöse Übungen schenken Seelenfrieden; wenn man die große Wahrheit begreift, erreicht man das Nirvana; aber das Größte...» – an dieser Stelle begann er zu weinen – «...aber das Größte, was es gibt, sind Liebe und Güte.»

Sachi konnte ihre traurigen Augen nicht von dem Scheiterhaufen abwenden und sagte einfach nur: «Ich liebe dich, Mama Chia.»

Eine andere Frau, die ich nicht kannte, sagte: «Mir hat Mama Chia beigebracht, daß gütige Worte keine Mühe machen und nicht viel Zeit kosten; aber ihr Echo währt ewig.» Dann sank sie auf die Knie und senkte den Kopf zum Gebet.

Als ich an die Reihe kam, fiel mir zuerst überhaupt nichts ein. Ich hatte mir zwar auch etwas zurechtgelegt, was ich sagen wollte, aber ich wußte es nicht mehr. Ein paar Sekunden lang starrte ich schweigend auf den Scheiterhaufen, und vor meinem inneren Auge zog ein Bild nach dem anderen vorüber – wie ich Ruth Johnson auf der Straße kennengelernt hatte, wie wir uns dann auf der Party wieder begegnet waren und wie sie mich bis zu meiner Genesung gepflegt hatte. Ein längst vergessenes Wort aus dem Matthäusevangelium kam mir in den Sinn: «Ich war hungrig, und du gabst mir zu essen; ich war durstig, und du reichtest mir Wasser; ich war ein Fremder, und du hast mich willkommen geheißen; nackt, und du hast mich bekleidet; krank, und du hast mich getröstet.» Ich sprach diese Sätze. Sie galten wohl für alle Menschen, die sich hier versammelt hatten.

Fuji kam auf mich zu und reichte mir die Fackel. «Mama Chia hat in ihren Anweisungen darum gebeten, daß du den Scheiterhaufen anzündest, Dan, wenn du bis dahin noch hier auf Molokai sein solltest. Sie hat gemeint, du würdest ihr schon einen guten Abschied geben.» Er lächelte traurig.

Ich hob die Fackel. Und ich begriff, daß alles, was Mama Chia mich gelehrt hatte, letzten Endes auf diese eine Erkenntnis hinauslief: Lebe jede Sekunde deines Lebens intensiv – bis zu deinem Tod.

«Lebe wohl, Mama Chia», sagte ich laut. Ich berührte das trockene Gras und Reisig mit der Fackel, und die Flammen begannen zu knistern und emporzuzüngeln. Sie schlossen Mama Chias Körper, der von Tausenden roter, weißer, rosafarbener und violetter Blütenblätter übersät war, in ihre Arme und verschlangen ihn.

Als der Rauch zum Himmel stieg, trat ich ein paar Schritte zurück, um nicht von der Hitze versengt zu werden. Während die kleine Schar, die sich hier versammelt hatte, schweigend in die Flammen blickte, dachte ich im schwindenden Licht der Abenddämmerung daran zurück, wie gern Mama Chia weise Sprüche zitiert hatte. Aus heiterem Himmel fiel mir plötzlich ein Ausspruch von George Bernard Shaw ein – Worte, die auch von Mama Chia selbst hätten stammen können –, und ehe ich mich versah, hatte ich sie so laut herausgerufen, daß sie das Knistern und Rauschen des Feuers übertönten und alle Anwesenden sie hören konnten: «Wenn ich sterbe, soll meine Energie ganz und gar aufgebraucht sein; denn je härter ich arbeite, um so intensiver lebe ich. Ich freue mich am Leben um seiner selbst willen. Für mich ist das Leben keine Kerze, die rasch erlischt. Es ist eine wunderbare Fackel, die ich im Augenblick in der Hand halte, und sie soll so hell brennen wie möglich...» Dann begann meine Stimme zu zittern, und ich konnte nicht mehr weitersprechen.

Auch andere sprachen, wenn der Geist sie dazu inspirierte; aber ich hörte ihre Worte nicht mehr. Ich weinte und ich lachte, wie Mama Chia gelacht hätte. Dann sank ich auf die Knie und senkte den Kopf. Mein Herz war offen, in meinem Geist war Ruhe eingekehrt.

Plötzlich blickte ich auf, denn ich hörte Mama Chias Stimme, so laut und deutlich, als stünde sie vor mir. Alle anderen standen immer noch mit gesenkten Köpfen da oder blickten unverwandt in die Flammen. Da wurde mir klar, daß diese Worte nur in den stummen Hallen meines Inneren zu hören waren. In ihrem sanften, manchmal etwas singenden Tonfall sagte Mama Chia zu mir:

Steh nicht weinend an meinem Grab.
Ich schlafe nicht da; schau nicht hinab!
Ich bin die tausend Winde, die weh'n.
Ich bin der diamant'ne Schimmer auf dem Schnee.
Ich bin auf reifem Korn der Sonnenstrahl;
Ich bin der sanfte Herbstregen im Tal.
Steh nicht an meinem Grab in Kummer und Not.
Ich liege nicht da. Ich bin nicht tot.

Als ich diese Worte hörte, ging mir das Herz auf, und mein Bewußtsein verlagerte sich mit einem Mal an einen Ort, wo ich noch nie gewesen war. Ich sah Sterblichkeit und Tod im großen

Kreislauf des Lebens. Ein glühendes Mitleid für alle Lebewesen überwältigte mich, und ich verlor das Bewußtsein. Ich versank in den tiefsten Tiefen der Verzweiflung und schwang mich gleichzeitig zu den höchsten Höhen der Glückseligkeit empor – diese beiden Gefühle gingen in meinem Inneren mit Lichtgeschwindigkeit ineinander über.

Dann war ich plötzlich gar nicht mehr auf Molokai, sondern stand in dem winzig kleinen Zimmer, das ich schon damals in meiner Vision unter dem Wasserfall gesehen hatte. Scharfe, beißende Gerüche von Abwässern und Verwesung hingen in der Luft, teilweise überlagert vom Duft brennender Räucherstäbchen. Ich sah eine Nonne, die sich um einen bettlägerigen Leprakranken kümmerte. Im Nu verwandelte ich mich in diese Nonne und fühlte das schwere Gewand, das sie trotz der glühenden Hitze trug. Ich streckte die Hand aus und rieb das Gesicht des armen Mannes mit einer Salbe ein. Mein Herz war vollkommen offen für die Liebe, den Schmerz – für alles. Und in dem entstellten Gesicht des Leprakranken erkannte ich die Gesichter aller Menschen, die ich je geliebt hatte.

Im nächsten Augenblick stand ich in der Rue de Pigalle und sah, wie ein Gendarm einem kranken, betrunkenen Mann in einen Polizeikrankenwagen hineinhalf. Dann verwandelte ich mich in diesen Polizisten. Ich roch den fauligen Atem des Betrunkenen. Ein Licht blitzte vor mir auf, und ich sah den Trinker als kleinen Jungen, zitternd in einer Ecke zusammengekauert, während sein eigener Vater in betrunkenem Zorn auf ihn einschlug. Ich spürte seinen Schmerz, seine Angst – alles. Ich sah den Betrunkenen durch die Augen des Gendarmen und trug ihn behutsam zu dem wartenden Polizeiwagen.

Im nächsten Augenblick blickte ich wie durch einen Spiegel auf einen Teenager, der in seinem Schlafzimmer in einem reichen Vorort von Los Angeles lag und Kokain schnupfte. Ich erkannte seine Schuldgefühle, seine Reue, seinen Haß auf sich selbst. Dann empfand ich nur noch Mitleid.

Als nächstes war ich in Afrika und starrte auf einen alten Mann, der sich nur noch mühsam bewegen konnte. Er versuchte, einem sterbenden Baby Wasser einzuflößen. Ich schrie laut auf, und meine Stimme hallte an jenem zeitlosen Ort wider, an dem ich stand. Ich weinte um das Baby, um den alten Schwarzen, um den Teenager, um den Betrunkenen, um die Nonne, um den Leprakranken. Dieses Baby war mein Kind, diese Leute waren meine Familie.

Ich wollte so gern helfen und jeder leidenden Seele das Leben erleichtern. Aber ich wußte, daß ich von dem Punkt aus, wo ich mich im Augenblick befand, nur eines tun konnte: lieben und Verständnis haben, auf die Weisheit des Universums vertrauen, tun, was in meiner Macht stand, und dann einfach loslassen.

Als ich das alles sah, spürte ich, wie eine Energiewelle in mir aufstieg wie eine Explosion, und ich wurde durch mein Herz in die Höhe geschleudert – in einen Zustand vollkommener Einfühlung in das Leben selbst.

Mein Körper war durchsichtig geworden und strahlte alle Farben des Spektrums aus. Unten war ich rot, nach oben hin ging dieses Rot allmählich in Orange, Gelb, Grün und schließlich Gold über. Dann waren meine inneren Augen von einem strahlenden Blau umgeben und fühlten sich allmählich zum Zentrum meiner Stirn emporgezogen, wo die Farbe in Indigoblau und Violett überging...

Jenseits der Grenzen der persönlichen Identität und keinem physischen Körper mehr verhaftet, schwebte ich an jenem Ort dahin, wo Geist und Fleisch sich begegnen. Ich befand mich auf einem Aussichtspunkt hoch über dem Planeten, den wir Erde nennen. Dann wich die Erde allmählich zurück und ging in der unermeßlichen Weite des Kosmos unter. Und schließlich war selbst das Sonnensystem und dann sogar die Milchstraße nur noch ein Fleck, immer kleiner und zum Schluß gar nicht mehr da – bis ich jenseits der Illusionen von Raum, Materie und Zeit stand und *alles* begriff: Paradoxes, Humor und Veränderungen.

Was ich als nächstes erlebte, läßt sich mit Worten nicht beschreiben. Natürlich könnte ich schreiben, daß ich «mit dem Licht eins wurde». Aber solche Worte würden wie Staub auf das Papier fallen, denn es gab gar kein «Ich» mehr, das mit irgend etwas hätte «eins» werden können. Es war niemand mehr da, der das alles erlebte. An der Herausforderung, diese Erfahrung zu beschreiben, scheitern die mystischen Dichter schon seit Jahrhunderten. Wie kann man ein Van-Gogh-Gemälde mit einem Stock in den Schlamm zeichnen?

Das Universum hatte mich völlig verbrannt – es hatte mich aufgezehrt. Keine Spur war mehr von mir übrig. Nur noch Seligkeit. Realität. Geheimnis.

Jetzt begriff ich den taoistischen Spruch: «Wer spricht, weiß nicht. Wer weiß, spricht nicht.» Die Weisen reden nicht mehr, weil Es sich nicht aussprechen läßt. Worte sind dieser Erfahrung gegenüber so ohnmächtig, als ob man mit Steinen nach den Sternen zielen würde. Wenn das unsinnig klingt, kann ich es auch nicht ändern. Aber eines Tages – und der Tag ist vielleicht nicht mehr sehr fern – wirst auch du es begreifen.

Verwirrt und schwindelig – als sei ich aus einem Flugzeug gefallen und stürzte nun in den nächtlichen Himmel hinein –, kehrte ich in die Welt von Zeit und Raum zurück. Ich kniete immer noch vor Mama Chias Scheiterhaufen, dessen Silhouette sich dunkel vor dem Hintergrund der Wolken abhob, die am Mond vorbeizogen. Die Erde glitzerte, denn es hatte gerade geregnet. Ich merkte, daß ich triefnaß war. Der Regen hatte die letzte Glut der Flammen gelöscht, in denen Mama Chias Körper aufgegangen war. Eine Stunde war vergangen – und mir war es vorgekommen wie ein paar Sekunden.

Die anderen waren schon fort, nur Joseph war noch dageblieben. Er kniete sich neben mich. «Wie geht es dir, Dan?» fragte er.

Ich konnte nicht sprechen, aber ich nickte ihm zu. Sanft knetete er meinen Nacken mit den Händen. Ich spürte seine Liebe und sein Verständnis durch seine Finger. Er wußte, daß ich noch eine Weile hierbleiben würde. Er warf noch einen letzten Blick auf den verkohlten Scheiterhaufen und ging dann fort.

Ich holte tief Luft und sog den Duft des feuchten Waldes in mich hinein, zusammen mit dem Rauchgeruch, der immer noch in der Luft hing. Das alles kam mir irgendwie gar nicht mehr wirklich vor – es war, als spielte ich nur eine Rolle in einem

Drama, das nie endete, als sei diese Dimension nichts weiter als ein kleiner Probenraum im unendlichen Theater Gottes.

Doch allmählich sickerten die Fragen wieder in mein Gehirn zurück – zuerst langsam, dann stürmten sie mit überwältigender Macht auf mich ein. Ich war aus dem Zustand der Gnade zurück in meinen Verstand, in meinen Körper, in die Welt gefallen. Was hatte meine Vision zu bedeuten?

Vielleicht war das «der Ort jenseits von Zeit und Raum» gewesen, von dem Mama Chia mir erzählt hatte. Damals war mir ihre Schilderung sehr abstrakt vorgekommen – wie leere Worte, weil das alles noch jenseits meiner Erfahrungswelt gelegen hatte. Jetzt war es lebendige Realität. «An diesem Ort kannst du allen Menschen begegnen, die du treffen möchtest», hatte sie zu mir gesagt. Wie gern wäre ich wieder dorthin zurückgekehrt, nur um sie noch einmal zu sehen!

Zitternd und mit steifen Gliedern stand ich auf und starrte ins Leere, bis die Dunkelheit den Wald ganz eingehüllt hatte.

Dann drehte ich mich um und wollte den Weg gehen, den auch die anderen eingeschlagen hatten – zurück durch den Regenwald. Hoch über mir konnte ich gerade noch die Lichter der Fackelprozession erkennen.

Aber irgend etwas ließ mich nicht von hier fort. Ich hörte deutlich eine innere Stimme, die mich drängte hierzubleiben. Also setzte ich mich wieder hin und wartete. So saß ich die ganze Nacht lang, nickte hin und wieder ein und erwachte dann wieder. Manchmal schlossen sich meine Augen, als meditierte ich, manchmal waren sie offen und blickten einfach ins Leere.

Als die ersten Sonnenstrahlen durch den Wald drangen und die Überreste des Scheiterhaufens erhellten, sah ich Mama Chia vor mir – eine deutlich greifbare, aber durchsichtige Gestalt. Ich weiß nicht, ob die anderen sie auch gesehen hätten, wenn sie noch dagewesen wären, oder ob ihr Bild nur vor meinem inneren Auge erschienen war.

Aber sie stand da. Sie hob den Arm und wies auf einen dicht bewaldeten Hügel rechts von mir.

«Soll ich da hingehen?» fragte ich laut. Sie lächelte nur heiter und gelassen. Ich schloß für ein paar Sekunden die Augen, weil mich die Sonne blendete. Als ich sie wieder öffnete, war Mama Chia verschwunden.

In meiner jetzigen veränderten – oder vielleicht auch nur verfeinerten – Wahrnehmungsweise der Realität kam mir das alles völlig normal vor. Langsam erhob ich mich und ging in die Richtung, die sie mir gezeigt hatte.

Immer noch verwirrt durch die Ereignisse und Offenbarungen, die ich in den letzten Stunden erlebt hatte, bahnte ich mir einen Weg durch das dichte Gestrüpp. Ein- oder zweimal blieb ich an stacheligen Ranken hängen. Schließlich wurde der Wald lichter, und ich sah, daß ein schmaler Pfad vor mir lag.

23
Die Reise durch die Seele

Wir müssen Einsamkeit und Schwierigkeiten, Isolation und Schweigen durchleben, um jenen verzauberten Ort zu entdecken, wo wir unseren schwerfälligen Tanz tanzen und unser trauriges Lied singen können. Doch in diesem Tanz und in diesem Lied werden die ältesten Riten unseres Gewissens wach in dem Bewußtsein, ein Mensch zu sein.

Pablo Neruda

Der Pfad führte zu einer winzigen Hütte, nur ungefähr zweieinhalb Meter lang und zweieinhalb Meter breit. Ich ging hinein und versuchte mich in dem dunklen Inneren der Hütte zurechtzufinden. Durch die Ritzen des strohgedeckten Daches und der Holzwände drangen nur ein paar Sonnenstrahlen. Als meine Augen sich an die Dunkelheit gewöhnt hatten, sah ich ein langes Bambusrohr, das durch die Decke führte und das Regenwasser, das sich auf dem Dach sammelte, in einen großen Holzkübel in einer Ecke leitete. In der gegenüberliegenden Ecke dieses spartanisch eingerichteten Raumes entdeckte ich ein Loch im Boden, das als Toilette diente. Daneben stand ein Eimer zum Nachspülen. Auf dem Erdboden war eine Schlafstelle aus dichtem Laub aufgeschichtet.

Aus der Einrichtung der Hütte schloß ich, daß sie wahrscheinlich für jemanden gedacht war, der sich in die Einsamkeit zurückziehen wollte. Ich beschloß, so lange hierzubleiben, bis ich ein eindeutiges Zeichen erhielt, was ich als nächstes tun sollte.

Ich schloß die strohverkleidete Tür hinter mir. Erschöpft legte ich mich auf das Lager aus Laub und schloß die Augen.

Fast sofort spürte ich, daß jemand in der Nähe war. Ich richtete mich wieder auf. Mama Chia saß vor mir, mit verschränkten Beinen, als meditiere sie – aber ihre Augen waren weit offen und leuchteten. Ich spürte, daß sie mir etwas mitteilen wollte; also wartete ich stumm. Ich wollte diese zarte Erscheinung nicht verscheuchen.

Sie machte eine Bewegung mit dem Arm, und ihr Bild begann zu flimmern und schließlich wieder zu verblassen. «Alles ist nur ein Traum in einem Traum», hörte ich sie sagen.

«Das verstehe ich nicht, Mama Chia. Was hat das für einen Sinn?»

«Wir schaffen uns unseren Sinn selbst», sagte sie. Dann löste ihr Bild sich in Nichts auf.

«Warte! Geh nicht weg!» rief ich. Ich wollte ihr Gesicht berühren, sie umarmen, aber ich wußte, daß das nicht möglich und auch nicht mehr angebracht war.

Aus der Dunkelheit hörte ich ihre letzten Worte – sie klangen wie ein Echo aus weiter Ferne: «Es ist alles gut, Dan. Alles wird gut werden...» Dann war nur noch Schweigen.

Jetzt war sie endgültig fort – das spürte ich instinktiv. Was sollte ich nun tun? Kaum hatte ich mir diese Frage gestellt, da wußte ich auch schon die Antwort: Es gab gar nichts zu tun – außer hierzubleiben und zu warten, bis ich Klarheit erhielt.

Ich betrachtete die engen Grenzen meiner neuen Unterkunft. Als ich eine Bilanz meiner Situation zog, stellte ich fest, daß ich nichts zu essen hatte. Aber damit war ich schon öfters fertig geworden. Mein Basis-Selbst hatte keine Angst mehr vor dem Hungern, und Wasser war in dem Holzkübel genug.

Nachdem ich mich ausgiebig gestreckt hatte, um meine Glieder zu lockern, setzte ich mich hin und schloß die Augen. Schon bald begannen Erinnerungsfetzen – Dinge, die ich in den letzten Wochen gesehen und gehört hatte – vor meinem inneren Auge vorbeizuziehen. Ich erlebte mein ganzes Abenteuer auf Molokai noch einmal in einer bunten Montage rasch vorüberziehender Bilder und Emotionen.

Ich erinnerte mich, was Mama Chia einmal zu mir gesagt hatte: «In unseren äußeren Reisen spiegelt sich bestenfalls unsere innere Reise wider. Im schlimmsten Fall bilden sie nur einen Ersatz dafür. Die Welt, die wir wahrnehmen, liefert uns lediglich

Symbole für das, was wir suchen. Die heilige Reise findet im Inneren statt. Ehe du das, wonach du suchst, in der Welt finden kannst, mußt du es erst einmal in dir selbst entdecken. Sonst kann es passieren, daß ein Meister dich grüßt – aber du gehst an ihm vorbei, ohne ihn zu hören.

Wenn du das innere Reisen durch die psychischen Räume der Welt erlernst, dann wird dein Bewußtsein nie wieder durch Raum oder Zeit oder die Grenzen deines physischen Körpers eingeschränkt sein.»

Das hatte Mama Chia zwar schon vor längerer Zeit gesagt – aber ich begriff es erst jetzt. Bevor ich meine Reise in der äußeren Welt fortsetzen konnte, mußte ich zuerst die Reise durch meine eigene Seele antreten. Ob ich das schaffen würde? Konnte mein Bewußtsein sich so tief versenken, daß es das Tor finden würde, das über meine physischen Sinne hinausführte?

Über diese Frage dachte ich in dieser Nacht und auch noch am nächsten Tag intensiv nach. Schließlich hatte ich Mama Chia einmal im Wald gefunden, ohne zu wissen, wo sie war. Ich wußte also, daß ich verborgene Fähigkeiten besaß – wie wir alle. Aber wo lagen sie? Wie sahen sie aus, und wie fühlten sie sich an?

Socrates hatte einmal angedeutet, daß «unsere Vorstellungskraft mehr vermag, als wir glauben». Er hatte gesagt, sie sei «die Brücke zum Hellsehen – ein erster Schritt. Und sobald sie sich erweitert», hatte er fortgefahren, «verwandelt sie sich in etwas anderes. Unser Vorstellungsvermögen ist wie eine Raupe – wenn sie sich aus ihrem Kokon befreit, kann sie fliegen.»

An dieser Stelle wollte ich nun ansetzen. Ich schloß die Augen und ließ Bilder an mir vorüberziehen: Kukui-Bäume und Kimos Höhle unter Wasser, die Palme vor Mama Chias Hütte und den dicken, gewundenen Stamm des Banyanbaums. Dann tauchte das Bild meiner Tochter Holly vor mir auf: Sie saß stumm in ihrem Zimmer auf dem Boden und spielte. Ich empfand eine bittersüße Trauer über die karmischen Verflechtungen dieses Lebens und sandte eine Liebesbotschaft von meinem Herzen zu ihrem in der Hoffnung, daß sie sie irgendwie hören würde. Auch Linda schickte ich meinen Segen – und dann löste ich mich von allem.

In dieser Nacht hatte ich sehr lebhafte Träume – was angesichts der letzten Ereignisse eigentlich auch kein Wunder war. Ich besuchte andere Orte, andere Welten und Dimensionen, die mir Ehrfurcht einflößten. Aber das war wohl nur ein Traum...

Ein Tag nach dem anderen verging, und Tag und Nacht unterschieden sich für mich kaum mehr voneinander; das trübe Licht des Tages ging einfach in die Finsternis der Nacht über.

Am Morgen des fünften Tages – falls mein Zeitgefühl mich nicht trog – empfand ich ein intensives Gefühl der Leichtigkeit und des Friedens. Der quälende Hunger war verschwunden. Ich machte ein paar Yogaübungen. Dann fielen mir die Flecken des Sonnenlichts an den Wänden meiner Hütte auf, die das Dunkel durchdrangen wie Sterne am Nachthimmel. Ich begann zu meditieren und konzentrierte mich dabei auf die Lichtflecken. Ich atmete langsam und tief, und die Sterne begannen zu verblassen, bis ich nur noch mein eigenes Inneres sah, das in der Dunkelheit an die Wand projiziert wurde wie von einer Laterna Magica – ein Karussell bunter Bilder und Klänge, das nicht aufhörte, sich zu drehen. Den ganzen Tag starrte ich die Wand an. Es gab keine Langeweile mehr. Mein Bewußtsein stimmte sich jetzt auf zartere, feinstofflichere Energien ein. Wenn man keinen Fernseher hat, dachte ich einmal, dann findet man eben eine andere Beschäftigung.

So vergingen die Tage – einer wie der andere und doch immer anders. Ich streckte mich, atmete und sah mir die Vorführung an der Wand an. Langsam wie ein Lichtpendel wanderten Sonnenstrahlen und Mondschein über den Erdboden der Hütte. Ganz sanft, mit unendlicher Langsamkeit verging die Zeit, während ich mich auf die feinen Rhythmen einstimmte und auf einem Ozean der Stille dahintrieb, der nur noch hin und wieder vom Treibgut meiner Gedanken aufgewühlt wurde.

Und irgendwann veränderte sich etwas. Es war, als falle angesichts meiner anhaltenden intensiven Bewußtheit eine Schranke – als öffne sich eine Tür. Jetzt begriff ich, wie unser Basis-Selbst und unser Bewußtes Selbst zusammenarbeiten und den Schlüssel zu allem liefern, was uns in diesem Leben antreibt – zu Selbstdisziplin, Heilung, Phantasie und Intuition, zu Lernen, Mut und Macht. Mir war, als hätte ich innerhalb von ein paar Sekunden eine ganze Enzyklopädie der Metaphysik gelesen und verarbeitet.

Doch es ging mir wie dem Zauberlehrling: Ich wußte nicht, wie ich den Zauber wieder abschalten sollte. Immer neue Bilder stürmten auf mich ein, bis es mir schließlich zuviel wurde. Meine Lungen begannen zu pumpen wie ein Blasebalg, immer heftiger, immer schneller – es staute sich mehr und mehr Energie in mir auf, bis ich das Gefühl hatte zu zerplatzen.

Dann straffte sich mein Gesicht; ich spürte, wie meine Lippen sich kräuselten, und zu meiner Verblüffung begann ich zu knurren wie ein Wolf. Dann formten meine Hände sich spontan zu *mudras* – symbolischen Gesten, wie ich sie in Indien gesehen hatte.

Im nächsten Augenblick hörte mein Verstand auf zu denken, und ich fand mich im Wald wieder und stand meinen drei Selbsten gegenüber: dem kindlichen Basis-Selbst, dem roboterhaften Bewußten Selbst und dem Höheren Selbst, einem Wesen aus leuchtenden Farben – einem Wirbel aus Rosa-, Indigo- und Dunkelviolettönen. Und dieses Lichtwesen streckte die Arme nach den anderen beiden Selbsten aus.

Dann verschmolzen alle drei miteinander.

Ich sah jetzt nur noch meinen eigenen Körper im blassen Mondlicht dastehen – abgesehen von den Shorts völlig nackt, mit weit ausgebreiteten Armen. Von meiner Bauchpartie ging ein rötlicher Schimmer aus, mein Kopf war eine Lichtkugel, und über dem Kopf wirbelte ein Strudel irisierender Lichter. Sie erinnerten mich an die Vision am Strand, die ich vor ein paar Wochen gehabt hatte.

Aber diesmal trat ich in den physischen Körper ein, der vor mir stand. Ich erfüllte ihn ganz und spürte die Einheit seiner Gestalt. Ich fühlte die Kraft, die von meinem Nabel ausging, die Reinheit des Bewußtseins, das meinen Verstand erhellte, und den ermunternden Ruf, zum Geist emporzusteigen.

Meine lange Vorbereitung hatte sich gelohnt: Meine drei

Selbste waren eins geworden. Es gab keine inneren Kämpfe mehr, keine Widerstände, weder innen noch außen – meine Aufmerksamkeit ruhte ganz natürlich und spontan im Herzen. Alle Gedanken oder Bilder, die in mir aufstiegen, lösten sich dort auf – in Gefühl und Hingabe. Ich wurde ein Bewußtseinspunkt im Reich des Herzens und stieg in Richtung Schädeldecke empor, an einen Punkt hinter meiner Stirn, oberhalb der Brauen.

Ich spürte, wie das heilende, liebevolle Licht des Höheren Selbst mich umgab, mich einhüllte und jede Zelle, jedes Gewebe meines Körpers bis in die Atome hinein durchdrang. Ich hörte seinen Ruf und spürte, wie eine Brücke aus Licht sich von jenem Bewußtseinspunkt, der ich war, zu dem Höheren Selbst hin wölbte, das über und hinter mir stand. Ich fühlte seine Kraft, seine Weisheit, seine Zärtlichkeit, seinen Mut, sein Mitgefühl und seine Gnade. Mir wurde klar, wie es in ewiger Gegenwart Vergangenheit und Zukunft miteinander verbindet.

Wieder rief es nach mir, und ich spürte, wie dieser Lichtpunkt, der ich war, die Brücke hinaufstieg, ins Bewußtsein meines Höheren Selbst hinein. Ich bewegte mich in dieser Lichtgestalt und wachte dabei gleichzeitig über meinen physischen Körper unter mir. Mein Bewußtsein und das Bewußtsein meines Höheren Selbst begannen sich zu durchdringen. Ich nahm seine ganze Heiterkeit, Kraft und Weisheit, sein ganzes Mitgefühl in mich auf.

Jetzt wußte ich, was es wußte, und fühlte, was es fühlte. Ekstatische Wellen grenzenloser Liebe durchströmten mich. Ich sah, wie engelhafte Energien den menschlichen Körper geschaffen hatten, und begriff, welche Chance in der physischen Inkarnation liegt.

Da wurde mir bewußt, daß meine physische Gestalt auch noch von anderen Lichtwesen umgeben war. Schauer des Glücks durchzuckten mich, als mir klar wurde, daß ich diese Wesen eigentlich schon seit meiner Kindheit gekannt hatte – ich hatte ihre Gegenwart nur immer irgendwie ignoriert. Einige waren Mitschüler von mir, andere vertraute Bilder aus längst vergessenen Träumen – engelhafte Energien, Heiler, Führer und Lehrer – meine spirituelle Familie. Ich spürte ihre Liebe und wußte, daß ich mich nie wieder einsam fühlen würde.

Dann trat ein Schicksalsengel nach vorn und hob die Hände, um mir Symbole anzubieten, die mich leiten sollten. Ich konnte seine Gaben erst erkennen, als er seine Lichthände nach vorn in mein Blickfeld hineinstreckte und sie öffnete. Zuerst sah ich einen Blitz, dann ein Herz. Dann erschien ein goldener Adler, der einen Lorbeerkranz in den Klauen hielt. Darin erkannte ich Symbole des Mutes und der Liebe – die Wahrzeichen des friedvollen Kriegers.

Als letztes Geschenk enthüllte der Engel mir das leuchtende Bild eines Samuraikriegers, an dessen Hüfte ein Schwert hing – aber er stand nicht, sondern kniete am Boden, als meditiere er. Seine Augen konnte ich zwar nicht erkennen; aber ich spürte, daß sie geöffnet waren und leuchteten. Dann verblaßte auch dieses Bild. Ich dankte dem Schicksalsengel für seine Gaben, und er wich wieder zurück und löste sich in Nichts auf.

Vom Bewußtsein des Höheren Selbst aus war mir klar, daß die Engel der Weisheit, Heilung und Klarheit stets um uns sind. Ich konnte in die Zukunft und in die Vergangenheit sehen und jedem beliebigen Menschen im Universum meine Liebe senden. Und ich konnte mich in meiner Vision mühelos über meinen physischen Körper erheben und durch die Lüfte schweben wie ein Adler.

Nach dieser Offenbarung spürte ich einen Sog, der mich in meinen physischen Körper zurückzog. Ich fühlte, wie mein Bewußtsein über die Lichtbrücke ins Zentrum meiner Stirn zurückkehrte, und wurde mir wieder der Geräusche meines Nervensystems und meines klopfenden Herzens bewußt.

Erfrischt und von einem Gefühl des inneren Friedens durchdrungen, schlug ich meine physischen Augen auf. Eine Welle der Energie und des Glücks stieg in mir auf. In diesen tiefen, halb träumenden Zustand versunken, kratzte ich mit dem Finger eine Botschaft in den Erdboden:

Es gibt keinen Weg zum Frieden;
Der Friede ist der Weg.
Es gibt keinen Weg zum Glück;
Das Glück ist der Weg.
Es gibt keinen Weg zur Liebe;
Die Liebe ist der Weg.

An den nächsten Tagen sah ich, selbst wenn ich mich in einem relativ normalen Bewußtseinszustand befand, immer wieder deutlich Bilder von Orten außerhalb der Hütte vor mir – Bilder von Orten überall auf der Welt. Ich konnte mit Hilfe meiner «Vorstellungskraft» jetzt weiter reisen, als ich es mir je hätte träumen lassen – in jede beliebige Welt, in jede beliebige Realität. Der physische Bereich war nur noch ein Stützpunkt für mich.

Das Universum war eine Art Spielplatz für mich geworden – voller unendlich vieler Dimensionen, Zeiten, Räume. Wenn ich wollte, konnte ich ein Ritter im mittelalterlichen Europa sein – oder ein Raumfahrer in der achtundfünfzigsten Dimension; ich konnte andere Welten besuchen oder meine Zeit zwischen den Molekülen eines Kupferpfennigs verbringen. Denn das Bewußtsein, das wir sind, läßt sich nie durch Zeit und Raum einengen.

Nun ging ich jeden Tag auf die Reise – ich flog durch den Wald oder um die ganze Welt. Jeden Tag besuchte ich meine kleine Tochter und sah sie mit neuen Spielsachen spielen, lesen oder schlafen. Ich war jetzt nicht mehr auf meinen physischen Körper beschränkt; er war nur noch einer der Bereiche, in denen ich mich aufhielt. Nie wieder würde ich mich von irgendwelchen Mauern oder in Fleisch und Knochen eingesperrt fühlen.

Und ich erinnerte mich daran, was Mama Chia zu mir gesagt hatte: «Du sprichst von ‹deinem Körper›, weil du nicht der Körper bist. Ebenso kannst du von ‹deinem Verstand›, ‹deinen Selbsten› und ‹deiner Seele› reden – weil das nicht du bist. Du manifestierst dich als reines Bewußtsein, das durch den menschlichen Körper hindurchschimmert und doch selbst unberührt bleibt und ewig ist.

Das Bewußtsein bricht sich im Prisma der Seele und wird zu drei verschiedenen Lichtformen – den drei Selbsten –, und jede erhält ein anderes Bewußtsein, das außergewöhnlich gut für ihren Zweck und ihre Aufgabe geeignet ist.

Das Basis-Selbst versorgt und schützt gemeinsam mit den anderen Selbsten deinen physischen Körper – es gibt ihm Rückhalt und Gleichgewicht. Es ist die Grundlage und das Gefährt für die Reise der Seele durch diese Welt und verbindet das Bewußte Selbst und das Höhere Selbst mit der Erde wie die Wurzeln eines Baumes.

Das Bewußte Selbst leitet das Basis-Selbst, gibt ihm Informationen und deutet ihm die Welt. Manchmal beruhigt es das Basis-Selbst auch, wie Eltern ein Kind trösten würden, und erzieht es so, daß es deiner jetzigen Inkarnation am besten dienen kann. Aber die Eltern müssen sich bemühen, ein liebevolles Gehör zu entwickeln, um dieses Kind auch zu verstehen – seinen individuellen Geist und sein wachsendes Bewußtsein zu respektieren. Die Elternschaft ist eine heilige Aufgabe, an der man lernen und wachsen kann.

Das Höhere Selbst strahlt Liebe aus. Es erinnert und beseelt den Lichtfunken in unserem Bewußten Selbst, entzündet ihn immer wieder von neuem und zieht ihn zum Geist empor. Es akzeptiert den Entwicklungsprozeß des Bewußten Selbst und wartet, stets geduldig und verständnisvoll.

Jedes der drei Selbste ist dazu da, den anderen beiden zu helfen und mit ihnen zusammen ein Ganzes zu bilden, das größer ist als die bloße Summe seiner Teile.»

Dann hatte ich vor meinem inneren Auge eine mystische Vision. Es war wie ein Film, der mir Mama Chias Worte noch einmal illustrierte: Ich sah einen Mönch, der im Spätherbst durch die Ausläufer eines Gebirges wanderte. Bunte Blätter – rot, orange, gelb und grün – regneten von den Zweigen und flatterten in dem eiskalten Wind davon. Der Mönch zitterte vor Kälte. Dann entdeckte er eine Höhle und ging hinein, um Schutz vor den Elementen zu suchen.

In der Höhle stand ihm plötzlich ein großer, hungriger Bär gegenüber. Die beiden starrten sich an. Ein paar spannungsgeladene Sekunden lang wußte der Mönch nicht, ob er lebend aus dieser Höhle herauskommen würde. Als der Bär langsam näher kam, sagte der Mönch zu ihm: «Wir wollen uns gegenseitig helfen, Bruder Bär. Wenn du mich hier mit dir in dieser Höhle wohnen läßt und Holz für das Feuer sammelst, backe ich dir dafür jeden Tag Brot.» Der Bär war einverstanden, und die beiden wurden Freunde – und so hatte der Mann es immer warm, und der Bär war nie mehr hungrig.

Der Bär stand für das Basis-Selbst und der Mönch für das Bewußte Selbst. Das Feuer, das Brot und die schützende Höhle waren die Wohltaten, die das Höhere Selbst uns beschert. Jeder der drei Aspekte diente den beiden anderen.

Nach vielen Tagen des inneren Reisens, auf denen ich mich oft sehr weit entfernte, kehrte ich auf die Erde und in meine menschliche Gestalt zurück. Ich war zufrieden.

Dann erinnerte ich mich an die letzte Gabe des Schicksalsengels. Ehe ich schlafen ging, bat ich mein Basis-Selbst, mir zu enthüllen, was damit wohl gemeint war – und zwar so, daß ich es verstand.

Am nächsten Morgen hatte ich die Antwort. Mir war geraten worden, die Figur, die ich in der Höhle unter Wasser gefunden hatte, einmal genauer zu untersuchen. Nun wußte ich also, daß es an der Zeit war, die Hütte zu verlassen.

Ich trat hinaus und kniff die Augen zusammen. Sonnenlicht überflutete mich, stach mir in die Augen, strömte durch mich hindurch. Ich roch den Duft des Waldes kurz nach dem Regen. Ich hatte einundzwanzig Tage allein in dieser Hütte verbracht.

Geschwächt, da ich nichts gegessen hatte, streifte ich durch die Hügellandschaft. Mir war, als sei ich nicht aus Fleisch und Blut. Ich fühlte mich wie ein neugeborenes Kind, das gerade erst aus dem strohgedeckten Mutterleib geschlüpft war. Ganz tief atmete ich ein, ließ meine Blicke über eine neue Welt schweifen und nahm ihre ungewohnten Klänge in mich auf.

Ich wußte, daß die Intensität, der Friede und die Seligkeit, die ich jetzt empfand, vorübergehen würden. Sobald ich in die Alltagswelt zurückkehrte, würden auch die Gedanken wiederkommen – aber das war auch ganz richtig so. Ich akzeptierte es, ein Mensch zu sein. Wie Mama Chia würde ich intensiv leben bis zur letzten Sekunde. Doch im Augenblick badete ich mich glücklich in der Ekstase dieser bewußten Wiedergeburt.

Ich ging an einem Papayabaum vorbei, und eine Frucht fiel herunter. Lächelnd fing ich sie auf und dankte dem Geist für all seine Wohltaten, die großen und die kleinen. Langsam kaute ich die Frucht und sog ihren süßen Duft in mich hinein.

Da entdeckte ich in der Nähe einen winzig kleinen Keimling, der sich durch die rote Erde der Sonne entgegen schob. In dem Samen dieses kleinen Schößlings war bereits der ausgewachsene Baum angelegt – alle Gesetze der Natur. Und so wie dieser Samen wachsen würde, so würden wir alle uns weiterentwickeln: Das Basis-Selbst würde sein Bewußtsein immer mehr erweitern und verfeinern und zum Bewußten Selbst werden; und das Bewußte Selbst würde sich den Gesetzen des Geistes unterwerfen, sich durch das Herz emporschwingen und zum Höheren Selbst werden. Und das Höhere Selbst schließlich würde im Licht des Geistes aufgehen.

Jedes höherliegende Selbst leitet das darunterliegende, hebt es empor – und wird gleichzeitig von ihm gestützt.

Wenn ein winziger Schößling mir das offenbaren konnte, würde mir dann nicht auch eines Tages der Himmel seine Geheimnisse enthüllen? Und was konnten die Steine mir alles verraten, die Bäume mir alles zuflüstern? Würde ich das Geheimnis des fließenden Baches, die uralte Weisheit der Berge begreifen lernen? Das mußte sich erst noch zeigen.

Und worin lag der Sinn des Ganzen? Ich erinnerte mich an einen Ausspruch von Aldous Huxley. Als er schon älter war, fragte ein Freund ihn einmal: «Was haben Sie eigentlich aus all Ihren spirituellen Studien und Übungen gelernt, Professor Huxley?»

Mit einem Zwinkern in den Augen antwortete Aldous: «Vielleicht... ein etwas gütigerer Mensch zu sein.»

Kleine Dinge können viel bewirken, dachte ich. Und ich stieß einen Seufzer des Mitgefühls mit all den Menschen aus, die sich in den Details des Alltagslebens verrannt und wie ich die größeren Zusammenhänge aus den Augen verloren hatten – die befreiende Wahrheit, die im Herzen unseres Lebens liegt.

Dann fielen mir Mama Chias letzte Worte wieder ein: «Es ist alles gut, Dan. Alles wird gut werden.»

Da ging mir das Herz auf, und Freudentränen liefen mir über das Gesicht, aber auch Tränen des Kummers um alle Menschen, die sich immer noch allein fühlten – von der Welt abgeschnitten in ihrer Hütte der Einsamkeit. Aber schließlich stieg eine Welle des Glücks in mir auf, und ich lachte vor Freude. Denn ich wußte mit absoluter Gewißheit, daß auch sie eines Tages die Liebe und Unterstützung des Geistes spüren würden – wenn sie nur die Augen ihres Herzens öffneten.

Epilog
Es gibt kein Lebewohl

Es gibt keine Landkarten, keine Glaubensbekenntnisse, keine Philosophien mehr. Von hier an kommen die Anweisungen direkt aus dem Universum.

Akshara Noor

Sobald ich wieder in meiner Hütte im Pelekunu Valley angelangt war, holte ich den muschelüberwachsenen Gegenstand, den ich in Kimos Meereshöhle gefunden hatte, aus meinem Rucksack. Ich brauchte mehrere Stunden, um ihn zu reinigen und mit meinem Schweizer Taschenmesser sorgfältig alle Ablagerungen abzukratzen. Nachdem ich ihn wieder und wieder gewaschen und unter fließendem Wasser abgeschrubbt hatte, erkannte ich mit wachsender Ehrfurcht die Gestalt eines knienden Samurai-Kriegers, der meditierte. Allmählich begriff ich: Dieses Symbol offenbarte mir die nächste Station auf meiner Reise – ich würde nach Japan gehen, um den Meister der verborgenen Schule zu finden.

In dieser Nacht träumte ich von einem alten Mann, einem Asiaten mit traurigem, weisem Gesicht. Irgend etwas lastete schwer auf seinem Herzen. Hinter ihm wirbelten Akrobaten durch die Luft. Und ich wußte, daß ich ihn finden würde – nicht nur, um etwas von ihm zu empfangen, sondern auch, um ihm zu dienen.

Still und ohne große Feierlichkeiten verabschiedete ich mich von allen Freunden, die mir so ans Herz gewachsen waren – Joseph und Sarah, Sachi und dem kleinen Socrates, Fuji und Mitsu mit ihrem Baby und auch Manoa, Tia und den anderen Leuten, die ich auf der Insel kennengelernt hatte und die mir inzwischen so viel bedeuteten.

Mama Chia hatte mir ein kleines Boot hinterlassen. Joseph erklärte mir, wo es war. Es lag in einer flachen Bucht hinter Bäumen in Kalaupapa, der Leprakolonie, vor Anker. Diesmal nahm ich genügend Proviant mit. Und eines warmen Novembermorgens – die Sonne stieg gerade aus dem Meer empor – warf ich meinen Rucksack unter den Sitz des Bootes, zog es in die seichte Brandung und stieg ein. Der Wind blähte das Segel.

Als ich über die Brandung hinaus war und mein Boot friedlich auf den sanften Wellen des Meeres dahinschaukelte, blickte ich noch einmal zurück und sah, wie Regen die Klippen einhüllte und in tausend kleinen Kaskaden zum Meer hinabstürzte. Einige dieser Kaskaden zersprühten und verwandelten sich in Wolken aus Nebeltröpfchen und Regenbogen, ehe sie das Meer erreichten.

Schließlich wölbte sich ein größerer Regenbogen mit herrlichen Farben von einem Ende der Insel zum anderen. Ich warf noch einen letzten Blick zur Küste zurück, und ein paar Sekunden lang sah ich, wie die große Gestalt einer rundlichen, hinkenden Frau durch den Vorhang des Nebels und der Bäume trat. Sie hob grüßend die Hand zum Abschied, dann war sie verschwunden.

Ich drehte mich wieder um, änderte meinen Kurs und segelte mit dem Wind über den Kanal, der zwischen Molokai und Oahu liegt.

Auf dieser kleinen Insel Molokai hatte ich unter der Anleitung einer Lehrerin, die mir ganz unerwartet begegnet war, die unsichtbare Welt erkannt, die größeren Zusammenhänge des Lebens. Und ich hatte das alles mit ihren Augen gesehen, für die es keine Dualität gibt, kein «Ich» und keine «anderen», weder Licht noch Schatten, nichts, was nicht aus Geist besteht. Diese Vision würde von jetzt an alle meine Tage erhellen, bis an mein Lebensende.

Ich wußte, daß die Visionen und Erlebnisse, die ich gehabt hatte, wieder verblassen und daß mein Gefühl der Rastlosigkeit anhalten würde, denn meine Reise war nicht zu Ende – noch nicht. Ich würde nach Hause zurückkehren, um meine Tochter wiederzusehen, alles Unerledigte zu klären und meine Angelegenheiten zu ordnen – für alle Fälle. Und dann würde ich diese Schule in Japan suchen und wieder ein Stückchen von Socrates' und Mama Chias Vergangenheit – und meiner eigenen Zukunft entdecken. Wieder einmal vertraute ich mein Leben dem Wind an. Ich würde dem Geist folgen, wohin er mich auch führen würde.

Allmählich verblaßte die Insel und verschwand schließlich ganz hinter einer Wolkendecke. Eine kräftige Brise blähte mein Segel, und ein süßer Duft lag in der Luft. Erstaunt blickte ich auf: Vom Himmel regnete es bunte Blütenblätter. In ehrfürchtiger Scheu schloß ich die Augen. Als ich sie wieder aufschlug, waren die Blütenblätter verschwunden. Waren sie tatsächlich vom Himmel herabgeregnet?

Spielte das wirklich eine Rolle?

Lächelnd blickte ich aufs Meer hinaus. Etwa hundert Meter von mir entfernt sprang ein großer Buckelwal – ein ungewöhnlicher Anblick für diese Jahreszeit – in die Höhe und schlug mit seinem mächtigen Schwanz aufs Wasser, sandte eine Welle zu mir herüber, um mich zu grüßen, mich weiter voranzutreiben, mich nach Hause zu geleiten wie einst die hawaiianischen Könige. Und ich wußte, ebenso wie dieses kleine Boot würde der Geist mich tragen – so wie er uns alle unaufhaltsam zum Licht hin geleitet.

Lese-Empfehlungen

Bücher zur Huna-Lehre

Long, Max F., *Geheimes Wissen hinter Wundern*. Die Wiederentdeckung eines uralten Systems anwendbarer und wirksamer Magie. Verlag Hermann Bauer, Freiburg i. Br. 1986

Long, Max F., *Kahuna Magie*. Die Lösung vieler Lebensprobleme durch angewandte Magie. Verlag Hermann Bauer, Freiburg i. Br. 1985

Gendlin, Eugene, *Focusing,* Technik der Selbsthilfe bei der Lösung persönlicher Probleme. Otto Müller Verlag, Salzburg 1981.

Bücher zur Chakra-Lehre

Leadbeater, C. W., *Die Chakras*. Eine Monographie über die Kraftzentren im menschlichen Körper. Hermann Bauer Verlag, Freiburg i. Br. 1990

Krishna, Gopi, *Kundalini*. Erweckung der geistigen Kraft im Menschen. O. W. Barth Verlag, Bern/München 1983

Van Gelder Kunz, Dora: *Die Chakras und die feinstofflichen Körper des Menschen*. Aquamarin-Verlag, Grafing 1989

*Eine kostbare und unvergeßliche Begegnung
mit einem außergewöhnlichen Buch*

Dan Millman
DER PFAD DES FRIEDVOLLEN KRIEGERS
Die wahre Geschichte einer Erleuchtung
256 Seiten, broschiert
ISBN 3-502-20086-6

Das Buch hat die Anlage, zu einem der erfolgreichsten Lebenshilfebücher unserer Zeit zu werden. Gleichzeitig beschreibt es ein spannendes und atemberaubendes Stück Weg der Transformation – die wahre Geschichte ei Erleuchtung.

Dan Millman beschreibt seine Lehrzeit bei einem außergewöhnlichen M ster. Es ist ein moderner Sokrates, der sein geistiges Handwerk beherrscht seiner Schulung werden die Tiefen der menschlichen Seele ausgelotet und v lebens- und liebenshemmenden Hindernissen entrümpelt. Die endgültige freiung von der herzumklammernden Lebensangst wird hier ebenso gele wie die von der Flucht in das andere Extrem, den träumerischen Illusionen.

Mit seinem oft befreienden Humor zeigt der Meister, daß er ein echter denn in den unter seinem Scharfsinn oft schmerzreichen Seelenoperatior zwinkert manchmal ein feines Lächeln mit. Unter Aufbietung all seiner ei nen Lebenskräfte löst er Trauer und Verzweiflung auf und zwingt – mit a Liebe und Güte – zum Leben. Er zeigt eindrücklich, daß der friedvolle Krie sich nicht mehr als Opfer der Umstände sehen darf, sondern zum Baumeis seines eigenen Glücks werden muß, indem er frei vom Ego wird und sich n mehr mit jenem Wesen identifiziert, welches Erziehung und Gesellschaft ihm geschaffen haben. Dadurch wird er fähig, dem äußeren Leben wie a den Welten der inneren Wirklichkeit mit Mut, Entschlossenheit und heite Gelassenheit zu begegnen.

Für den Leser kann seine Begegnung mit Dan Millmans Buch zu einem k baren Moment in seinem Leben werden – unvergeßlich! Es endet mit der nutiösen Schilderung der Ganzwerdung, wo er «sehend wurde für das Glü das ihn schon immer begleitet hatte». Dieses befreiende Erkennen, dieses al integrierende Annehmen, diese einmalige Erleuchtung, hoch in den Berg ist ein ergreifendes Zeugnis einer wirklichen Menschwerdung.